U0142707

凝煉知識品味閱讀

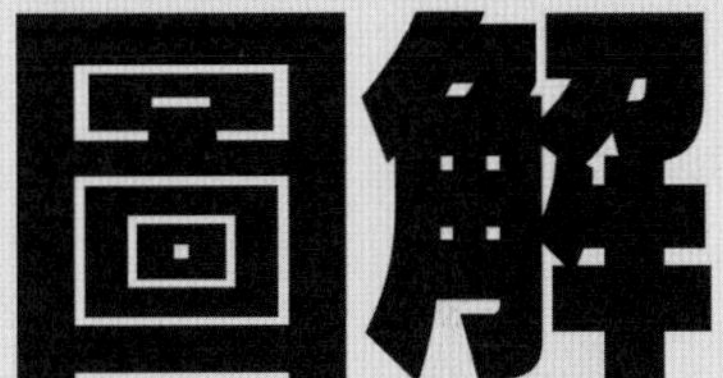

經濟學

伍忠賢 著

第二版

五南圖書出版公司 印行

再版序：經濟學中iPhone手機

適合管理、商、社會、法學院用的經濟學

大學中最普及的課程依序可能是：國文、英文、經濟學，管理、商、社會、法學院大都把經濟學列為大一必修課，而且是上、下學期各三學分的課。許多工學院的必修課名稱是工程經濟學，大抵是財務管理（尤其是其中資本預算）加上經濟學。本書有三大特色。

一、本書內容：經濟學是商、管、社會學院、通識中心基礎知識之一

1. 表第二欄

由附表第一欄，依切入層級大小，經濟學分為討論全體的總體經濟學（macro economics）與探討個體的個體經濟學（micro economics），個體包括家庭(household)、公司(firm)，其在經濟中的角色如下。

2. 表第三欄：經濟學的相關課程

由附表第三欄可見，本書是經濟學入門學，許多章是進階（專業經濟學）導論。包括：(1)貨幣銀行學：探討家庭、公司和銀行間的借貸等；(2)財政學：探討財政與租稅政策；(3)總體經濟學：探討整個經濟社會的總合行為；(4)個體經濟學：分析家庭消費、商品價格及公司生產行為；(5)勞動經濟學：探討勞動市場的就業量、薪資等；(6)環境經濟學：分析環境對公司生產等方面的影響；(7)能源經濟學；(8)人口經濟學：分析人口（數目、結構）對消費、勞動的影響；(9)國際貿易與區域經濟；(10)產業經濟學：主要探討個經中的公司市場（競爭行為）。

3. 第四、五欄：跟商管、社會學院課程相關

由表第四、五欄可見，本書各章跟商（管理）學院、法律、社會學院各系相關課程的連結。可見，經濟學可說是泛用知識。

二、本書特色

1. 全景是全球，近景是美中臺，特寫是臺灣

全球經濟息息相關，本書從「全球」著眼，以「美中臺」入手，再從「臺灣」舉例，讓你詳細知道現在經濟狀況。能看得懂財經專業報紙（在臺灣工商時報、經濟日報：中國大陸第一財經日報等）、刊物（商業周刊、今周刊：中國大陸第一財經雜誌、中國經濟周刊）的經濟新聞。

2. 實用

由封面夾頁的作者簡介可見，作者有十年公司資歷，在三家證券（投資顧問）

公司擔任研究員，股票上市公司立萬利創新（3054）公司9年獨立董事。深知工作、投資需要用到哪一些知識。

經濟學是商管學院企管、會計課程的基礎，圖解經濟系列書籍希望能作到「易懂」、「實用」。透過報刊上的財經時事來詮釋經濟學觀念，讓你很自然地學以致用，並且能透析財經重要數字。

本書追根究底，重要英文專有名詞，其至追蹤到字的起源，中文名詞盡量以中文維基百科為主。

作者以「給他魚不如給他釣竿，還要教他釣魚」的教學、寫書的大原則，特別強調問問題、想像力的重要性。藉以培養愛因斯坦（Albert Einstein）所說：「一個人最高的本領是適應世界的能力。」

鑑於「正確資料，才有正確分析、推論」，本書有好幾個單元說明美中臺的經濟統計電子書（年報）、資料庫如何查詢，在第4~11章皆有該章主題查詢方式。

3. 易懂

本書不推導數學、不大量使用供需曲線圖。作者擔任過工商時報1.5年專欄記者，以我筆寫我口，特別擅長「就近取譬」，用生活例子來詮釋抽象觀念。

4.耐用

日報有一天壽命，週刊有一週壽命，月刊有一月壽命，那教科書呢？書中「今年」是2021年，2022年是「明年」，為了延長使用壽命，在「再版序」後的經濟資料庫中，有2019~2030年全球、美中臺的（預估）總產值、經濟成長率。

三、感謝

感謝兩位恩師在經濟學的教誨：汪義育教授、中央研究院院士麥朝成。

感謝行政院主計總處兩個國民經濟處四位科長耐心、專業回答我許多問題。

伍忠賢 謹識

謹誌於　臺灣新北市新店區臺北小城社區

2021年4月

經濟學16章與各學院／系的連結

章	章名	經濟學系	商(管理)學院	法律與社會學院
1	經濟學用途與範圍		統計學	統計法 社會學 政治學
	一、總體經濟			
2	國民所得會計	總體經濟學 →景氣預測		商業會計記法 公司法
3	國內生產毛額		統計學	
4	經濟分析			
5	就業	勞動經濟學	統計學 人力資源管理	勞動法 （或勞工法）
6	物價水準		財務管理 中級會計	
7	所得與財富分配		行銷管理	民法
8	家庭消費與儲蓄	人口經濟學	行銷管理 個人理財	民法
9	直接投資		國際企業管理	智慧財產權法
10	政府支出與租稅	財政學 →稅率		稅捐稽徵法 所得稅法
11	國際貿易：出口與進口	國際貿易理論 國際貿易政策	國際企業管理 國際行銷	海商法
	二、個體經濟			
12	消費者需求行為	行為經濟學	消費者行為	心理學 消費心理學
13	市場供給與需求			
14	產業結構與市場結構	產業經濟學 →行業預測	策略管理 產業分析	商事法 公平交易法
15	生產因素價格的決定		生產管理 成本會計	土地法規
16	勞動供需與薪資	勞動經濟學		勞動基準法

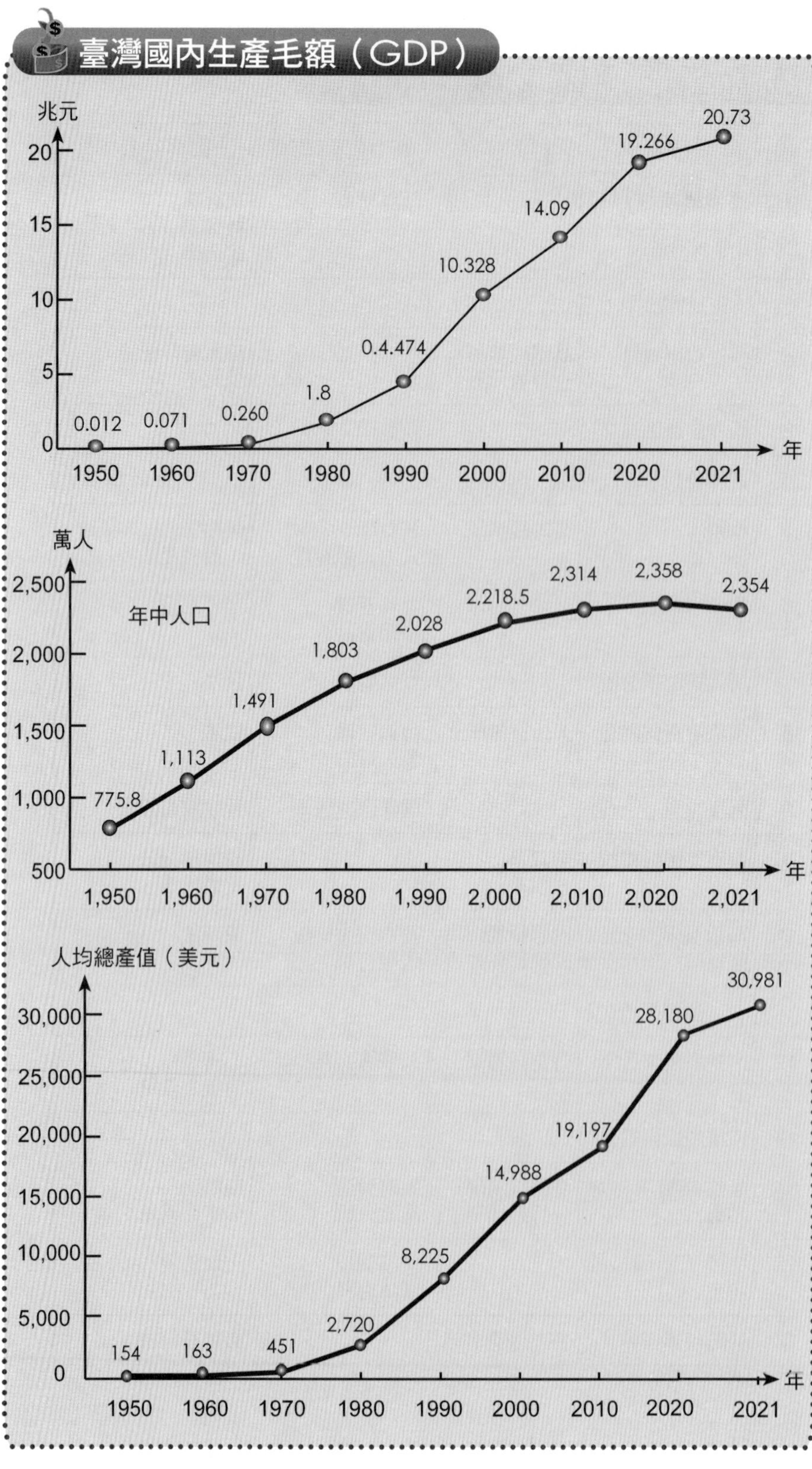

臺灣國內生產毛額（GDP）
兆元
20
15
10
5
0
0.012
0.071
0.260
1.8
0.4.474
10.328
14.09
19.266
20.73
1950
1960
1970
1980
1990
2000
2010
2020
2021
年
萬人
2,500
2,000
1,500
1,000
500
年中人口
775.8
1,113
1,491
1,803
2,028
2,218.5
2,314
2,358
2,354
1,950
1,960
1,970
1,980
1,990
2,000
2,010
2,020
2,021
年
人均總產值（美元）
30,000
25,000
20,000
15,000
10,000
5,000
0
154
163
451
2,720
8,225
14,988
19,197
28,180
30,981
1950
1960
1970
1980
1990
2000
2010
2020
2021
年

臺灣經濟成長率($\dot{y}$)與失業率($\dot{u}$)

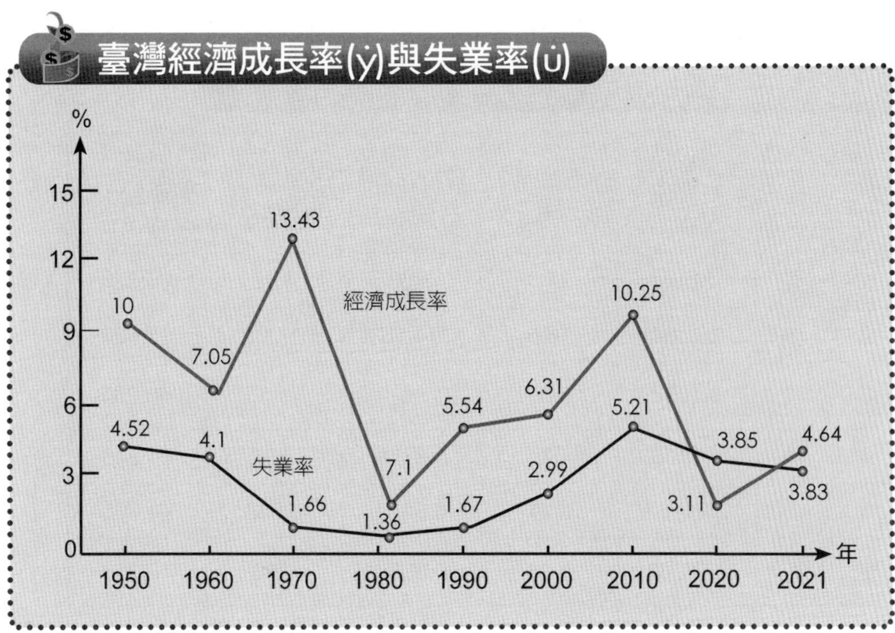

臺灣物價上漲率($\dot{p}$)與一年期定存利率(Rd)

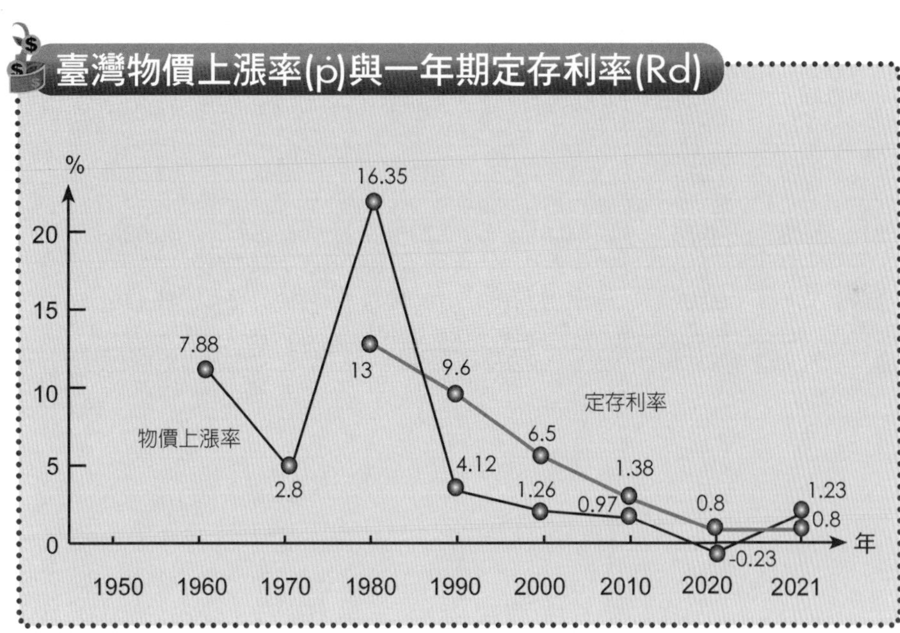

2021年全球十大經濟國人口與人均總產值

排名	國	(1)總產值（兆美元）*	占全球比率(%)	(2)人口數（億人）	占全球比率(%)	(3)人均總產值=(1)/(2)
1	美	21.92	24.1	3.33	4.23	65,826
2	中	16.834	18.5	14.15	17.97	11,900
3	日	5.1032	5.61	1.2647	1.6	40,350
4	德	4.3185	4.74	0.8378	1.06	51,546
5	法	2.91767	3.21	0.6527	0.828	44,700
6	英	2.85567	3.14	0.6788	0.86	42,070
7	印度	2.8339	3.11	13.8	17.52	2,054
8	義	2.1116	2.32	0.6046	0.767	34,926
9	加	1.763	1.94	0.378	0.48	46,640
10	南韓	1.6741	1.84	0.5127	0.65	32,653
21	臺灣	0.73	0.8	0.2354	0.298	30,981
全球		90.965	100	78.75	100	11,178

＊資料來源：國際貨幣基金（ＩＭＦ），2021年3月16日。

本書目錄

本書目錄

本書目錄

本書目錄

經濟學中總體經濟常見的英文字母縮寫

投入面：生產因素市場	轉換面	支出面：商品市場
L：land，自然資源中的土地	以經濟效率來說，	C：consumption，家庭消費
L：labor，勞動人口	Tc：公司所得稅稅率	S：saving，儲蓄
K：capital，資本，主要指機器、資金	$\dot{u}$：失業率	I：investment，實體投資
T：technology，技術	$\dot{p}$：物價上漲率	G：government expenditure，（中央）政府支出
E：entrepreneurship，企業家精神	$\dot{y}$：經濟成長率	T：tax，租稅收入
	Y：yield，GDP總產值	EX：export，出口
		IM：import，進口
		E：exchange rate，匯率

經濟學中個體經濟常見的英文字母縮寫

投入面：生產要素市場	轉換面	支出面：商品市場
rent：地產、房租	PF：production function，生產函數	D：demand，需求
W：wage，勞工工資，常指月薪	d：domestic，本國	S：supply，供給
R：利率，常指公司貸款利率	f：foreign，外國	E：equilibrium，均衡
		P：price，價格
		Q：quantity，數量
		0：上一期、今年
		1：下一期、明年

第1章

經濟學用途與範圍

章節體系架構▼

Unit 1-1　學經濟學第一個用途：工作Ⅰ

Unit 1-2　學經濟學第一個用途：工作Ⅱ

Unit 1-3　學經濟學第二個用途：投資（以美中臺為例）

Unit 1-4　學經濟學第三個用途：生活

Unit 1-5　經濟學相關用詞

Unit 1-6　全景：從英國牛津、劍橋大學千年史看經濟學誕生

Unit 1-7　近景：經濟學成長期（1920~1980年）

Unit 1-8　經濟中的兩個市場：生產因素、商品市場

Unit 1-9　經濟學五個重要觀念──「價量質時」架構

Unit 1-10　國家中央政府經濟相關主管部會

Unit 1-1 學經濟學第一個用途：工作 I

——經濟學與企業管理中的經營環境連結（linkage）

大部分人讀書、學習的目的有三：工作、投資、生活。目的越多、越強，學習動機越強，會越努力學習，學習績效越高。大學中的管理、商學院大一課程中，經濟學皆是一學年的三、三學分的必修課，社會、法律學院等有列為必修或必選，工學院的科目名稱為工程經濟學。經濟學（economics）可說是大學中，許多學院大一的基礎知識，開課廣度只比國文、英文課少，可見其重要性。

一、全景：社會科學研究人類行為

大學中的理工學院研究「物」，社會、人文學院研究人類行為，藉以了解、預測人類行為，以「知己知彼」地釐定決策。

(一)人類行為的分類

- 大分類：個人vs.社會行為。
- 中分類：以社會行為來說，依總體環境來分，至少有四中類、11小類。

(二)社會科學（social science）

社會科學是研究人的行為，由右表可見，社會科學大抵有12個學門，經濟學是研究人的經濟行為（economic behavior），最直白的說法便是社會行為中牽涉到的人、錢、物。

二、近景：以管理、商學院為例

(一)1950年代，企管中的行銷管理

二次大戰後，1950年代全球經濟快速發展，尤其是行銷管理（marketing management, 中稱營銷管理），其中針對經營環境（business environment，商業、行銷環境）的研究非常多。

(二)1960~1980年，哈佛大學商學院兩位教授接力

由右圖可見，經營環境分成總體環境（macro environment）、個體環境（micro environment）兩層級。由下表可見，這是由哈佛大學商學院兩位師徒接力發展。

小博士解說

時	1967年	1980年
地	美國麻州波士頓市	同左
人	阿吉拉爾（Francis J. Aguilar, 1932~2013），1964年起，哈佛大學商學院教授。	麥可・波特（Michael E. Porter, 1947~），1969~1973年在哈佛大學商學院唸碩士、博士班，畢業後留校任教。
事	在《掃描公司經營環境》（*Scanning the Business Environment*）書中，第一次使用PEST analysis一詞，即總體環境。	在《競爭策略》一書提出五力分析（five forces analysis），此即個體環境。

資料來源：中文維基百科「PEST分析」。

人類行為

大分類	中分類	社會科學
依人數分類 一、社會行為 （social behavior）	依總體環境層面分類 (一)政治／法律 (二)經濟／人口 (三)社會／文化 (四)科技／環境	政治學 行政學 國際關係學 法律學 經濟學 人類學 社會學 歷史學 地理學 統計學 教育學
二、個人行為 （personal behavior）		心理學，但許多深入課程（例如：社會心理學）研究多個人

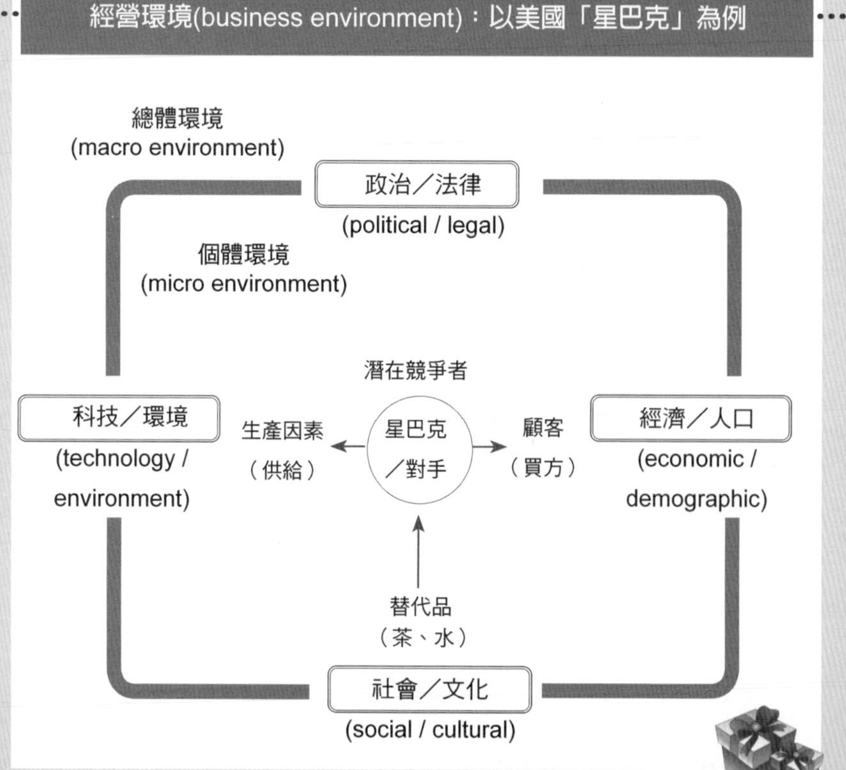

Unit 1-2 學經濟學第一個用途：工作II

一般「課程地圖」（course map）是把大學一年級到四年級相關課程作關聯，本書的課程地圖是「上中下游」連貫的，詳見右表第一欄，從「投入－轉換－產出」，是希望在校（包括讀書學習），能作到理論與實務「無縫接軌」（seamless transit），即做好大學到公司的「最後一哩」（last mile, 中稱最後一公里）。

一、投入：基礎知識（basic knowledge）

由表第二欄可見，經濟學相關課程比較像下列二者。

(一)以大學理學院各系：比較像物理系、化學系、心理系、數學系、大氣科學系、地質系。

(二)研究發展中的研究：套用「研究和發展」（Research & Development, R&D），「研究」提供基礎知識，例如：資訊工程系研究「人工智慧」。

(三)知識的兩項功能：了解現況、預測未來：由表第二欄可見，經濟學相關課程皆是為了「某某預測」，例如：總體經濟學是為了「景氣預測」，貨幣銀行學提供「利率預測」。

二、轉換：運用知識（applied knowledge）

由表第三欄可見，大學中的商、管理學院各系的專業課程比較像運用知識，比較像下列二者。

(一)以大學工學院各系：有機械、化學、材料、醫學、土木、海洋工程系等。

(二)研究發展中的發展：公司研發部偏重運用科學技術以開發產品，例如：人工智慧運用於自動駕駛汽車（autonomous cars 或 self-driving cars）。

三、產出：工作技能（job skill 或 job proficiency）

大學商、管理學院各系名稱跟公司的各功能部門名稱一樣，以便培養各相關領域的人才。由表第四欄可見，以全球晶圓代工霸主一臺灣的台積電各部門為例。

四、公司損益表各科目

大學社會（含經濟）、商、管理學院各系、各學程的課程，是為了公司各部門培養所需人才。而從公司損益表各科目可見，各會計科目，公司至少有一企業活動部門須負責。

大學經濟學相關課程在公司（台積電）各部門用途

<table>
<tr><th>年級</th><th>投入：經濟系或商學院經濟學課程</th><th>轉換：商、管理學院技能知識</th><th>台積電部門＊</th><th>損益表</th></tr>
<tr><td>大一</td><td>經濟學</td><td></td><td>歐亞業務部、業務開發部</td><td rowspan="7">營收
－營業成本
・原料
・直接人工
・製造費用

＝毛利

－營業費用
・研發費用
・管理費用
・行銷費用

＝營業淨利

＋營業外收入
－營業外支出
（財務成本）
－所得稅費用

＝（稅後）淨利</td></tr>
<tr><td>大二</td><td>總體經濟學
→景氣預測</td><td>國際企業管理</td><td></td></tr>
<tr><td>大四</td><td>國際貿易政策
→貿易預測</td><td></td><td></td></tr>
<tr><td>大三</td><td>國際貿易理論
→貿易預測</td><td>供應鏈管理</td><td>資材暨風險管理部</td></tr>
<tr><td>大二</td><td>產業分析
→行業景氣預測
個體經濟學
→價格預測</td><td>公平交易法
人力資源管理
生產管理

資訊管理
行銷管理
國際行銷管理
國際電子商務
投資管理
債券投資</td><td>人力資源部
營運一
營運二
品質暨可靠性部
研究發展部
特殊技術部
資訊技術部
法務部
企業規劃部
全球業務暨服務部</td></tr>
<tr><td>大四</td><td>國際金融
→匯率預測</td><td>財務管理
國際財務管理
國際匯兌</td><td>財務部</td></tr>
<tr><td>大二</td><td>貨幣銀行學
→利率預測</td><td>會計系、財稅系「租稅規劃」</td><td>會計部
董事會
總裁</td></tr>
</table>

*資料來源：整理自台積電年報（一），第16~17頁。

Unit 1-3 學經濟學第二個用途：投資（以美中臺為例）

——經濟學與財務管理中的投資管理連結

對許多人來說，了解經濟學，是為了在金融投資（主要是股票、債券、外匯）時，進行基本面分析（fundamental analysis），包括下列由大到小三個層面。

一、步驟一：總體經濟分析（macroeconomic analysis）

這包括全球經濟的兩個層面：

(一)經濟的實體面（physical aspect of the economy）：由右圖可見，由大到小為全球、區域（美洲的北美美國、亞洲的東亞中國大陸）到一國，全球已是地球村。主要指生產因素、商品市場。

(二)經濟的金融面（financial side of the economy）：主要是指金融市場

二、步驟二：產業分析（industrial analysis）

(一)產業結構：農、工、服務業。

(二)股市中三大類：以市值、日成交值區分

- 工業：電子類股為主：占62.2%、傳統產業24.3%。
- 服務業為主：金融類股12.5%。

三、步驟三：上市公司分析（company analysis）

主要是預測上市公司未來二年的每股淨利（EPS）。

1.臺灣股票集中市場960支股票，市值56兆元。

2. 台積電股票市場價值（stocks market value）

=股價×量

=700元／股×259.3億股

=18.15兆元

3. = 2. / 1. $=\dfrac{18.15\text{兆元}}{56\text{兆元}}=32.4\%$

2011~2020年美中臺經濟成長率與股價指數

單位：%

年	2011	2012	2013	2014	2015	2016	2017	2018	2019	2020*
0、全球	3.133	2.5	2.654	2.833	2.8	2.482	3.109	2.974	2.6	-4.3
一、美國										
1. 經濟成長率	1.6	2.2	1.8	2.5	2.9	1.6	2.4	2.9	2.3	-4.27
2. 股價指數（道瓊工業）	12217	13104	16576	17823	17425	19762	24719	23327	28538	30606
3. 股價指數報酬率 (annual change)	5.53	7.26	26.5	7.52	-2.23	13.42	25.08	-5.63	22.34	7.2
二、中國大陸										
1. 經濟成長率	9.6	7.9	7.8	7.3	6.9	6.7	6.8	6.6	6.1	2.3
2. 股價指數（上海綜合指數）	2199	2269	2116	3234	3539	3103	3307	2827	3050	3473
3. 股價指數報酬率	-21.68	3.17	-6.75	52.87	9.41	-12.31	6.56	-14.5	22.3	13.86
三、臺灣										
1. 經濟成長率	3.67	2.22	2.48	4.72	1.47	2.17	3.31	2.75	2.73	3.11
2. 股價指數	7072	7699	8611	9307	8338	9253	10642	9727	11997	14732
3. 股價指數報酬率	-21.2	8.9	11.8	8.1	-10.4	11	15	-8.6	23.3	22.7

*經濟成長率來自世界銀行Global Economic Prospects，2020年6月。

由上到下的股市基本面分析（以2021年為預測值）

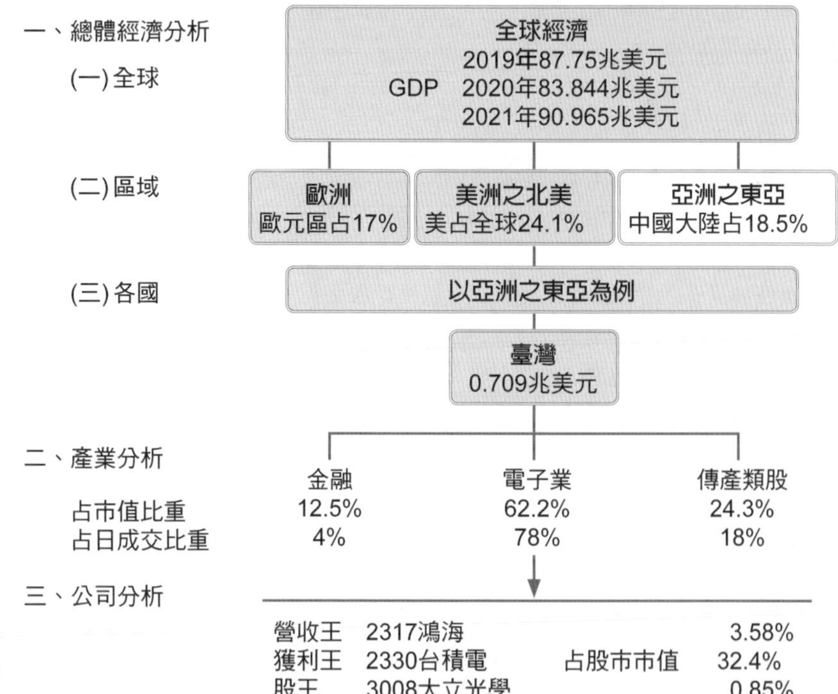

Unit 1-4 學經濟學第三個用途：生活

——經濟學與生活決策的連結

學經濟學在生活中的運用，最經典人物是貝克，詳見小檔案。1987年3月，本書作者在臺灣臺北市圓山飯店專訪過他。

蓋瑞・貝克（Gary S. Becker）
年代：1930~2014
畢業學校：美國芝加哥大學經濟博士
書：1976年《人類行為的經濟分析》（*The Economic Approach to Human Behavior*）
榮譽：1992年諾貝爾經濟學獎得主

一、專業始終來自生活

2007年，芬蘭手機公司諾基亞的廣告詞「科技始終來自人性」（technology always comes from human nature）。我們也提出類似主張「專業始終來自生活」（professional always comes from life）。經學中許多觀念，例如：機會成本、投資組合理論等，大都來自生活智慧，詳見右表。有時，會誤以為這些是經濟學者的創見，經濟學者只是用經濟分析方式表達。

二、專業運用於生活：生活經濟學

貝克認為下列情況都可把經濟分析運用於所有人類行為。

- 限制：資源（含時間）分配，即資源稀少（scarce resource），必須區分輕重緩急，即有取捨（trade-off）。
- 情況：升學、結婚、生子女的數目、離婚等。

小博士解說　個體、總體經濟分水嶺

時	1890～1933年	1933年～
地	英國	英國
人	馬歇爾 庇古（Arthur C. Pigou）與馬歇爾1912年《財富與福利》 羅賓遜1933年《不完全競爭經濟學》	凱恩斯
事	個體經濟學	總體經濟學
歷史背景	1895年美國成為全球第一人經濟國 1918年第一次世界大戰後迄1920年，英國經濟差，使得劍橋學派的充分就業的總體均衡美夢破裂	第一次大戰後，歐洲經濟重挫

三個生活智慧化成經濟觀念

一、生活智慧			
時	1870年代	1748年	1615年
地	美國南部	美國賓州費城	西班牙
人	一些酒吧	富蘭克林（Benjamin Franklin, 1706~1790）	塞凡提斯（Miguel de Cervantes,1547~1616）
事	以「免費午餐」來吸引顧客，附帶條件是顧客至少要買一杯酒。許多顧客買二杯酒以上，酒吧賺了酒錢，午餐是帶路貨。	在創立的〈賓州報〉中寫文章說明「時間是金錢」。	在《唐吉軻德》（*Don Quixote*）書中「智者不會把所有雞蛋放在一個籃子裡」（Don't put all your eggs in one basket.）。
二、經濟學者的主張			
時	1975年	1952年	1894年1月
地	美國芝加哥市	同左	--
人	米爾頓・傅利曼（Milton Fredman, 1912~2000），1976年諾貝爾經濟學獎得主	哈利・馬可維茲（Harry Markowitz, 1927~），1990年諾貝爾獎三位得主之一	David I. Green
事	在《新聞周刊》上「世上沒有免費午餐」文章（There is no such thing as a free lunch.）	在其博士論文中，以數學方式呈現資產投資組合理論	在《經濟學季刊》上一篇論文（Pain cost and opportunity cost）第218~229頁 論文引用數92次

資料來源：整理自英文維基百科「opportunity cost」。

Unit 1-5 經濟學相關用詞

——經濟學與英文系英語語言學的連結

經濟學源自英國，在美國發揚光大，以中文書來說，第一次出現經濟專有名詞時，會在括弧內附英文，只要你看英文，甚至跟上網時比，皆會發現英文、中文譯詞人云云殊，令人不知聽誰的較好。在本書開始，畢其功於一役地講清楚。

一、本書用詞的基準

(一)英文以美式英文為主

少數情況下，英式、美式英文略有差異。例如：勞工，美式英文為labor、英式英文為labour；例如：計畫；美式英文為program，英式英語programme。

(二)中文譯詞，主要以維基百科中文版為主

2001年5月，中文維基百科上線，針對英文的中文譯詞，可說是「最大公約數」，本書想銷售到華語區域，盡可能以中文維基百科為主，重要且例外的詞語，會以中國大陸和臺灣比較表呈現。

二、名詞起源

(一)名詞economics

由小檔案可見，economics隨著西方文明的歷史發展，由希臘時代到法國，再到英國，原意是指家庭收支或財務管理。由economics再衍生整個字系，其中跟economy的差異，詳見右頁上表。

(二)形容詞的差異

- 經濟學的（economic）：例如：經濟政策（economic policy）。
- 節省的（economical）：不用花很多錢的，如「經濟型買方」（economic buyer）。

三、從一到二、二到四、四到八的衍生

右頁下表是經濟學常見的「人事物」的英文、中文用詞。

economics的起源

從英文維基百科economics大抵可看出其來源為四世紀希臘oikonomikes。色諾芬（Xerophon, 431~355BC）在《經濟論》（*Oeconomius*）書中專章討論「管理家產的守則」（pertaining to household management）。

Oiko: house, household

Miko: law, management

1759年法國economicue，例如：重農學派魁奈（Francois Quesnay, 1697~1774），1776年英國economics。

時：約610年

地：中國隋朝河南省洛陽市

人：王通（584~617）

事：在《文中子・禮樂篇》中，提出「經濟」一詞「皆有經濟之道，謂經國濟民」。

（部分整理自維基百科「Economics」。）

經濟學與經濟狀況的英文差異

	economics	economy
一、學門 vs. 生活	經濟學：研究「經濟」（economy）的 ・理論（theories） ・模型（models） ・原理（principles） ・經濟學原理 （principles of economics）	經濟：一個（或地區）的 ・經濟制度 ・經濟狀況（condition）、狀態（status）、活動
二、分類	(一)總體經濟學 (二)個體經濟學	(一)以經濟制度來說 1.資本主義經濟 （capitalist economy） 2. 社會主義經濟 （socialist economy） 3. 混合經濟 （mixed economy） (二)單身市場與經濟 （single economy）

資料來源：大部分整理自Surbhi S, "Difference Between Economics and Economy", Key Differences網站，2019年8月14日。

經濟學上的「人事物」英文、中文用詞

項目	英文用詞	中文譯詞
人	economic agent	經濟主體，主要有三：家計單位（主要是家庭）、商業組織（主要是公司）、政府
	economic entity	經濟個體，會計學用詞，主要指要編製財務報表的商業組織、政府
	economic policy subject	經濟政策主體
	economic unit	經濟單位，會計學用詞
事	economic affairs 例如：ministry of economic affairs	經濟事務　臺灣的經濟部（前身為經濟部與原能會）
	economic activity 例如：economic activity rate	經濟活動 經濟活動率
物	economic behavior economic reality economic objects	經濟狀況、經濟現實 經濟對象： 1.實體經濟－產品、勞務 2.金融面－貨幣、價格、價值

Unit 1-6 全景：從英國牛津、劍橋大學千年史看經濟學誕生

你看任何書（包括維基百科），談到任何一個學門（例如：經濟學），大都從有文字紀錄（尤其是第一本書）談起，這需要二門課（西洋、中國）經濟思想史才說得完。本書只有兩單元，只能從現代經濟學起源地的英國牛津、劍橋大學說起，每個學門的出現，都有總體環境因素，本單元先拉個全景，才比較容易了解經濟學成為一個學門（最簡單說法為大學一個系）的前因。

一、全球大學發展第一階段（1096~1688年）：神學為主

(一)時空背景：這階段政治上屬於君權或貴族地方割據，經濟活動以農業為主，工業以手工業為主（例如：羊毛紡織業等），略有歐洲的區域內貿易。

(二)大學三大學院：神、醫、人文學院

此時，許多大學皆設立神學院，以培養神職人員。

二、近景：大學發展第二階段（1689~1775年）：政治學

(一)時空背景：1688年，英國發生光榮革命，邁向君主立憲，內閣（行政）、議會（立法）、法院（司法）權力大增。

(二)政治學：此時，大學政治學才有發展空間，但要真正成為一個學系，則須等到18~19世紀的科學發展，1805年英國馬爾薩斯（詳見Unit 8-4）是第一位政治經濟學教授，任教於東印度公司學院，1880年美國紐約市哥倫比亞大學成立全球第一個大學政治系。

三、近景：大學發展第三階段（1776~1889年）：政治經濟學（political economics）

(一)時空背景：18世紀，英國憑藉著殖民地的廉價原料（北美殖民地棉）、加上第一次工業革命（蒸汽機運用於工業、船和火車、農業），在全球經濟總產值數二數三。

(二)政治學分支出來政治經濟學：政府學討論政府運作，政治經濟學則是政治中的經濟層面，例如：總體經濟中的全國經濟制度（例如：政府干預vs.市場經濟），由右表可見，一般人以1776年亞當・史密斯《國富論》出版，作為分水嶺。

四、特寫：大學發展第四階段（1890年起）：經濟學（economics）

(一)時空背景：19世紀大英帝國成為世界第一大經濟國。

(二)經濟學：由於經濟活動在全國中的重要程度高，1890年，馬歇爾出版《經濟學原理》，標誌著已脫離政治經濟學。1902年，獨立成為經濟系，對外招生。

英國牛津劍橋大學逐漸誕生經濟學

階段	I	II	III	IV
時	1096～1688年	1689～1775年	1776～1889年	1890年起
環境	農業社會	殖民經濟	工業革命	第一大經濟國
政治	1066～1124年國王集權，1125年大憲章，貴族有權	1688年光榮革命，1689年通過〈權利法案〉	1714～1901年漢諾瓦王朝	1837～1904年,維多利亞女王時代
經濟	農業社會為主	1607年起，英國大舉開拓海外殖民地，發展貿易	1760年左右，第一次工業革命	1870～1914年第二次工業革命
科技	文字	文字	1687年牛頓等推出微積分	數學中的微積分
學系發展	神、人文、醫學院	理、社會學院	政治系	經濟系
地	英國牛津郡	同左	英國格拉斯哥市	英國劍橋市
人	牛津大學	同左	亞當・史密斯(Adam Smith, 1723～1790), 1746年畢業於牛津大學	阿爾弗雷德・馬歇爾（Alfred Marshall, 1842～1924），劍橋大學教授
事	1.醫院 2.神學（宗教） 3. 藝術與人文 ・語文 ・藝術 ・歷史 ・哲學 （倫理道德）	4.科技 ・物理 ・數學 5.人文與社會	出版《國富論》1751～1752年在大學教政治經濟學等	出版《經濟學原理》
領域		政治學（politics）	政治經濟學（political economics, political economy）	經濟學（economics）

亞當・史密斯（Adam Smith）

- 年籍：1723年6月5日～1790年6月16日，英國伐夫郡
- 經歷：格拉斯哥大學教授、愛丁堡大學教授
- 畢業學校：牛津大學學士
- 書：1776年《全國財富的性質和原因的研究》（*An Inquiry into the Nature and Causes of the Wealth of Nations*），簡稱《國富論》
- 榮譽：經濟學之父

Unit 1-7 近景：經濟學成長期（1920~1980年）

——從新古典學派的個經到凱恩斯的總經

一、1890~1920年，英國新古典學派聚焦在個體環境

(一)19世紀，大英帝國是世界第一大經濟國

17世紀，英國海軍擴充，大幅擴展海外殖民地，18世紀（1733年飛梭織布，1769年瓦特蒸汽機）的兩大科技發明，大幅增長工業實力，在維多利亞女王（在位期間1837~1901年）統治期間，大英帝國成為全球第一大經濟國。

(二)英國經濟學以劍橋大學為主，聚焦於個體經濟

此時，英國劍橋大學的政治經濟學者的研究重點，以資本主義中的公司為主，以微積分方式，呈現公司的生產、家庭的需求、市場的供需。

二、1900年起，由個經向總經傾斜

由右表可見，19世紀起，隨著各國公務統計資料逐漸增加，越來越多經濟學者以資料來解釋景氣循環、貨幣（主要是利率）。

(一)歷史背景：1896年起，美國逐漸超越英國

1896年起，美國工業中的鋼鐵產量超越大英帝國，1900年工業產值超越英國，1913年美國總產值和人均總產值（5,300美元 vs. 5,156美元）全球第一。

(二)以美國哈佛大學經濟系為例

1636年，哈佛大學成立，1897年設立經濟系，之前跟英國一樣，19世紀屬於政治經濟學領域。

三、凱恩斯只是集大成

凱恩斯有「總體經濟學之父」（the Father of Macro-economics）之稱，但他只是集大成。1871~1930年的奧地利經濟學者們形成的奧地利經濟學派（Austrian School），是總經課題研究者，海耶克等到倫敦政治學院教書，後來影響了凱恩斯等。

小博士解說 經濟學的定義

時	1932年
地	英國倫敦市
人	羅賓斯爵士（Lionel C. Robbins, 1898~1984）
事	最廣泛使用的經濟學定義：「經濟學是一門研究人類在有限資源情況下作出選擇的科學」。

總體經濟的研究進程

年	地	人	事
1549	葡萄牙科英布拉大學（Coinbra）	阿茲皮爾奎塔（Martin de Azpilcuetd, 1491~1586）	第一個探討貨幣理論的人，號稱「貨幣的時間價值」，此觀念由他提出，他是西班牙人。
1862	法國巴黎市	朱格拉（C. Juglar, 1819~1905）	在〈論德、英、美三國經濟危機及發展〉中，發現法國固定投資的景氣循環約7~11年
1863	英國劍橋大學	傑文斯（W.S. Jevons, 1835~1882）	基本資料 解釋黃金價格
1865	同上	同上	煤炭問題
1882	同上	同上	勞工問題
1920	美國麻州劍橋市	米切爾（Wesley Mitchell, 1874~1948）	成立國家經濟研究局（National Bureau of Economic Research）
1923	英國	基欽（Joseph Kitchin, 1861~1932）	在〈統計與統計評論〉期刊上 "Cycles and Trends in Economic Factors" 論文，英美的景氣循環約40個月。
1933	挪威奧斯陸市	弗里施（Ragnar Frisch, 1895~1973）	在論文中，首命名總體、個體經濟學二個名詞。1968年諾貝爾經濟學二位得主之一。

資料來源：整理自History of Macroeconomics thoughts，威廉・傑文斯。

專有名詞英文與中文譯詞

macro、micro	臺灣	中國大陸
marco economics 希臘字「大」	總體經濟學	宏觀或密集觀經濟學
micro economics 希臘字「小」	個體經濟學	微觀經濟學

Unit 1-8 經濟中的兩個市場：生產因素、商品市場——兼論總體、個體經濟學的差別

一、擴增版一般均衡架構圖

(一)一般均衡架構（general equilibrium framework, GEF）：由小檔案可見，在瓦爾拉斯的一般均衡架構，同時考慮「投入」面的生產因素市場（production factor market），俗稱生產要素市場，和「產出」面的商品市場（commodity market）。

(二)擴增版（augmented GEF）：擴增版是指在前述二個市場再加上「轉換」。

二、投入：生產因素市場（production factor market）

由右上表第一欄可見五種生產因素與相關項目。

三、轉換：產業結構（industrial structure）

一般指「轉換」，是指生產函數，本處是指兩項。

(一)產業（industries）：即一級、二級、三級產業，即農、工、服務。

(二)產業結構：2018年農業產值占全球總產值（world gross product, WGP, 但常用world GDP）4%，比率很小；工業占34.8%，也不大；服務業占61.2%（美國大抵如此）。

四、產出I：商品市場（commodity market）

（最終）商品市場包括資本產品（capital goods，約占10%），消費產品（consumer product 或 consumption goods），常見的便是大一經濟學中所稱下列公式。

(一) Y = C + I + G + (X - M)：這是學過經濟學的人記憶深刻的國民所得恆等式。

(二)全球的需求結構：在全球需求結構中，一國出口，便有一國進口，一加一減得零，所以國際貿易占比重0。

五、產出II：經濟績效（economic performance）

經濟績效包括兩中類。

(一)經濟效率（economic efficiency）：這俗稱「把餅做大」（grow the pie 或make the pie bigger）。

(二)分配公平（distributive justice）：這是指「不患寡而患不均」，詳見第七章。

六、總體 vs. 個體經濟學

以「大我」、「小我」來比喻「總體經濟學」、「個體經齊學」，很貼切，只是經濟主體「數目」的差別。

七、中國大陸教育部對經濟課程分類

你在百度可以得知，經濟學專業又細分為幾類經濟學：

(一)理論經濟學課程：例如：政治經濟學、經濟史、經濟思想史、世界經濟、西方經濟學、人口資源與環境。

(二)應用經濟學課程：見右頁上表。

經濟學範圍：以中國大陸教育部大學課程為例

投入：生產因素市場 國民所得：成本面、所得面	轉換 （最終）產品面	產出 支出面
一、自然資源 (一)自然資源： 經濟學土地 (二)水電能源： 能源經濟學 (三)空氣、水等： 環境經濟學 二、勞動 *勞動經濟學 三、資本（從資金到資本商品） 四、技術 五、企業家精神 六、政府 （第六種是本書所加）	一、產業結構 *產業經濟學 (一)服務業 (二)工業 工業經濟學 (三)農業 農業經濟學 (四)區域 *區域經濟學 二、生產函數 	*國民經濟學 一、商品市場 (一)消費 人口經濟學 健康經濟學 生活經濟學 資訊經濟學 (二)投資 *金融經濟學 (三)政府支出 公共經濟學 *財政學 城市經濟學 (四)國際貿易 1. 區域經濟學 2. 國際經濟學 ・國際貿易理論 ・國際貿易政策 ・國際金融 二、經濟產出 (一)效率 發展經濟學 (二)所得、財富分配 福利經濟學

*這是中國大陸教育部的應用經濟學範疇

以臺灣經濟主體來區分總體、個體經濟學

課程	商業組織 （firm） （公司占41%）	家計單位 （household） （家庭占98.5%）	政府 （government）
一、總體經濟 （macroeconomics）	173.7萬家營利事業 1.公司，約71萬家 2.公司以外組織，約102.2萬家	1.2,354萬人 2.893萬個家庭，一戶2.636人	一般政府 1.中央政府 2.地方政府
二、個體經濟 （microeconomics）	1.1家公司，尤其是工業中的製造業 2.商號	1.1個人 2.1個家庭	中央政府中的管制機關 1.公平交易委員會 2.國家通訊傳播委員會

資料來源：臺灣經濟部，各類商業組織別登記案數月統計表，2020年12月。家計單位資料來源來自內政部，2021年。

Unit 1-9 經濟學五個重要觀念
——「價量質時」架構

經濟學有五大重要、基本觀念，這跟1922年美國會計學者威廉・佩頓（William A. Paton, 1889~1991）在《會計理論》書中所提出的會計假設（accounting assumption 或 hypothesis）功能一樣。為了方便記憶起見，經濟學五個觀念以作表方式呈現，中第一欄以「價量質時」架構來分類，並且把這些觀念的首次提出的學者放在各觀念之首，為求易懂，就近取譬。

物理學對經濟學中均衡、總體經濟的啟發

時	1590年	1920年
地	義大利比薩市	英國劍橋市
人	伽利略（Galileo Galilei, 1564~1642）	馬歇爾（Alfred Marshall, 1842~1924）
事	運動論，有穩定、不穩定平衡	提出供給、需求曲線的均衡、失衡狀況
時	1687年7月5日	1871年
地	英國劍橋市	英國曼徹斯特市
人	牛頓（Isaac Newton, 1643~1727）	傑文斯（William S. Jevons, 1835~1882）曼徹斯特大學教授
事	在《自然哲學的數學原理》中提出運動三定律	在《政治經濟理論》書中
・宇宙觀	天體（星球）力學	經濟一體化
・總體	物體，牛頓力學	總體經濟
・個體	粒子，量子力學	個體經濟

資料來源：部分整理自維基百科「牛頓」。

經濟學常用四大觀念：價量質時

項目	重要學者	少用	常用
一、價格 (一)總產值 (二)薪資 (三)利率	以實質利率為例 時：1738年 地：美國紐約市 人：William Douglas 事：在《*Colonial Currency*》書中的一篇論文”A Essay Concerning Silver and Paper Currency”中提出	實質（real） 購買力衡量總產值（PPP GDP） 實質薪資 實質利率	名目（nominal） 總產值（GDP） 名目薪資 名目利率
二、數量 (一)國家 (二)公司	時：1896年12月 地：美國康州紐哈芬市 人：費雪（Irving Fisher, 1867～1947） 事：在《經濟期刊》上論文“What Is Capital？”說明	存量（stock） 某年12月31日國家財富（national wealth）統計 某年12月11日的資產負債表	流量（flow） 某年國內生產毛額 某年1月1日～12月31日，損益表、現金流量表、業主權益變動表
三、品質	時：18世紀 地：英國 人：政治經濟學者 事：使用此名詞	失衡（disequilibrium） 例如：產銷失衡，包括供過於求（over supply）、供不應求（short supply）	均衡（equilibrium） 詳見下表 1.一般均衡（general equilibrium） 2.部分均衡（partial equilibrium）
四、時間 (一)時間長短 1.經濟學	時：1890年 地：英國劍橋市 人：馬歇爾（詳下表） 事：在《經濟學的原理》一書中提出	短期（short run, SR） 以公司來說，產能固定，例如：波音公司年產飛機100架	長期（long run, LR）產能可擴大，例如2021年產能100架，2022年擴廠至120架
2.企管 (二)時間變化	時：1899年 地：美國紐約市 人：J.B.克拉克（John B. Clark, 1847～1938） 事：在《財富的分配》一書中提出此觀念	1年內 動態（dynamic）	1～3年中期 3年以上長期 靜態（static） 比較靜態（comparative statics）例如：2020、2021年兩年的供需曲線均衡點（數量、價格）比較

經濟學中均衡範圍

項目	局部均衡（partial equilibrium）	一般均衡（general equilibrium）
時	1890年	1874年
地	英國劍橋市	瑞士洛桑市
人	馬歇爾 （Alfred Marshall, 1842～1924） 英國人	瓦爾拉斯 （Leon Walras, 1834~1910） 法國人
事	提出局部均衡觀念 只有一個市場均衡	提出一般均衡觀念 二個市場均衡

Unit 1-10 國家中央政府經濟相關主管部會

—— 擴增版一般均衡架構

一個國家的經濟相關事務（economic related affairs）事涉範圍廣，簡單地說，除了國防、外交、國內維持穩定（法務、國土安全）、內政部外，每個國家幾乎70%的部會（中稱部委）都跟經濟事務有關。本書先以臺灣為對象說明，在《圖解國際貿易理論》（五南圖書，2019年7月）作表比較美中臺，由右表第一列可見，在此以擴增版一般均衡架構呈現。

一、經濟相關事務的政策、決策、統計

(一) 經濟政策協調機構

行政院國家發展委員會

(二)經濟相關政策監管的政務委員

8位政務委員（即不管部會的部長級政務官）中，有5位主管經濟相關事務，各約管2個院本部的「業務單位」（處）。

(三)政府會計與統計

行政院主計總處第三、四處擔任國家統計局功能。

二、經濟相關部會（以行政院組織改造藍圖為準）

各行各業皆有主管機關（competent authority），各行業專業法的第二條大都說明該「目的事業」（business objectives）主管機關，分三級：中央、直轄市和縣市。

由右表下方可見，下列三階段、兩個市場的主管部會：

(一)投入：生產因素市場

五種生產因素至少有7個部會在管。

(二)轉換：三級產業（農工服）

農、工、服務各一個部管。

(三)產出：商品市場

商品市場4個需求面，約4個部管。

數位發展部

時：2021年3月25日

地：臺灣

人：行政院

事：行政院院會決議成立數位發展部，以因應數位發展，2022年3月左右掛牌，該部下有八個司一個署，主要來自科技部（部分局處）和國家通訊傳播委員會（監理以外業務）

臺灣中央政府經濟相關部會

——行政院院本部經濟事務相關政務委員與業務單位

組織層級	生產因素市場	產業	商品市場
一、院本部 政務委員： 8位中5位	1.勞動、教育、衛福 2.金管會、公平會 3.科技相關（含通訊傳播）	同右一	1.經濟相關：財政部、中央銀行、經濟部（國內部分） 2.經濟相關：經濟部（國際貿易）、農業部
二、院本部 11處58組	1.自然資源 資源處 2.勞工 教育科學文化處 3.資本 財政主計金融處 4.技術 教育科學文化處 5.企業家精神	1.農業 經濟能源農業處 2.工業 同上 3.服務業 新聞傳播處、資通安全處	1.消費 內政衛福勞動處、消費者保護處 2.直接投資 3.政府支出 交通環境資源處 4.國際貿易
三、部會	(一)自然資源 1.土地 ・經濟部產業園區管理局 ・科技部3個園區管理局 2.礦 環境資源部水土保持及地質礦產署 3.水 經濟部水利署 4.空氣 環境資源部環境污染防治局 5.能源 經濟部能源署 (二)勞工 教育部 勞動部 (三)資本 1.行政院金融監督管理委員會 2.中央銀行 (四)技術 1.科技與技術委員會 2.經濟部 ・產業技術司 ・智慧財產局 (五)企業家精神 中小及新創企業署	(一)農業 農業部 (二)工業 經濟部產業發展署 (三)服務業 1.行 交通及建設部觀光署 2.樂 國家通訊傳播委員會(NCC) 3.金融業 左述行政院金管會 4.一般 經濟部商業服務署（前身商業司）	(一)消費 1.公平交易委員會 2.經濟部 標準檢驗局 3.衛生福利部 食品藥物管理署 4.餘略 (二)投資 1.投資 經濟部投資業務司（含原投資處、投審會） 2.產業 ・產業發展署 ・產業管理局（前身為加工出口區管理處） (三)政府支出 交通及建設部 (四)國際貿易 1.行政院經濟貿易談判辦公室（2016.9.2掛牌），前身為經濟部經貿談判辦公室 2.經濟部國際貿易署 經濟合作司（原國際合作處） 貿易政策司

第2章

國民所得會計

章節體系架構▼

Unit 2-1 美中臺國民所得的國家統計局 I

吃小吃要吃創始店，同樣的，查一國的國民所得等總體經濟資料，一定要查國家統計局（office of national statistics），以免二手傳播地以訛傳訛；至少是以國家統計局為資料來源的資料，其中最廣的是司爾亞司數據信息公司（CEIC）。本單元說明國家統計局的起源，聚焦於美中臺，下一個單元以「生產因素－產業－商品市場」三方面，詳細說明各負責局處。

一、國家統計局的發展史

西元前2000年，自有文字紀錄以來，世界各國政府對戶口、田土、貢賦等，事關徵稅（主要是田賦、丁稅）、徵兵等，政府各部都有公務統計（official statistics）。18世紀起，各國政府紛紛採取集中管理方式，統一由國家統計局來處理，尤其是1953年聯合國的國民所得會計的要求。

1492年起，哥倫布「發現」美洲大陸，南歐的西班牙大舉開發美洲（秘魯、玻利維亞、墨西哥等）的金礦銀礦，砸大錢進口農工產品，西歐（英、法、尼德蘭）、南歐（義大利）等國靠出超而大賺錢，並有餘力大舉對外殖民，發展殖民經濟。（參考中國大陸張宇燕、高程的書，美洲金銀和西方世界的興起，中信出版社，2016年12月。）

各國經濟長足發展，政府需要更掌握全國的經濟實力，於是，各國陸續成立國家統計局。1747年，瑞典號稱第一個成立國家統計局的國家。瑞典成立統計局（前身稱報表局，offices of tables），之後各國陸續成立類似機構，通稱國家統計局。

二、通例：大部分國家都有國家統計局

(一)統計法：國家統計局對國民所得資料蒐集採取抽樣調查，每5年普遍調查（簡稱普查），這些都需要人民、公司的配合，為了避免普查時，受調查者不配合（拒訪或造假），因此國會通過統計法明定罰則。

(二)部會層級：一般國家統計局局長在中央政府的職級大都為「部、署、局」中的二、三級，職級較低，且為了維持獨立性，局長不屬於內閣閣員層級。

(三)國家統計局的組織法：詳見右表。

小博士解說

司爾亞司數據信息公司
（China Entrepreneur Investment Club, CEIC）

時	1992年，又稱香港環亞經濟數據公司
地	中國大陸香港
人	母公司ISI新興市場公司
事	有全球117國總體、產業經濟（16個行業、165個子行業）統計資料

美中臺國民所得公務統計機關

	臺灣	中國大陸	美國	
地	臺北市	北京市	華盛頓特區	馬里蘭州蘇特蘭市(Suitland)
時、法	1930年10月統計法	1983年12月統計法	1935年勞工法(labor law)有規定勞動統計	----
時、法	1930年10月統計法	1983年12月統計法、實施條例	1935年勞工法(labor law)有規定勞動統計	----
時、法	1930年11月主計處組織法	1952年8月1日 --	1884年6月27日 --	----
人	行政院主計總處	國家統計局	勞工部勞工統計局	商務部
事	第三處綜合統計處、第四處國勢普查處	1個局11個業務司	2,500人，年預算約6.5億美元，4大業務處	1.經濟分析局(Bureau of Economic Analysis) 1972年成立，年預算1億美元，500人 2.普查局(Bureau Census) 1902年成立，約4300人

資料來源：整理自History of Macroeconomics thoughts，威廉・傑文斯。

美中臺國家統計局下的處、司、科

	臺灣主計總處綜合統計處（第三處）	中國大陸國家統計局	美國商務部二個局
人員編制	119人		
一、流量	綜合統計處下7個科	統計執法監督局	商務部經濟分析局4個業務處
(一)國民所得			
1.國民所得	國民所得科	國民經濟綜合統計司	全國經濟處（national economic accounts）
2.產業關聯	產業關聯科	國民經濟核算司	產業統計處
3. 經濟預測	經濟預測科		
4.潛在總產值	*中央銀行經濟研究處	詳見Unit 4-8	國會的國會預算局
(二)物價	物價統計科	城市司旗下物價處	勞工部勞工統計局四業務處之一物價處
(三)所得分配	個體資料：第四處家庭收支組		
二、存量			
(一)全國財富	國富統計科		

＊資料來源：少部分來自行政院主計總處，政府統計組織與制度調整之研究，2004年9月30日。

Unit 2-2 美中臺國民所得會計的國家統計局 II
——兼論美國二個部三個局

在右表第一欄中，以擴增版一般均衡架構「生產因素市場－產業－商品市場」，把國民所得三方面「所得－產出－支出」面。由於美國是全球第一大經濟國（占全球總產值23%），其經濟數字影響金融市場（股票、債券、外匯），進而影響全球金融市場。本單元詳細說明二部三個局的各業務處職掌。

一、美國：商務部經濟分析局

(一) 商務部經濟和統計管理（Economics & Statistics Administrators）。

(二) 這是美國的國民所得會計的承辦局。

二、美國：商務部普查局

普查局專責承辦十年一次的普查——美國社區調查（American Community Survey）。

三、美國：勞動部勞工統計局

在谷歌你打出「Bureau of Labor Statistics」，甚至進入該局的國會決算書，會看到四大業務處與其支出比率，合計占94.1%。

(一) 就業與失業統計處，占44.2%

・當前人口調查（Current Population Survey），俗稱household survey。

・現行就業統計（Current Employment Statistics），俗稱機構調查（establishment survey），機構指政府、公司。

(二) 薪資與工作狀況處，占13.6%

(三) 生產力處（包括技術），占1.8%

(四) 物價處（包括生活成本），占34.5%

・消費支出調查（consumer expenditure survey）。

四、中國大陸：國務院直屬機構國家統計局

十一個業務司，一個局。

五、臺灣：主計總處

總處下分二大業務處：會計類（預算、決算三個處）、統計類（二個處）。

美中臺國家統計局主管國民所得的局處司科

國民所得層面	臺灣 主計總處國勢普查處7科中5個科	中國大陸 國家統計局1局11個業務司	美國 勞工部勞工統計局
人口	人口普查科	人口和就業統計司 另，統計設計管理司	商務部普查局（US Census Bureau主要三處） 1.旗下6司 2.人口處 3.旗下4司：人口司、人口系統司、人口統計方法司、社會經濟和住宅統計司
一、國民所得會計：所得面 (一)生產因素市場 (二)自然資源 (三)勞工	人力調查科 薪資調查科	能源統計司	勞工部勞工統計局： 1.就業與失業處 2.薪資與工作狀況
二、轉換 (一)產業 1.農業 2.工業 3.服務業	農業普查科 工商普查科 同上	工業統計司 服務業統計司（由國民經濟核算司兼領） 社會科技和文化產業統計司	3.地區經濟處
(二)生產力統計	生產力統計		4.生產力處
三、國民所得會計：支出面 商品市場 (一)消費 (二)投資 (三)國際貿易：國際收支	中央銀行經濟研究處	國民經濟核算司 農林社會經濟調查司 城市社會經濟調查司 固定資產投資統計司 貿易外經統計司	社會經濟統計處：經濟普查住宅金融調查 研究與方法處：建設調查、批發貿易調查、零售調查、服務調查 商務部經濟分析局：國際經濟處

中國大陸國家統計局旗下統計執法監督局

・法令依據：統計執法監督檢查辦法
・事：監督縣級以上政府統計單位的公務統計

Unit 2-3 全景：各國人民福祉的衡量

聯合國會員國193國，如何衡量各國人民生活過得好不好，聯合國旗下三個機構從1953年起，依序推出三種衡量人民「福祉」（welfare），指標由一個增加到三、六個，詳見右頁上表，表第一欄是把Unit 1-1的公司總體環境依順時針順序排列。為了方便記憶起見，表中三、六個指標的順序是依交集等排列。

一、1953年，用錢衡量各國人民的經濟福祉

一國人民的平均所得較高，有錢過較好的生活（尤其指工作時間較少、飲食與醫療較好），政府也有辦法從人民身上徵稅，提供較好的生活環境（尤其是教育、全民健康保險）。

二、1990年，擴大到三個指標的人類發展指數

聯合國成立開發計畫署的宗旨在於協助「開發中國家」進階到已開發國家。1990年以三個指標來衡量各國／地區的人類發展程度。

(一) 投入面：勞工素質（以成人受教育年限為例）

大抵來說，一國人民的各學歷層跟所得水準正相關，由低往高排列：藍領階級（小學學歷普通工人、國中學歷半技術工人、高中職學歷技術工人）、白領階級（大專以上學歷）。

(二) 產出面一：人均國民所得（購買力）

(三) 產出面二：人的預期壽命（life expectancy at birth）

一國人民的壽命取決於三項因素：疾病（公共衛生醫療）、飲食與環境（尤指汙染）。一般來說，各國人民預期壽命跟人均國民所得正相關。

三、2012年，擴大到六個指標的快樂（又譯為幸福）指數

21世紀初，美加學者從民意調查得悉「錢」不是一切把經濟福祉（物質面）擴大到心理感受。2012年起，聯合國編製「全球快樂報告」（World Happiness Report），由於涵蓋國家最多（2020年156國 / 地區），而且調查範圍較廣，調查機構權威性高，所以引用程度高。該報告的編輯Jeffrey Sachs說：「此報告在使各國政府更好地了解什麼令人民幸福，從而採取正確政策」。

小博士解說

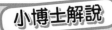

世界快樂報告查詢方式

・在谷歌打出「世界快樂報告」
出現中文維基百科「世界快樂報告」，但資料常是三年前登載。

一國（地區）人民快樂程度衡量方式

年	1953年	1990年	2012年
總體環境	國民生產毛額1項	人類發展指數3項	世界快樂指數6項
一、政治／法律 (一) 政治 (二) 法律	－	－	1.政府貪腐程度
二、經濟／人口 (一) 人口 (二) 經濟	 人均總產值	1.成人（20歲）識字率，指受教育年數 2.人民預期壽命（健康） 3.人均國民所得（購買力）	 2.同左 3.同左
三、社會／文化 (一) 社會 (二) 文化	－	－	4.社會自由度 5.社會支持資源（即社會救助） 6.對他人慷慨程度
四、科技／環境	－	－	－

聯合國對人類福祉的兩個衡量方式

時	1990年	2012年
地	美國紐約州紐約市	法國巴黎市
人	聯合國開發計畫署 (UNPD)	聯合國永續發展解決方案網路 (Sustainable Development Solutions Network, SDSN)，2012年8月成立
事 1.編製方法	在〈1990年人文發展報告〉中提出人類發展指數 (human development index, HDI)	主要是美國、加拿大4位學者所研發的方法
2.維基百科公布	每年9月14日公布〈當年人類發展報告〉這是以前一年資料190國地區（例如：香港）依得分分成4組，第1組大部分是工業國家，中國大陸在第二組。	每年3月20日〈世界快樂報告〉(World Happiness Report)

Unit 2-4 近景：國民所得會計 I——歷史進程

舉凡生物甚至人類的發明物，都是演化而來的（evolutional），有進行過程（proceeding），追本溯源到源頭，也只是有文字紀錄的開啟罷了。這個觀念貫穿全書，本單元說明國民所得會計發展「進程」（process或proceeding）。

一、國民所得會計源自於商業會計

（一）系出同門：光看字面，下列兩個名詞有何交集－商業會計（commercial accounting）和國民所得會計（national income accounting），大部分人會回答「會計」（accounting）。

（二）1494年比1953年：1494年與1953年哪個比較早？一般人會回答1494年比較早，早459年。由下面小檔案可見，1494年號稱是現代商業會計的元年，1953年是國民所得會計元年。

會計學之父

- 時：1494年
- 地：義大利
- 人：盧卡・帕西奧利（Luca Pacioli, 1447~1517）
- 事：1494年出版《算術、幾何、比例總論》一書，有系統整理複式簿記，有「會計學之父」之稱。

從公司會計到全國會計

財務報表	公　司	國　家
一、損益表	時：1600年 地：歐洲 人：合資公司 事：股東需要損益表以了解公司經營績效	時：1953年 地：美國紐約州紐約市 人：聯合國經濟及社會委員會 事：推動國家所得會計 稱為「財富會計」（wealth accountings）
二、資產負債表	時：1494年 地：義大利 人：Luca Pacioli 事：雙簿記的損益表	時：1983年 地：美國 人：聯邦準備理事會 事：每3年辦理家庭資金調查

聯合國國民所得體系發展沿革

時	地	人	事
一、孕育期			
1665年	英國	William Detty (1623~1687)	政治學者在《*Verbun Sapinta*》一書估算英格蘭．威爾斯在1664~1667年英法戰爭的總產值
1688~1698年	英國	Gregory King (1648~1712)	
1697年	英國	Charles Davenant	比較英、法、尼德蘭的所得、財富，他是政府官員、傑出的經濟統計人員，也是Gregory King 的朋友
1707年	法國	Sle Prestie de Vauban	號稱第一位有系統衡量國力的人，他的經驗來自於在法國東部、南部建立軍事堡壘
19世紀	英法等8國		
二、導入期			
1937年	美國麻州劍橋市	顧志耐 (Simon S. Kuznets, 1901~1985)	美國1929.10~1935年處於經濟大蕭條，商務部想了解全國經濟狀況，顧志耐在美國全國經濟研究局 (NBER) 擔任研究員，負責國民所得的工作，他是1971年諾貝爾獎得主
1939~44年	加拿大渥太華	George Luxton	發展加拿大國民所得
1941年	英國倫敦	史東	1939.9~1940.12，史東加入英國的經濟作戰部。1940.7~1941年，內閣辦公室中央經濟資訊處，協助米德作國民所得
1949~1952年	英國劍橋大學	史東	經濟合作暨發展組織 (OECD，前身為1947年成立的歐洲經濟合作組織OEEC) 想了解馬歇爾計畫對歐洲各國戰後重建的績效，由史東帶隊研究出（國民會計）簡化系統（1950年）
三、成長期			
1953年	美國紐約州紐約市	史東	在1952年7~8月由史東帶領一組專家，發展出來《國民所得會計》(*National Income Accounting*)
1953年			一版，比1947年的國民所得「報告」(report)更有系統
1960年			二版，有二個小改良
1964年			三版，主要是與國際貨幣基金的國際收支帳整合
1968年			·投入 / 產出關聯表 ·物料、產品系統 (material product system, MPS)
四、成熟期			
1993年			與全球其他國際統計標準（主要是美國）調和
1994年8月15日			發布公務統計基本原則 (the fundamental principles of official statistics)，其中作業手冊、建議各國統計法至少包括三部分：通則（包括統計長獨立性）、統計運作與資料蒐集、資料保密
五、擴增期			
2008年			考慮經濟環境、研究方法論進步、使用者

Unit 2-5 近景：國民所得會計 II
——導入期、成長期、成熟期

需要為發明之母，國民所得會計在1930年代起進入導入期、1953~1942年成長期、1993年起為成熟期，本單元說明。

一、孕育期：1665年到19世紀

(一)1665年英國：1652~1784年，英國跟尼德蘭（2019年前稱為尼德蘭）發生四次戰爭。由Unit2-4的表中第一欄「孕育期」中可見，此階段英國三位學者設法衡量國民所得，想了解哪國國力較強，勝算較大。

(二)19世紀，8個國家：到19世紀，英法八國發展出國民所得會計的雛形。

二、導入期：1932~1945年

這階段主要是全球第一、二大經濟國分別發展。

(一)美國在國民所得會計制度的需求：由Unit 2-4的表可見，1929年10月迄1933年的經濟大蕭條，美國聯邦政府鑑於無資料可查（例如：失業人口），於是1934年由商務部提供經費，跟民間研究機構國家經濟研究局（NBER）共同發展。1937年，美國總統羅斯福提交第一本國民所得報告（National Income, 1929~32）給國會。

(二)英國在國民所得會計制度的需求：1939年，德國攻打英國，英國戰時內閣想弄清楚國家經濟實力（包括國民能買多少金額的戰爭公債），於是設立局的機構來研究，李察・史東是當時職員之一。

三、成長期：1953~1992年

從1953年起，聯合國大理事會之一的經濟及社會理事會旗下的統計委員會，便一直推動全球經濟公務統計的標準化，由負責國家貸款的世界銀行執行。跟商業會計的發展一樣，由四個報表中的三大報表（損益表、資產負債表、現金流量表）來說，以美國聯邦機構證券交易委員會（SEC），從1933迄1978年陸續要求股票公開發行公司編製。由Unit2-4右表可見，國民所得會計的進程也是如此，由簡到繁，由損益表型的國民所得帳到推估國內生產總額的「產業關聯表」（俗稱投入產出表，即行業的上中下游）。進而發展到公司資產負債表型的「國家財富」（national wealth）統計。

1953~1992年，由於許多國家都有各自的國民所得會計制度，尤其是美國政府，此階段進入「磨合期」（harmonization）。

四、大同小異，卻無法跨國比較

由於各國國家情況差異，針對失業率、所得分配等的公務統計，大同小異，但不建議用於跨國比較。

國民所得會計歷史權威——安得烈・瓦諾利（Andre Vanoli）

- 年代：1930年
- 經歷：1957年起，到法國經濟部上班，一直到擔任法國國家統計局的國家統計與濟研究所（INSEE）所長
- 書：*A History of National Accounting*, IOS press, 2005年

李察・史東（Richard Stone）

- 年代：1913~1991年
- 經歷：1.英國劍橋大學應用經濟系首任系主任
  2.1939.2～1940.12，英國經濟作戰部負責國民所得
- 畢業學校：英國劍橋大學理學學士
- 榮譽：1984年諾貝爾經濟學獎得主，有「國民會計之父」之稱

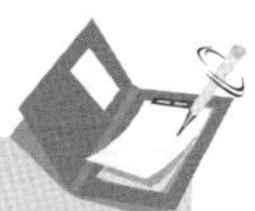

國民所得相關名詞

英文名詞	中文名詞
national income national income accounting system of national accounts, SNA	國民「所得」（又稱收入） 國民所得會計帳 國民所得經濟會計制度

Unit 2-6 全景：國內生產毛額三個切入角度
——擴增版一般均衡架構，以臺灣為例

國民所得會計可說把一國當成一家公司，由損益表可以看出，最終產品／服務（final products / service）的營收、成本等。本書以擴增版一般均衡架構來呈現國民所得會計（國內生產毛額）一體三面，這「面」的英文字有三，依序為approach / accounts / method。右下表包括了生產因素、買方、賣方三方面的所得資料來源。

一、產出：公司損益表上的營收——國民所得會計的支出面

以公司損益表來說，這角度是指營業收入（sales, revenue），即公司營收來源，一般依國界分為兩種。

(一)國內需求（domestic demand）

這部分買方有三：家計單位（家庭占98.5%）、商業組織（公司占產值70%）、一般政府。

(二)國外淨需求（net demand of rest of the world）

二、轉換：產業——國民所得會計的生產（production approach）

有人買，才會有人生產，即右表中第二欄。

(一)三個中文、四個英文名詞的同義字

- 產業帳（GDP by industry accounts 或 GDP by kind of activity）。
- 產出面（output approach），產品面（product approach）。

(二)近景：一國各地區（area）

美中等大國，還把一國分成八個地區，提供地區別的國民所得（regional economic accounts，此字誤用，region是指一洲的區域）。

三、投入：生產因素市場——國民所得會計的所得面（income approach）

最終產品／服務的賣方必須支付所得給各生產因素的提供者，此即表中第一欄生產因素市場的所得面。國民所得會計把支出面、所得面合併作表，合稱「國民所得與產品帳」（national income & product account, NIPA）。

國內生產毛額三個層面：擴增版一般均衡架構

投入：生產因素市場	轉換（供給面）	產出：商品市場（需求面）
生產因素所得面 (income approach)	1.生產面 (production approach) 2.三級產業 (by major activity)	支出面 (expenditure approach) 總產值的「處分」
財政部財政資訊中心、統計月報	同左 工業生產計月報	經濟部批發、零售及餐飲業營業額統計月報 財政部海關進出口貿易統計
主計總處第三處	產業關聯科	國民所得科

國民所得統計年報各章各表與生產因素

生產因素	第二章上的表	第三章上的表	賣方	第二章上的表	第三章上的表	買方	第二章上的表	第三章上的表
全部、自然資源	3.4	二3三3,4	國內生產毛額	1.2		全部消費(C)	5,8,15	一(一)
勞工	14	二3					6,7,9	6,7,9
資本	無	無				投資(I)	10,11,12	(三)
技術	無	無	三級產業	3.4	二1,2,4	政府支出(G)	5	二表
企業家精神	無	無	3.平減指數		二16	出口減進口(EX-IM)	13	(四)表

資料來源：整理自行政院主計總處，國民所得統計年報，2020年11月。

Unit 2-7 美中臺三個角度看國內生產毛額

——2021年的金額與2020年的結構

一、大量消費階段的典型：美國國民所得

美國人均產值（GDP per capital）68,000美元，在國內生產毛額三方面的特徵如下。

(一)所得面：勞動份額（labor share）占54.88%。

(二)生產面：工業占三級產業產值21.9%。

一般來說，此比率低於25%，稱為「工業空洞化」（industrial hollowing out, industrial不直譯為產業）。

(三)支出面：家計單位消費比率68%（常簡稱70%）。

二、大量消費階段的初期：臺灣

(一)所得面：勞動份額約46%。

(二)生產面：工業占比重36.22%。

(三)支出面：2020年家計單位消費率48.61%，自1951年來，首次跌破50%，2019年52.21%，大降主因在於出超占總產值13.68%，2019年才10.18%。

三、起飛階段的典型：中國大陸

(一)所得面：勞動份額約45%。

(二)生產面：工業占比重39%。

(三)支出面：消費率44.51%。

投資率43%，家庭買新屋、公司擴廠、政府實施「鐵公機」（鐵路公路機場，諧音「鐵公雞」）的實體投資是經濟成長的主要動力。

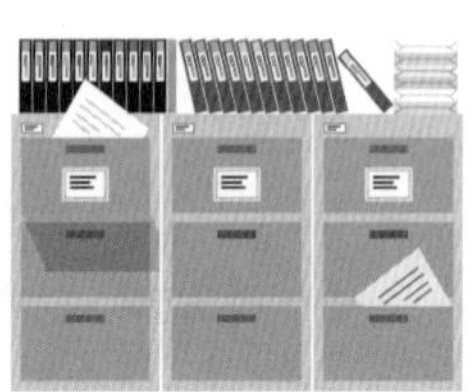

2021年美中臺國內生產毛額—擴增版一般均衡架構

單位：%

投入：生產因素市場	轉換：產業	產出：商品市場
國民所得：所得面	產出面：產業結構	支出面：需求
美國	總產值21.92兆美元	人均總產值65,826美元
Land：－ Labor（受雇人員報酬：54.88 K（資本消耗）：17 E（營業盈餘）：24.62 T（間接稅淨額）：3.5	一、三級產業 農：0.8 工：21.9 服：77.3 二、勞工（1.6227億人） 農：1.31 工：19.17 服：78.98	（2020年結構） C：67.58 I：17.56 G：17.94 X-M：-3.09
中國大陸	總產值16.834兆美元	人均總產值11,900美元
Land：－ Labor：－ K：－ E：－ T：－	一、三級產業（2019年） 農：7.1 工：39 服：53.9 二、就業人數（7.747億人） 農：25.1 工：27.5 服：47.4	C：44.51 I：43.08 G：10.92 X-M：1.49
臺灣（2019年）	總產值0.73兆美元	人均總產值30,981美元
Land：－ Labor：46.03 K：16.12 E：32.33 T：5.52	一、三級產業 農：1.78 工：36.22 服：62 二、就業人數（1,152.7萬人） 農：4.76 工：35.34 服：59.9	（2021年結構） C：48.65 I：24 G：13.83 X-M：15.31

*資料來源：美國商務部經濟分析局，新聞稿 "Addition Information"，2021年1月28日。

Unit 2-8 國民所得的資料來源

—— 以臺灣主計總處綜合計畫處為例

各國國家統計局人員、經費有限，在編製「國民經濟會計報告」（National Accounts）時，皆採取總合部會、各地方政府統計局（在臺灣稱為主計處）所提供的資料去加工。這跟公司會計部編製財務報表一樣，原始資料來自各營業、成本、投資部門。

一、各部會統計處提供初級資料

- 原始資料（original sources）
- 初級資料（primary data 或 raw data）
- 第一手資料（first-hand data）

二、國家統計局核算並編製國民所得資料

國家統計局根據各部會（主要是右表中第二、三欄）的產業資料，進而依據世界銀行的國民所得編製準則，去編製國民所得會計，這已是「第二手資料」（secondary data）。

知識補充站

全球二大總體經濟統計機構

1. 時 (1)半年期	6月、12月 World Economic Outlook（WEO） 全球等各洲、各國經濟成長率預測	6月、12月 Global Economic Prospects（GEP），英文版，涵蓋141國 (1)經濟發展程度，工業國、新興國家、開發中國家。
(2)月報	Financial Statistics	(2)地理（洲）區分 出版Economic Monitoring、Global Monthly
2. 地	美國華盛頓特區	同左
3. 人（組織）	國際貨幣基金	世界銀行

國民所得生產面、支出面公務資料來源

項目	產業及部會	生產面 資料來源	部會	支出面 資料來源
一、食 (一)食品與飲料 (二)菸酒	**一、農業** 農業部	農業及漁業統計年報	經濟部	批發零售營業額 家庭收支調查
二、衣 **三、住** (一)水、電、瓦斯 (二)家務服務 (三)房地產（仲介）業 (四)住宅服務	**二、工業** (一)礦業 環境資源部 礦業局 (二)營建工程業 內政部營建署 (三)水電燃氣及汙染整治業 經濟 (四)製造業 經濟部 **三、服務業** (一)房地產及住宅服務業 (二)批發及零售業	工業產銷存動態調查統計 耐久品訂單報告 經濟部 批發零售及餐飲營業額	主計總處 內政部營建署 經濟部	自來水公司 台灣電力公司 水電燃料 家庭幫傭調查 各縣市住宅樓地皮面積 租金
四、行 (一)交通 (二)通訊	(三)運輸及倉儲業 數位發展部	旅運及倉儲業產值調查報告 電信公司手機銷售、資費	交通及建設部	監理所：新車銷售 陸海空
五、育 (一)教育 (二)醫療保健	(四)文化業 文化部 (五)教育業 教育部 (六)醫療保健業 衛生福利部	教育、消費支出 全民健康保險統計	教育部 文化部 衛生福利部	
六、樂	(七)休閒服務業：國傳會 財政部	有線電視、MOD、娛樂稅稅源	交通及建設部 觀光署	旅館業統計
七、其他 (一)餐飲與旅館 (二)金融業	(八)住宿及餐飲業 (九)金融業 行政院金管會			

資料來源：整理自國民所得統計年報，附錄二〈編算方法與資料來源〉2-8-4。

Unit 2-9 國民所得統計年報快易通

—— 以臺灣主計總處國民所得統計年報為例

大一會計學教你看懂公司四大財務報表上的會計科目，大二財務報表分析教你讀懂台積電公司的財務報表與進行財務比率分析。把一國當成一家公司，國家的國民所得統計年報如同公司四大財務報表，在本單元中，說明如何看懂才能找到所需要的資料。這裡有個很重要的觀念：儘量查閱各國國家統計局的年報。

一、資料來源：讀懂國民所得統計年報很簡單

20世紀最偉大科學家Albert Einstein有句名言：

「並不是我很聰明，只是我跟問題相處久一些。」

（It's not that I am so smart, It's just that I stay with problem longer.）

由右表可見，臺灣的國內生產毛額三方面的資料在年報中的哪一頁表幾，公務機關（甚至連公司）年報，為了方便編製與使用者查索，頁次、表次都固定。

二、大部分的書「過度簡化」的錯誤 I：國內生產毛額支出面

(一)普遍錯誤（C加 I 加 G+X-M）

以中文來記便是「消費（家庭）、投資（公司）、政府消費與出超」。

(二)本書作法：以（實體）投資（physical investment）為例

投資的主體（by owner）有三，所以不能稱此項為公司投資。

・家庭：家庭化身在三級產業中服務業行業代號L的「房地產及住宅服務業」的次行業LB「住宅服務業」。

・公司與準公司：本書稱為商業組織。

・政府：政府化身在三級產業中服務業，行業代號「公共行政及國防業」。

三、大部分的書「過度簡化」的錯誤 II：國內生產毛額所得面

右表中第一欄經濟主體跟第二欄國內生產毛額所得面。

(一)普遍錯誤：薪資加營業淨利等

・家庭一比一對「受僱人員報酬」。

・公司一比一對「營業盈餘」

(二)本書作法

主計總處年報第97頁第3表，2019年的資料如下：

・家庭占75.86%：受僱人員報酬53.35%、營業盈餘22.51%。

・商業組織15.83%：營業盈餘23.81%，財產與企業所得額-7.98%。

・政府占8.31%：營業盈餘1.92%、間接稅淨額6.39%。

國民所得統計年報三方面

經濟主體(economic entity)	所得面或成本面、生產因素市場		產出面（或商品面）
一、國內(by sector)	營業盈餘	專屬項	一、產業(by kind of act)
(一) 民間 1. 家計單位 2. 非營利組織	同上	受僱人員報酬	1. 產業結構第25頁第14表 2. 實質成長率第15頁第4表
(二) 商業組織 1. 公司 (corporate) 2. 準公司 (quasi-corporate enterprise)	同上	財產與企業所得額	1. 金額第34頁二，第40頁第2表 2. 結構 3. 所得面依行業第46頁第4表
(三) 政府	同上	間接稅	4. 公共行政及國防業
二、國外	–	–	二、生產函數

Unit 2-10 國家財富的資料來源
—— 以臺灣主計總處國勢普查處為例

一年的國內生產毛額恰如公司損益表，只衡量當年的產出支出水準；全國財富（national wealth，俗稱國家財富）一如公司的資產負債表，這是過去所得（尤其儲蓄）的存量，俗稱「老本」，以家庭來說，代表著可用於消費、投資等的總量，也代表生活水準。

一、全景：全球各國財富

(一) 資料來源： 每年10月25日，瑞士的瑞士信貸銀行（Credit Suisse）銀行會推出「全球財富報告」（Global Wealth Report），並提供資料庫供外界查詢，世界銀行也有類似報告。

(二) 表： 英文維基百科。本書以下圖呈現。

二、近景：臺灣初級資料來源

(一) 各部會提供： 由右表可見，財富分成兩大類：實體資產（physical assets）、金融資產（financial assets），這主要由相關部會提供初級資料。

(二) 國勢普查處三個普查科： 由右下表第四欄可見，國勢普查處七個科中有三個專門承辦普遍調查，可獲得家庭、產業（農工服）的資產。

三、特寫：國勢普查處調查管理科編製全國財富報告

調查管理科根據各部會、國勢普查處三個普查科所獲得的初級資料，去編製：

- 全球準則：聯合國國民經濟會計制度（SNA，2008年版）架構
- 1998年開始推出

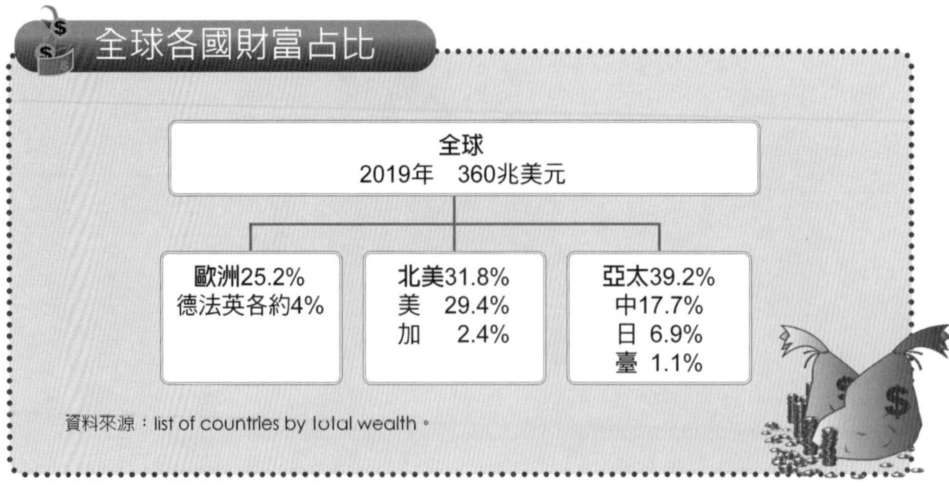

國富調查中家庭財富資料來源

大／中分類	部會	署局司	資料來源
一、實體資產 (三) 住 1. 土地 2. 房屋 3. 家電 (四) 行 1. 汽機車	內政部 財政部 經濟部 交通及建設部	地政司 財政資訊中心 台灣電力公司 公路總局	都市地價指數、土地市價 土地、房屋稅籍檔 家用電器普及狀況調查 車籍資料
二、金融資產 (一) 存款類 (二) 證券 (三) 保單	中央銀行 行政院金管會 同上	經濟研究處 證券暨期貨管理局 保險局	資金流量統計 金融統計月報 民營企業資金狀況調查 國際投資部位明細表 公開發行 公司股票發行概況統計 保險統計資料庫

主計總處國勢普查處負責的調查與普遍調查

經濟主體	專案抽樣調查	普遍調查	7個科中4個科
一、家計單位 (一) 家庭	家庭收支調查，一年一次	人口及住宅普查，10年一次	*地方中心家庭收支科、人口普查科
二、商業組織 (一) 農業 (二) 工業 (三)服務業	V V V	農林漁業普查，5年一次 工業及服業普查，5年一次	農業普查科 工商普查科
三、政府		各級政府決算報告	
四、全部	V	國富統計	家庭收支科

*主計總處旗下「地方統計推展中心」，位於南投市中興新村，是原臺灣省政府凍省後之主計組織。

Unit 2-11 臺灣家庭年支出與國民所得會計報表

一個典型的臺灣家庭—李小明（約35歲），家中有太太、小孩，一年支出（spending）168.73萬元，以右上表第一欄「家庭現金流量表」，可見這分三項，跑到國民所得會計中二個報表的三類。

一、國內生產毛額第一項：家計單位消費

2021年臺灣893萬個家庭平均「消費支出」（consumption expenditure）82萬元，這比較像公司損益表中的成本費用（cost & expense），是屬於應計基礎（accrual basis）。

(一) 現金支出（cash expense）：包括12項，二分法分為兩小類。

・第1~11項支出 56萬元。

・第12類支出「其他」中的金融服務，即還利息10萬元。

(二) 現金以外支出（non-cash expense）：這比較像公司損益表上的機器設備、房屋的折舊費用，在家庭中至少有兩項。

・住宅服務14.6萬元，這是依住宅面積乘上當地房屋而計算的。

・汽（機）車的折舊費用。

二、國內生產毛額第二項：投資

李小明購買新蓋好的房屋，自備款87萬元，總屋款487萬，銀行房屋抵押貸款400萬元。這87萬元會歸在國內生產毛額中的「投資」，屬於三級產業中服務業的房地產及住宅服務業，後者是由自有房屋屋主構成的虛擬行業。

三、全國財富中第一大類：家庭財富

以公司的資產負債表，在一國來說，稱為「全國財富」（national wealth），分別由三大經濟主體持有。本例李小明家庭購新屋，屬於家庭財富，以年底的土地按市價重評價（land evaluated at current price）。由表中第二欄可見，到2018年年底的家庭財富中：

・非金融資產595萬元，其中房地產淨值540萬元、家庭生活設備56萬元。

・房屋貸款餘額375.56萬元，房貸400萬元減掉還本金24.35萬元。

・金融資產「淨額」865萬元，其中國內780萬元、國外85萬元。

・家庭財富「淨值」（資產減負債）1,460萬元。

四、全國情況：以2018年臺灣為例

限於國家財富資料每年4月公布2年前的數字，所以右圖以2018年為例，沿用前述李小明家庭的推理方式，擴大到全國。

家庭的現金流量表、資產負債表、國內生產毛額比較

單位：萬元

現金流量表	國家財富	國內生產毛額
一、營業活動現金 (一) 流入 103 (二) 流出 -57.4	一、家庭財富	一、家計單位消費 57.4 +10，利息費用，家庭消費出口第12項「其他」 +14.6，住宅服務，家庭消費支出第4項 二、投資 公司中服務業的房地產與住宅服務業的固定資本形成 87
二、投資活動現金 (一) 流入 (二) 流出 -87	487	
三、籌資活動現金 (一) 流入 400 (二) 流出 -24.35	375.56	
小計 334.25	113.35	169

現金流量表、資產負債表、損益表

單位：兆元

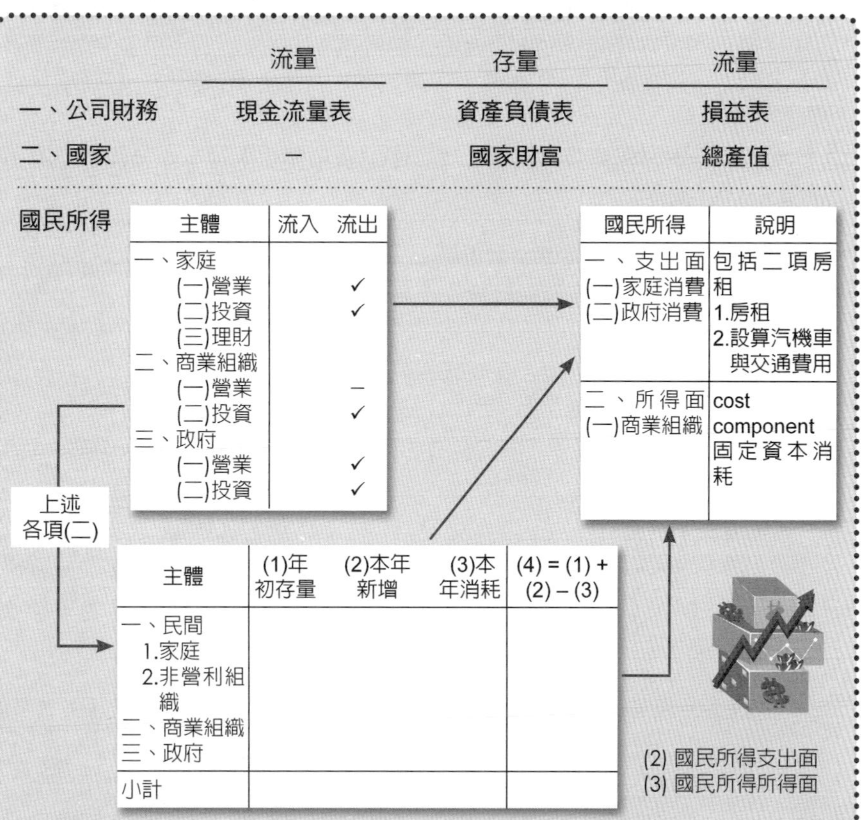

	流量	存量	流量
一、公司財務	現金流量表	資產負債表	損益表
二、國家	—	國家財富	總產值

國民所得

主體	流入	流出
一、家庭		
(一)營業		✓
(二)投資		✓
(三)理財		
二、商業組織		
(一)營業		—
(二)投資		✓
三、政府		
(一)營業		✓
(二)投資		✓

國民所得	說明
一、支出面 (一)家庭消費 (二)政府消費	包括二項房租 1.房租 2.設算汽機車與交通費用
二、所得面 (一)商業組織	cost component 固定資本消耗

上述各項(二)

主體	(1)年初存量	(2)本年新增	(3)本年消耗	(4) = (1) + (2) – (3)
一、民間 1.家庭 2.非營利組織 二、商業組織 三、政府				
小計				

(2) 國民所得支出面
(3) 國民所得所得面

Unit 2-12 近景：國內生產毛額三面的借貸平衡

大一會計學中複式簿計的重點是「借貸平衡」（equal dollar amount of debit and credit）。同樣的，國民所得會計中也是一樣。

一、實際受益人（ultimate beneficial ownership）

這又稱「最終受益人」，例如：公司所有權的認定便是以此為準。同樣的，國民所得會計針對雇主（商業組織）、政府給員工的兩項福利支出，員工沒收到現金，在國內生產毛額三方面皆同一餘額記帳。

二、醫療保健

(一)投入：雇主替員工支付醫療保健費

包括勞工保險、勞工退休金自提的配合款和全民健康保險費等雇主負擔的部分。

(二)國內生產毛額

・所得面：這會跑到受僱人員報酬中的「現金以外報酬」，這部分稱為雇主提供的健康保險（employer-provided health insurance）。

・產出面：這會由兩個行業賺走，行業代碼K的金融及保險業、Q醫療保健及社會工作服務業。

・支出面：這在家庭消費第五項「育」中的次項醫療保健，稱為設算健康照顧（imputed healed care）。

三、設算利息（imputed interest）

(一)投入：雇主替員工分攤銀行貸款利息。

(二)國內生產毛額

・所得面：如同前述，受僱人員報酬中列入「設算利息收入」。

・產出面：這在21個行業中會成為第11個行業「金融及保險業」的收入。

・支出面：在民間消費中家庭消費第12項「其他」中的利息收入，稱為「設算利息支出」。

(三)純屬國民所得會計

國家統計局會針對銀行業的利息收支去平衡，以支票存款來說，存款戶看似沒有利息收入，但可以享受銀行的許多服務，此部分可設算「利息收入」。另外，站在借款戶角度，去設算利息費用。

國內生產毛額三面的「借貸」平衡

公司財報	現金流量表	損益表		
國家		國內生產毛額		
		所得法	產出法	支出法
項目	雇主 一、商業組織之營業活動 (一) 流入 (二) 流出 二、政府 僱用人員稱軍公教	一、自然資源 二、勞工受僱總報酬 (一)現金給付：薪資 (二)非現金給付 ・設算利息收入 ・設算保單收入	一、農業 二、工業 三、服務業 (一)醫療保健及社會工作服務業 (二)金融及保險業	一、民間消費 (一)家庭消費 第5項育的醫療保健 第12項其他 ・利息費用分兩項 1.家庭支付設算利息 2.保費支出 ・家庭支付 ・雇主支付

國民所得中的設算

- 時：2008年4月23日
- 地：美國馬里蘭州休特蘭市（Suitland）
- 人：美國商務部經濟分析局
- 事："Why does GDP include imputation？"，詳細計算方式在Unit3-3。

第3章

國民生產毛額

章節體系架構

Unit 3-1 全景：國內生產毛額的產出面與支出面

國內生產毛額是指「有在合法市場交易的最終產品／服務」，不包括沒有對價關係的移轉收入與移轉支出，有交易（transaction）就有買方（buyers或需求者demander）和賣方（sellers或提供者provider）。

一、全景：國內生產毛額三方面

(一)支出面：產品市場，是指誰是「最終產品／服務」的買方。

(二)產出（或產品）面：是指誰是「最終產品／服務」的賣方。

(三)所得面、成本面：是指「最終產品／服務」的提供者付出對價給生產因素的擁有者（即生產因素市場中的賣方）。

二、最終產品／服務的提供者（provider）

由右上表第一欄可見，依提供者的國籍分為國內、外國。

(一)國內提供者：包括三種身分。

・家庭（household）：這是指19個「行業」（by activity）中的第12個行業「房地產及住宅服務業」中的次行業（LB）住宅服務業（L），這是虛擬行業，把臺灣80萬戶中85%住在自有住宅中，虛構這些屋主成立一個行業，每年出租房屋給自己，收取的房租租金約占總產值6.5%，跟服務業中金融業產值一樣大。

・商業組織（business organization）：約占總產值87.8%。

・政府（government）：政府歸類在第15個行業「公共行政及國防」，強制性社會安全業，約占總產值5.7%。

(二)國外提供者：主要是國外的商業組織，扮演產品／服務的出口者（exporter）。

三、最終產品／服務的需求者（demander）

(一)國內需求者

・家庭：包括產品中的消費產品（consumer products）、服務。

・商業組織：只包括產品中的資本產品（capital products）、服務。

・政府：包括產品和服務。

(二)國外需求者

・商業組織占90%，工業進口農工原料去加工成商品以便銷售（主要是出口），服務業中的批發零售業進口商品去銷售。

・家庭：尤其是家庭出國旅遊，這是對國外觀光服務（交通、住宿、餐飲）的需求。

產品／服務的供應與需求者

需求面(demander) 供給面(provider)	家庭 C	商業組織 I	政府 G	外國 IM
一、國內				
(一)家庭：服務	V LB:住宅服務			
(二)商業組織 （主要是公司） 1.產品 2.服務	V 消費產品 服務	V 資本產品 —	V 服務	V 服務
(三)政府：服務	同上	同上	O：公共行政及國防；強制性社會安全	
二、國外 (一)出口 (EX)	同上	同上		

資料來源：行政院主計總處，國民所得統計年報，第二章第1表國內生產毛額依行業分 (by kind of activity)。

Unit 3-2 近景：國內生產毛額產出面
——最終產品

由前文詳細定義，我們可以發現總產值只包括「合法，也有行有市」，其他不包括的項目，本單元將繼續說明。

一、國內生產毛額的定義（續）

哪些經濟活動是不在總產值計算之內呢？有以下三點，分述如下。

(一)地下經濟：請參見下文。

(二)合法，但無行無市：例如：家庭生產活動，雖說親情無價，不過在家庭經濟學中，美國學者把母親所扮演的十九種角色用市場價值來算，一年可值市價50萬美元薪資。

(三)企業對社會的外部負效果：即指企業在生產活動時，汙染環境所造成的社會成本，也就是人們非常重視的「綠色GDP」。

二、合法vs.地下經濟

政府的收入，七成以上來自徵稅。人類自有政府以來，有徵稅就有人嘗試逃稅，於是政府思考如何設法阻止商店逃稅。因此，交易可以「合法」、「不合法」分成合法經濟與地下經濟。

(一)合法經濟：合法且有市場交易的經濟活動，是本書探討的對象。

(二)地下經濟：右圖第二象限「不合法但卻有市場交易」的，我們稱為「地下經濟」（underground economy），包括以下內容：

1. 合法但漏開發票的，例如：商店、無執照的地攤等。
2. 不合法的交易，主要是販毒、走私、賭博、盜版、援交、地下金融等。

臺灣的地下經濟金額不大，一般不會超過國內生產毛額的5%，約1兆元。

義大利約占14%。中國大陸也大約在15%，主要原因是有些省、市政府為了發展經濟、創造就業，對於盜版睜一眼、閉一眼，演變出「山寨經濟」（Bandit Economy）；以2005~2010年流行的山寨手機來說，約創造140萬人的就業機會。

小博士解說

地下經濟（underground economy）

人們很容易誇大看不見的東西，例如：英國尼斯湖水怪、美國的大腳怪獸或西藏的雪怪。有些報刊誇大「地下經濟」的規模，如攤販四處有，但不必申報所得，或是警察抓到毒販時，宣稱毒品為市價2億元，看似金額很大，但在總產值為20兆元的情況下，地下經濟的交易金額可說「小巫見大巫」。

地下經濟一個小分支便是地下金融，包括地下錢莊與地下匯兌，把錢匯到國外，主要是移工。

GDP占經濟產出一大部分

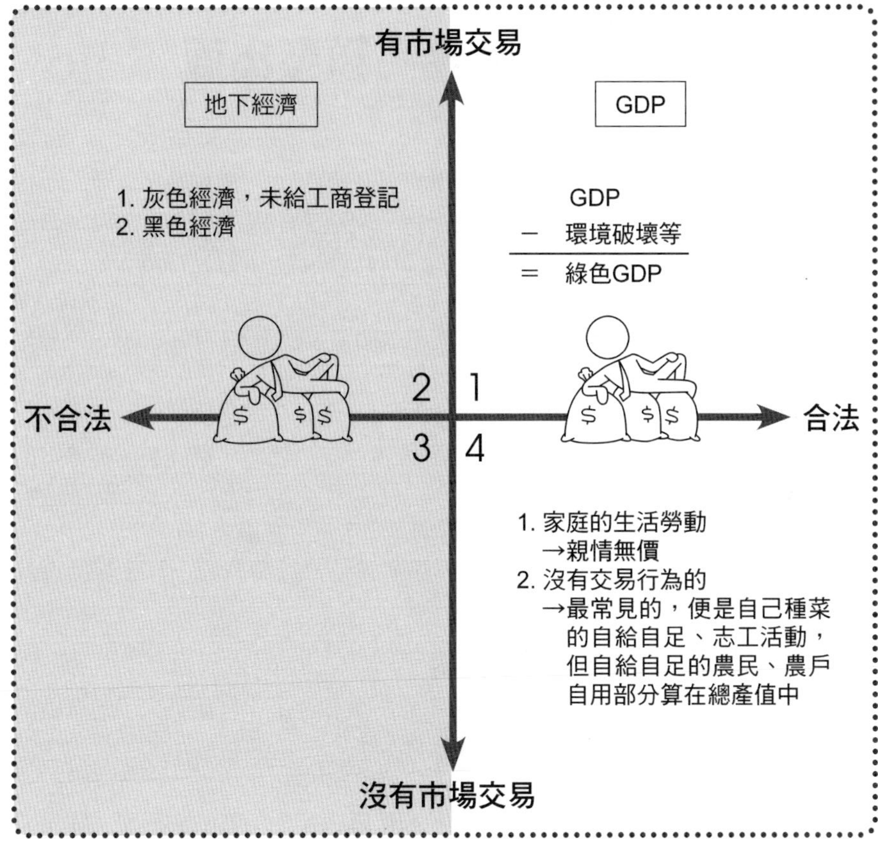

知識補充站

座標圖解說

在本書中，你常看到我們採取三圖一表的分類方式，其中較常用的是座標圖，其可分為四個象限（上圖）或一個象限。由上圖可見，四個象限的座標圖在七年級時便已教過，此處複習一下，在右上方是第一象限，依逆時針方向，依序是二、三、四象限。

作圖作表方式有「執簡御繁」的功效，而且用固定形式的圖表更增加圖表的容易了解程度。以上圖為例，套用GDP的定義，可以用X、Y軸來圖示。X軸二分法，原點右邊為「合法交易」，左邊為「不合法交易」。Y軸二分法，原點上邊為「有市場交易」，下邊為「沒有市場交易」。2x2可以得到四種情況，接著是美編技巧，像上圖中，美編把「不合法」的第二、三象限，以灰底呈現，「合法」的第一、四象限以白底呈現，頗有「黑白」分明區別。

Unit 3-3 近景：國內生產毛額產出面
—— 美中臺的三級產業例子

在統計台積電的合併損益表時，會把跟子公司們間的交易剔除，以免「重複」計算（double counting）。同樣的，在計算一個國家的國內生產毛額時，只考慮「最終成果」（end results）的市場價值（market value），詳見Unit 3-2。

*產品（products）的英文與中文

・英文：一般用products，企管中主要用這個字，經濟學中用goods，一開始是來自18世紀的英國經濟學者。

・中文：產品，只有在消費品時，偶爾會用消費商品，經濟學中把消費商品、資本產品稱為消費「財」、資本「財」，那是19世紀清朝時，翻譯英國經濟學的用詞，來自「財貨」的簡稱。

・服務（services）的英文與中文，這個英文字不宜翻譯為勞務。

政府在國民所得「生產面」中屬於「服務業」，行業分類「0 、公共行政及國防：強制性社會安全」。

一、國民所得的中間與最終相關用詞

語文用時因地而異，但這讓學生、讀者覺得莫衷一是（包括英文字的單數與複數），本書採取「全景」方式，右上表讓你看全景。

(一)第一欄（隱含Y軸）：需求、消費、成果和形態。

第一欄隱含座標圖的Y軸，可以呈現相關用詞，例如：需求、消費、成果、形態。

(二)第一列（隱含X軸）：中間、最終。

第一列隱含座標圖的X軸，可視為右下表中產業的上中下游。

(三)由第一列與第一欄可以得到英文名詞

以最終產品（final products）來說，先看第一列再看第一欄，便可以記住這英文名詞，專有名詞是許多生活單字的組合。

二、美中臺的最終產品與服務

美中臺三級產業各挑一個大行業來說明。

(一)農業：米麥製消費產品。民以食為天，本處以麥（美國）、食品米（中臺）為例。

(二)工業：製造業中的智慧型手機。全球工業製產品中，依產值順序為汽車（約3兆美元），藥品（約1兆美元）與手機（約0.6兆美元），本處以幾乎「人手一機」的智慧型手機為例。

(三)服務業：以醫院的看病為例。服務業中的「育」中的醫療保健業在各國的最終服務的比率數一數二，而且跟每個人息息相關。

經濟學中的中間與最終成果

中文（英文）	中間 (intermediate)	最終 (final、finished或end)
一、需求 (need)	中間需求	最終需求
二、消費 (consumption)	中間消費	最終消費
三、成果 (results)	中間成果	最終成果
四、形態 (By types)		
(一) 產品 (products) 經濟學常用goods	中間產品	1. 消費產品 (consumer) 2. 公司用的資本產品(capital)
(二) 服務 (services)	中間服務	最終服務

美中臺國內生產毛額中的最終產品／服務

2021年

國家／產業	上游	中游	組裝	品牌	最終使用者
一、美國					3.35億人
(一) 農業：小麥	德州、堪州小麥農夫	--	美國ADM公司	美國通用磨坊公司	
(二) 工業：手機	高通晶片	大立光	富士康集團	蘋果公司	
(三) 服務業：醫院	原料藥	中間體	輝端	麻州總醫院(MGH)	
二、中國大陸					14.17億人
(一) 農業：米	湖北省農民	--	中糧集團	湖北寶橋米	
(二) 工業：手機	麒麟處理器 台積電代工	大立光	富士康集團	華為	
(三) 服務業：醫院	原料藥	中間體	上海醫藥集團	北京協和醫院	
三、臺灣					0.2354億人
(一) 農業：米	雲林縣農夫	農會	同右	億東企業：三好米	
(二) 工業：手機	聯發科晶片	大立光	和碩等	華碩	
(三) 服務業：醫院	原料藥臺灣神隆	中間體	永信藥品	長庚醫療體系	

Unit 3-4 特寫：國內生產毛額的生產面

—— 三級產業結構

國內生產毛額的生產面最直接的計算方式，便是依三級產業再細分為22個行業（by kind of activity），本單元說明。

一、行業標準分類（細碼4碼）

・時間：1967年1月12日

・地點：臺灣

・人：行政院主計總處

・事：依據聯合國（1948年起）公布的「國際行業標準分類」（International Standard Industrial Classification of All Economic Activity, ISIC），22個行業各以英文字母開頭。另，財政部編定「稅務行業標準分類」，是在4碼後加2碼。

二、大分類：三級產業

由右表第一、四欄可見，依產品／服務形態分成三級產業，2020年結構如下。

(一)一級產業（primary industry）：農業（agriculture）占總產值1.65%。

(二)二級產業（secondary industry）：工業（industry）占總產值36.84%。

(三)三級產業（the-third industry， 少數用tertiary industry）服務業（services industry）占總產值61.51%。

(四)「產業」的英文：主要是industry，少數情況下用sector，後面這個字又有人稱「部門」，這太化簡為繁了些。

三、中分類

(一)農業分4中類：詳見右頁分類。

(二)工業分5中類：詳見右頁分類。

(三)服務業分13中類：服務業13個中類，我們在生活機能（食衣住行育樂）予以排列，其中「衣」沒有行業，我們把政府服務放在此項。

國內生產毛額生產面結構：臺灣

單位：%

大分類	中分類	總產值（兆元）2010年	總產值（兆元）2020年*	就業人數（萬）2010年	就業人數（萬）2020年
兆元		14.06	19.77	1,049.3	1,152
一、農業（4中類）	(一) AA農	1.61		5.24	4.38
	(二) AB牧	1.274			
	(三) AC林	0.19			
	(四) AD漁	0.257			
二、工業（5中類）	(一) B礦業及土石採取業	0.135	—	35.92	35.71
	(二) C製造業（25小類）	28.67	31.72		
	(三) D電力及天然氣供應業（2小類）	1.3	1.53		
	(四) E用水供應及汙染整治業（2小類）	0.672	—		
	(五) F營建工程業	2.6	2.94		
三、服務業（13中類）	小計	65	61.51	58.84	59.91
	G 批發零售業	16.89	15.3		
	GA 批發業	10.44			
(一) 食	GB 零售業	6.45			
(二) 衣	O 公共行政及國防；強制性社會安全	7.29	5.8		
(三) 住	I 住宿及餐飲業				
	IA 住宿業	0.35			
	IB 餐飲業	1.735			
	L 房地產及住宅服務業				
	LA 房地產業	1.43			
(四) 行	LB 住宅服務	7.09			
(五) 育	H 運輸及倉儲業（5小類）	3.09	3.01		
	B 教育業	4.83			
	Q 醫療保健及社會工作服務業	2.8			
	M 專業、科學及技術服務業	2.175			
(六) 樂	J 出版、影音製作、傳播及資訊通訊服務業	3.305			
	R 藝術、娛樂及休閒服務業	0.856			
(七) 其他	K 金融及保險業	6.19	6.75		
	N 支援服務業	1.40			
	S 其他	2.65			

*：依2019年數據
第三欄：依國民所得統計年報第三章（第36頁）二計算
就業人數：第二章表14

Unit 3-5 近景：國內生產毛額的支出面與所得面中的設算——沒有市場交易部分

國內生產毛額觀念來自商業會計中的公司損益表，這是採「應計基礎」（accrual basis），比現金基礎（cash basis），會增加非現金收入、非現金成本費用（non-cash expense）。本單元說明非現金支出的兩小項。

一、國內生產毛額的所得面

(一)公司損益表中營業成本「原料、人工與製造」費用

以台積電來說，2021年預估營收1.54兆元，折舊、攤銷費用占24.73%，約0.38兆元。

(二)一國的固定資本消耗

商業組織、政府的「財富」（即資產）中的二大類之一金融以外資產，再分二中類，生產性、非生產性資產（主要指閒置），其中生產性資產有三項（統稱固定資產），詳見右表第一欄，以五年攤提年限來說，2021年預估固定資本消耗占總產值15.08%，3.08兆元，固定資產存量約47.221兆元。

二、國內生產毛額的產出面

由表中第三欄中可見，在產出面的服務業有一虛擬行業住宅服業，一個實體行業運輸及倉儲業，扮演家庭財富折舊，到家庭消費中設算「住宅服務」、「交通服務」的行業。

三、國內生產毛額的支出面：第一大類民間消費

(一)第三項2中類之一的「住宅服務」

這是把893萬戶家庭中有85%住在自有房屋中，依各縣市市場租金，去假設計算出房地產所提供的「住宅服務」。

(二)第四項之一「交通服務」

家庭擁有的機車、汽車依購入成本，分五、七年攤提折舊，設算到家庭消費第四項之一的「交通服務」。

四、就近取譬：全球晶圓代工之王台積電

國內生產毛額（流量）、全國財富（存量）範圍太大、數字巨大，要想接地氣，可用臺灣股票市場中占總市值32%（俗稱權值）的台積電的損益表、資產負債表來舉例。

從全國財富到國內生產毛額

資產負債表	損益表		
全國財富	國內生產毛額		
	所得面	產出面	支出面
一、家庭財富 (一)金融以外資產 1.生產性資產項目 (1)房地產 (4)家庭生活設備 (5)家庭汽車 2.生產性以外資產 (二)金融資產 二、商業組織 三、政府 (一)非金融性資產 1.生產性質 (1)房地與營建工程約占39% (2)運輸工具約占6% (3)機器設備約占32% (二)金融資產	一、自然資源 二、勞工 三、資本 固定資產消耗 註：家庭自有車輛攤提折舊時間 ・機車5年 ・汽車7年 四、企業家精神、營業盈餘 五、政府間接稅淨額	一、農業 二、工業 三、服務業 (一)房地產與住宅服務業之LB住宅服務業 H運輸及倉儲業	一、民間消費 (一)家庭消費 (二)非營利組織 (三)生活支出項目 1.住宅服務與水電瓦斯費 2.設算房租 (inputed housing service) (四)1.交通費用第5項第6表 2.設算交通服務 (inputted vehicle service)
2018年221兆元		2021年20.73兆元	

＊以2021年臺灣為例。

台積電2021年預估資產負債、損益結構

資產負債表(%)	所得面	會計科目*(%)	支出面：營收
一、資產 100 二、負債 33 三、業主權益 67	一、自然資源 二、勞工 三、資本 四、技術 五、企業家精神	原料成本 4.93 薪資成本 14.34 折舊 24.23 攤提 0.5 研發費用 8 其他 9 淨利 39	一、國內 7.86 二、出口 92.14 1. 美 59.3 2. 中 19.4 3. 其他 13.44
2021年金額 3.33兆元			1.54兆元

＊會計科目中成本費用為2020年結構，其中原料、薪資成本率是本書所估。

Unit 3-6 近景：國內生產毛額支出面
——以2021年臺灣為例

一家便利商店一天營業收入多少？查一下銷售時點系統（point of sale，POS，俗稱收銀機）便知道，以統一超商來說約7萬元。同樣的，國民所得會計中比較容易取得資料的便是國內生產毛額的支出面，民間消費、投資大都有發票，政府消費自己有帳，國際貿易中的出口、進口則財政部海關有帳（透過郵局、國際快遞公司寄送的小額電子商務與跑單幫的代購例外）。

一、民間消費（private final consumption），占總產值48.65%

民間消費的「民間」（private）是相對政府（public），分成兩中類。

(一)中分類I：家計單位或家庭（household），這是美國商務部普查局的用詞，是指住在同一房子（dwelling）的社會單位（social unit）。臺灣主計總處曾譯為「家計單位」，家計是指「家」庭生「計」。家計單位分二小類：家庭（family）與家庭以外（non-family），詳見右下表。

(二)中分類II：對家庭服務的民間非營利機構（non-profit institution serving household, NPISH），簡稱非營利組織（non-profit sector）。以英國來說，這包括社團法人（慈善機構、宗教團體、政黨、基金會）、財團法人（大學等）。

二、投資（physical investment），占總產值24%

實體投資是相對金融投資，分成兩中類。

(一)固定資本形成（fixed capital formation），占投資98.82%。這跟公司財務報表中現金流量表的投資活動、資產負債表中非流動資 的「固定資產」相同，但不包括土地（除非是海中填海造陸的新生地）。

(二)存貨變動（change in inventory），占投資1.18%。這項可正可負，有時公司的產品賣不掉，存貨金額會大幅增加。

三、政府消費（government final consumption），占總產值13.83%

政府支出（governmental spending）中經常性支出，分成兩中類。

(一)中分類I：一般政府（general government）。依政府層級分成二小類－中央政府（central government）、地方政府（local government）。

(二)中分類II：非市場的非營利機構（財團法人、行政法人）。

四、國際貿易：國外淨需求（占總產值15.32%）

這是指商品／服務「出口」減「進口」，稱為貿易出超，一般都是正的。

(一)出口（export, EX）：占總產值58.15%。

(二)進口（import, IM）：占總產值42.8%。

國民生產毛額支出面的結構

大分類結構(2020年)	中分類結構	家庭(household)	企業(enterprise)	政府(general government)
一、民間消費(private final consumption)占48.65%	(一)家庭 占98.5% (二)對家庭服務的非營利機構(NPISH) 占1.5%	V		
二、資本形成(physical investment)占24%	(一)固定資本形成(fixed capital formation) 占98.82% (二)存貨(change in inventory) 占1.18%	V	V V	V
三、政府消費(government final consumption)占13.83%	(一)中央政府 (central government) 占74.6% (二)地方政府 (local government) 占25.4%			V
四、對外貿易(net demand of rest of the world)占15.32%	(一)出口(export) 占總產值58.15% (二)進口(import) 占總產值42.83%		V V	

2021年家庭組織小、細分類

大分類	中分類（%）		戶數（萬戶）	%
小計			893.38	100
1.家庭 (family)	(1)夫妻組成	69.55		
	‧小家庭		307.68	34.44
	‧三代同堂（或折衷）家庭		120.16	13.45
	‧夫婦		172.33	19.29
	(2)其他家庭			
	‧單親家庭	7.61	91.21	10.21
	‧祖孫	1.32	10.81	1.21
2.家庭以外(non-family)	(1)單身	12.81	109.5	12.26
	(2)其他	8.7	82.37	9.22

資料來源：內政部人口統計資料。

Unit 3-7 特寫：國內生產毛額支出面
——全國總供給與總需求

點選行政院主計總處的「國民所得統計年報」網頁，大約在第10頁，會有「國民經濟會計某年經濟循環」，把臺灣的總供給與總需求作個大圖呈現，對許多人來說，可能需要化繁為簡的分段說明，本單元先拉個全景，用廣角鏡頭看全貌。

一、總供給與總需求曲線是總體經濟學之父凱恩斯提出

一個國家全國的供給、需求是個老觀念，第一次畫成圖形是1936年，英國學者凱恩斯在《一般理論》書中提出。

二、總供給（aggregate supply, AS）

臺灣市面上的產品依國籍分，分成本地貨、進口貨，合稱總供給，所占比率如下:

(一)國內供給（domestic supply），占80%。

國內供給占總供給八成以上，這很自然，國內品有主場優優勢（含不用付關稅、進口交易成本等），進而價格較便宜，有價格優勢。

(二)國外供給（foreign supply），即進口（import, IM），占20%

臺灣是出口導向的，八成的進口是農工原料、工業中間品，加工後再出口。消費品占進口比重低，主要是汽車，一年約100億美元以上，占進口6%以上。

三、總需求（aggregate demand, AD）

臺灣174萬家商業組織與政府、1,153萬人生產，生產出的產品／服務賣給國內、國外兩種買方。其比率如下：

(一)國內需求（domestic demand），占75%。臺灣人占總需求75%。

(二)國外需求（foreign demand），即出口（export, EX），占25%。外國買方占臺灣商品總需求25%，比重很高，可以說臺灣每生產四個產品，有一個出口。

四、總供給＝總需求

站在政府國家統計局的角度，每年總供給和總需求一定相等，稱為市場均衡（market equilibrium）。這其實是統計口吻，以臺灣的筆電公司華碩來說，2021年預估生產1,500萬臺筆記型電腦，售出1,400萬臺，市場供需1,400萬臺，平均單價400美元。多出的100萬臺，在華碩的資產負債表上的「存貨」會計科目。

總供給與總需求：2021年預估臺灣情況

單位：兆元

地理 \ 供需	(1) 總供給 (supply)		(2)總需求 (demand)		(3) = (1) – (2)
	金額	%	金額	%	金額
(a)國外 (foreign)	8.8786	16.65	12.06	22.416	3.1814
(b)國內 (domestic)	44.445	83.35	41.7396	77.584	2.7054
小計	53.3236	100	53.7996	100	統計誤差 -0.476
中文	(a) (1) + (b) (1) ＝國內供給＋國外供給 總供給		(a) (2) + (b) (2) ＝消費＋投資＋政府支出＋出口 ＝C + I + G + EX		
英文	agregate supply或total output		aggregate demand		

綠色國民所得帳（Green GDP）

時	1993年*	2000年起	2011年9月
地	美國紐約州紐約市	臺灣臺北市	中國大陸北京市
人	聯合國	主計總處地方統計推展中心統計推展科	中國大陸國家統計局生態環境部
事	公布〈環境與經濟帳系統〉（system of environment and economic accounting, SEEA）	公布〈綠色國民所得帳〉	公布〈綠色國民經濟核算研究報告2004〉 GDP成長率9.5% －環境汙染　3.05% ＝綠色經濟　6.45%

*資料來源：張靜宜，〈國際推動綠色國民所得帳之回顧與展望〉，主計月刊，2013年8月。

Unit 3-8 特寫：國內生產毛額支出面
—— 結構

美國蘋果公司是全球股票市場價值最高公司（約2.39兆美元），有兩種指標說明手機事業部對蘋果公司的重要性。以2020年度（2019年10月~2020年9月）為例：

- 占營收2,745億美元的44%，第二大是服務事業部占23%。
- 占淨利574億美元的50%，第二大服務約占20%。

用這個常見例子就近取譬，同樣地，把一個國家當一家公司來分析公司的兩大類（依國籍），三種身分客戶占營收比重。在國家的國內生產毛額，這即是支出面，由於金額每年不同，我們關心其「結構」。

一、右表中第二欄：國內生產毛額四種買主

有兩種表現方式：

(一)通用版：Y = C + I + G + X – M

這是 99%以上英文、中文的書、網站呈現方式。

(二)國家統計局的公式：Y = C + G + I +（X – M）

聯合國、各國國家統計局的統計表都如此呈現，因為C + G這二項加總稱為全國消費（national consumption， 不宜稱國民消費），進一步可算出全國「消費率」（national consumption rate），這樣太複雜，本書不如此處理。

二、右表中的三、四欄

(一)結構（structure）

在經濟學等學科「某某結構」，可說是一事的「成分」（composition）。以臺灣2021年的人口2,354萬人當成100%，兩種常見人口結構資料來自下列查詢系統：

- 性別結構：男性49.55%、女性50.45%。
- 年齡結構：0~14歲12.36%、15~64歲70.8%、65歲以上16.84%。

(二)第二欄：支出面的四種比率

以微軟公司Excel方式來了解公式，會發現易懂易記不用背。第二欄中各項支出除以Y，得到各種比率。

(三)第四欄：中英文名稱

我們寫書作圖表方式，對專有名詞，以中文名詞在上、英文名詞在下的方式表示，最好能中文與英文每個單字都對齊，如此很容易記住。

2021年臺灣預估總產值依支出區分（結構）

人（國籍）	行為	公式	中英文名稱	2021年臺灣 (%)
一、總產值	支出	Y (yield)	產出或總產值output, 即GDP	100
二、結構				
(一)國內人士				
1.家庭	消費 (C)	C / Y	民間消費率 (private consumption ratio)	48.65
2.三種經濟主體	投資 (I) (1)固定資本形成 (2)存貨變動	I / Y -- --	投資率 (investment ratio)	24
3.政府	消費(G)	G / Y	政府消費率 (government consumption ratio)	13.83
(二)國外人士	淨出口 ＝(1)–(2)，NX (net export)	(EX-IM) / Y	出超依存度 (net export dependce)	15.32
	(1) 出口 (EX)	EX / Y	出口依存度 (export dependence)	58.15
	(2) 進口 (IM)	IM / Y	進口依存度 (import dependence)	42.83

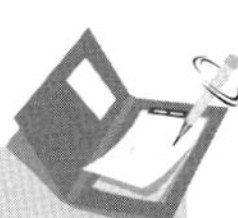

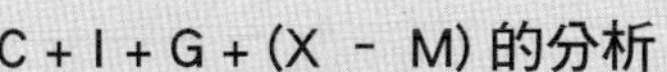

C + I + G + (X － M) 的分析

- 時：2021年
- 地：臺灣
- 人：臺灣2,354萬人與外國人
- 事：國內生產毛額支出面結構、金額

	Y	＝ C	＋ I	＋ G	＋ (X － M)
結構	100%	48.65%	24%	13.83%	15.32%
金額	20.73兆元	10.086兆元	4.977兆元	2.867兆元	2.8兆元

Unit 3-9 特寫：國內生產毛額支出面
——臺灣趨勢分析，經濟成長階段架構

臺灣是經濟成長階段的好例子，從1979~2021年，42年內經歷五個階段，每個階段的支出面結構重心不同。

一、人均總產值1,000美元前的農業社會階段，1976年以前——民間消費是經濟成長引擎

這階段，因只有農產品（米糧、糖、茶、樟腦）可出口，量大價低；進口工業製品（汽車、機器），量小價高，所以入超，民間消費等支撐著。1966~1968年，經濟部成立高雄市（前鎮、楠梓）、臺中（潭子）三個加工出口區（export processing zone branch），以衣（成衣、皮革）、育（計算機）、樂（工藝品）為主，號稱全球首創。

二、人均總產值1,000~4,000美元的起飛前準備階段，1977~1986年——投資、出超是經濟成長引擎

從加工出口區的「點」擴大到「面」，全臺都進入勞力密集業，主要是紡織、農產品加工等，臺灣製造（Made in Taiwan, MIT）產品銷美，例如：雨傘、網球拍、羽球拍、球鞋等。

三、人均總產值4,000~12,000元美元的起飛階段，1987~1994年——工業中製造業換檔到技術資本密集業

1980年，國科會成立新竹科學園區，進軍3C產品，尤其是元件（例如：台積電晶圓代工）、模組等，高科技行業、石化業、鋼鐵業是支柱產業（backbone industry）。

四、人均總產值12,000~30,000美元的邁向成熟階段，1995~2020年——出超再成為經濟成長引擎

1992年起，臺灣公司每年對外直接投資30億美元，即「產業外移」，九成是中國大陸廣東省珠江三角洲（深圳市、東莞等），2004年臺灣最後一個筆記型電腦（主要是華碩電腦）開廠，標誌著3C產品的組裝全部外移到世界工廠中國大陸。

五、人均總產值30,000美元以上，大量消費階段，2021年起——理論上民間消費是經濟成長引擎

2019年起，由於中美貿易戰，中國大陸的臺資公司（俗稱臺商企業，Taiwanese owned companies 或 Taiwanese business）資金回流，經濟部表示2019年8月15日境外資金專法上路，迄2020年申請匯回金額約3,000億元。。

各經濟成長階段的臺灣支出面結構

年	1970	1980	1990	2000	2010	2021(F)
一、總產值（兆元）	0.2314	1.5225	4.474	10.328	14.06	20.42
(一)期中人口（萬人）	1,458	1,770	2,028	2,218	2,314	2,356
(二)人均GNP（美元）	393	2,393	8,325	14,721	19,765	31,291
(三)人均GDP（美元）	397	2,389	8,205	14,908	19,197	30,981
(四)經濟成長階段	農業社會	起飛前		成熟		2021年大量消費
二、需求結構（%）	因有四捨五入，所以加總不一定等於100					
小計	100.18	100.14	97.68	100	100	100
(一) 民間消費	56.35	51.7	53.37	55.24	53.21	48.65
(二) 投資				27.22	25.08	24
1. 固定資本形成	21.52	30.16	21.8	26.32	23.68	23.7
2. 存貨變動	3.85	3.12	0.63	0.9	1.4	0.3
(三) 政府消費	18.51	16.33	17.15	15.73	15.09	13.83
(四) 國際收支（%）						
1. 出超＝(1)－(2)	-0.05	-1.16	4.74	1.8	6.62	15.32
(1) 出口	30	51.53	44.64	52.71	79.64	58.15
(2) 進口	30.05	52.69	39.9	50.91	73.02	42.83

資料來源：國民所得統計摘要第29頁4，2021年預估美元兌臺幣平均匯率28.39。

2021年預估需求結構

單位：兆元

大分類	消費(C)	投資(I)		政府支出(G)	出超(X-M)	
中分類		固定資本形成	存貨變動	—	出口	進口
(1)總產值	20.73					
(2)兆元	10.086	4.912	0.065	2.867	12.0544	8.8786
(3) = (2) / (1) (%)	48.65	23.7	0.3	13.83	58.15	42.83

Unit 3-10 近景：國內生產毛額所得面

在討論國民所得時，有幾個名詞有點像「人太大」這三個字，以「大」為基礎，再加一點成為「太」字，或是減一橫成為「人」字。由右表可見，套用公司損益表的觀念，來看國民所得幾個相關觀念，比較易懂易記。

一、國內生產毛額往上「加」

把一國當成一家公司，營收依國別分為「外銷」（國外營收）、「內銷」（國內營收）。

(一)生產因素國外所得淨額

・生產因素海外所得

・外國生產因素在臺灣所得

前者減後者，稱為生產因素國外所得淨額。

(二)國內營收：國內生產毛額

(三)二者合稱國民所得毛額（gross national income, GNI）

這可說是一個國家三個經濟主體（民間、商業組織和政府）一年所賺的，於是許多國際機構以「人均國民所得毛額」來衡量經濟福祉，但一般人比較搞不懂國民所得毛額跟國內生產毛額的細微差別（由右表可見，前者比後者多2.26個百分點），再加上國內生產毛額較易懂，所以本書使用人均GDP。

二、國民生產毛額往下「減」

國內生產毛額的成本面（cost components），從三個經濟主體來說，便是其提供五種生產因素所獲得的「所得」（income）。

(一)國內生產毛額

(二)「減」固定資本消耗：這比較像公司損益表上的房屋、機器設備折舊費用，國民生產毛額中約16.12%是靠機器貢獻的，為了汰舊換新，這筆錢，只能再砸下去「資本形成」。

(三)等於國民生產「淨」額：又稱國內生產因素所得（domestic factor income at market prices）。

(四)淨額（net）：一般的「淨額」是指A減B等於C，C便是淨額，在國民所得會計中，有許多會計科目都是淨額。

三、公司損益表上營業淨利、稅後淨利

(一)國民所得（依市價計算）

・「減」間接稅淨額

・等於國民所得（依成本計算），就是「受僱人員報酬」與「營業盈餘」兩項。

(二)減掉「國內外移轉收入淨額」：由右下表可見「移轉收入支出」的明細，臺灣是淨流出。

(三)國民可支配所得（national disposable income, NDI）。

國內生產毛額之國民可支配所得：2021年臺灣預測值

2021年臺灣	英文	金額（兆元）	結構＊（%）
國民所得毛額	gross national income, GNI	21.2	102.26
營收			
1.國外營收			
・生產因素國外所得淨額	net factor income from the rest of the world	0.47	2.26
・對外貿易條件變動損益	trading gains and loses from changes in the terms of trade		
2.國內營收			
國內生產毛額	gross domestic products (GDP)	20.73	100
營業成本			
－固定資本消耗	consumption of fixed capital, CFC	3.34	16.12
＝國民所得（依市價計算）又稱國內生產淨額	natural income at market prices	17.39	83.88
＋國外移轉收入淨額	net current transfer from the rest of the world	-0.0962	-0.04643
＝國民可支配所得	national disposable income	17.2968	83.34

＊2019年結構
資料來源：整理自行政院主計總處，國民所得統計年報，第3章第1表 國內生產值及成本構成。

無償贈與的移轉收入與支出

現金流量表	流　入	流　出
一、營業：經常移轉屬於國民所得	收入	支出
(一) 民間	僑民匯款	慈善或宗教團體的救濟和損益
(二) 商業組織		
(三) 政府		1. 對國際機構的經費分攤 2. 經濟援助
二、投資：資本移轉屬於全國財富	收入	支出
(一) 民間		
(二) 商業組織		
(三) 政府	1.政府沒收民間、商業組織財產 2.接受國外援助	1. 公有財產撥贈民間 2. 提撥公營（公司）基金
三、理財		

Unit 3-11 特寫：國內生產毛額所得面

—— 從國內生產總額到國內生產毛額，公司損益表架構

現代的公司損益表大抵從1494年複式簿記發展以來，已有500年以上的歷史，1930年代，美國等發展國民所得會計，大抵是借用公司損益表的觀念。至於全國財富（national wealth）中家庭、公司與政府財富，則是借用公司資產負債表的觀念，因此，用一家公司的簡式（short-form）損益表，來跟一國的國民所得比較，非常容易舉一反一。

一、收入面

(一)公司營業收入：以2021年台積電為例，預估營收1.54兆元。

(二)國內生產總額：以臺灣來說，這是政府跟商業組織（174萬家）、1,152萬位就業人口，2021年國內生產總額約42兆元。

二、成本面公司附加價值＝一國的國內生產毛額

(一)公司營收－原料成本＝附加價值

台積電屬於晶圓代工業，2021年購入晶圓等原料0.076兆元，營收1.54兆元減0.096兆元等於1.464兆元，這是台積電的附加價值（value-added）。

(二)國家「國內生產總額－中間消費＝國內生產毛額」

由右表可是，國內生產毛額只包括最終產品（final products）公司的「附加價值」，這包括四項生產因素（production factors）：勞工、資本、政府（抽稅）、企業家（主要是指營業盈餘operating surplus）。由長期數字來說，國內生產毛額約占國內生產總額的47%。

2021年預估台積電與臺灣的國內生產毛額比較

2021年台積電（兆元）*	公司損益表	國民所得會計	2021年臺灣（兆元）	結構(%)**
1.54	營收 ・國外淨所得 ・國內營收 －營業成本費用	國內生產總額 (gross output)	44.445	214.4
0.076	・原料	－中間消費	23.715	114.4
0.2208	・人工	＝國內生產毛額(GDP)	20.73	100
0.405	・製造費用	受僱人員報酬	9.54	46.02
0.3731	・折舊費用	固定資本消耗	3.34	16.12
0.6612	＝稅前營業淨利	營業盈餘	6.706	32.33
0.0766	－公司所得費用	－間接稅淨額	1.144	0.55
0.5846	＝稅後營業淨利	＝國民所得 (按生產因素成本計算)	17.39	83.89
		＋間接稅	1.144	0.55
		＝國民所得 （按市價計算的）	18.554	89.4
0.01232	＋營業外收支淨利	＋國外移轉收入淨額	－	－
0.6	＝淨利			

＊台積電成本費用依2020年結構，營收、淨利為本書所估。

＊＊依2019年結構

資料來源：表7-1 國內生產與成本構成－金額

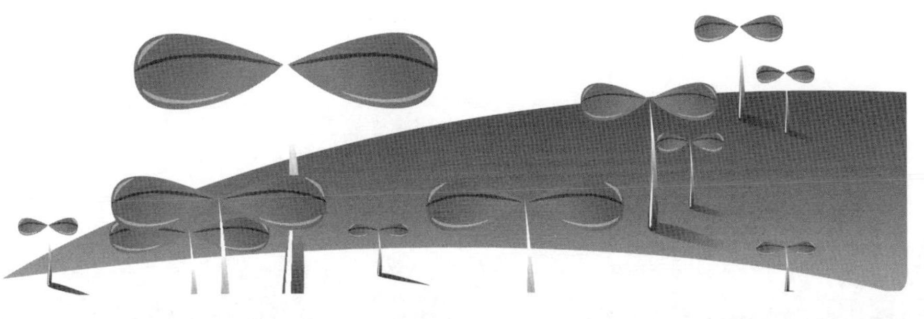

第4章

經濟分析

章節體系架構 

Unit 4-1 用三率了解一國經濟狀況
—— 與人體心跳、血壓及體溫相比

讀經濟學是為了了解全球、某國、某地的經濟狀況，以便在「生活、投資、工作」中下決策。如何了解經濟狀況呢？一國經濟的狀況三率（經濟成長率、失業率與物價上漲率）跟人體的生命徵象（vital signs）中的心跳、血壓和體溫相近。本書以36~40歲男性的參考數字為例，在經濟方面，以處於青少年階段經濟狀況較豐富的中國大陸為對象。

一、投入

(一)人體：心跳跟呼吸。人的呼吸、心跳帶來氣、血。在靜止狀態，呼吸、心跳，皆有正常值，太高、太低皆顯示身體、心臟系統出問題。

(二)經濟中的：經濟成長率高，就業多，失業率低的奧肯定理（OKUN'S Law）。

二、轉換

(一)人體：血壓。人的血壓分為收縮壓、舒張壓。以舒張壓為例，太高，會有中風之虞；太低，則容易頭暈、倦怠等，嚴重的話會暈倒。

(二)經濟中的：經濟中的失業率太高，失業人士多，會危及社會穩定。失業率低到3%以下，公司找不足員工，有些訂單只好流失。

三、產出

(一)人體：體溫。以人體體溫過高來說，大抵有兩種狀況：

・跑太快以致身體發熱。

・身體太弱以致感染感冒因而發燒。

(二)經濟中的：物價上漲率。經濟的體溫是物價上漲率，跟前述人體體溫過高對應。

・經濟成長率太高，消費者搶購，公司短期供不應求，只好漲價。

・經濟衰退，屋漏偏逢連夜雨，恰逢全球氣候異常，農產品價格漲，以致輸入型物價上漲（imported inflation）。

・高失業率、物價上漲情況稱為「停滯性物價上漲」（stagflation)。

四、圖示：中國大陸情況

在2009~2015年經濟成長率10%，商品供不應求，以致景氣過熱，政府採取房地產限購、汽車限購方式，以求把經濟降溫。如同飛機降落分兩種情況：

(一)軟著陸（soft landing, 航空用詞輕落地）：飛機輕輕落地，乘客覺得舒服；經濟也如此，物價上漲率由3%以上降至以下，經濟成長率仍維持不變。

(二)硬著陸（hard landing, 航空用詞重落地）：飛機重重落地，乘客會覺得不舒服；經濟狀況中的物價上漲率下跌了，但經濟成長率也犧牲了。

人類行為

人體生命徵象 (vital signs)			
	(一) 心跳（plus）人體靜止，每分鐘60~100次 (二) 呼吸 (respiration) 成人每分鐘10~20次	血壓（blood pressure）以男性36~40歲：（mm/Hg） 1. 收縮壓120~140 2. 舒張壓80~90	體溫（temperature） (一) 口腔36.1~37.5℃ (二) 腋下36.5~17.2℃ 體溫過高 體溫過低免疫力降低

一般國家經濟狀況 (economic status)	經濟成長率	失業率	物價上漲率
	7%	5%	2%
	3%	3%	1%
新興國家：中國大陸	6%	5%	3%
工業國家：美國	2.7%	3%	2%

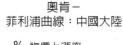

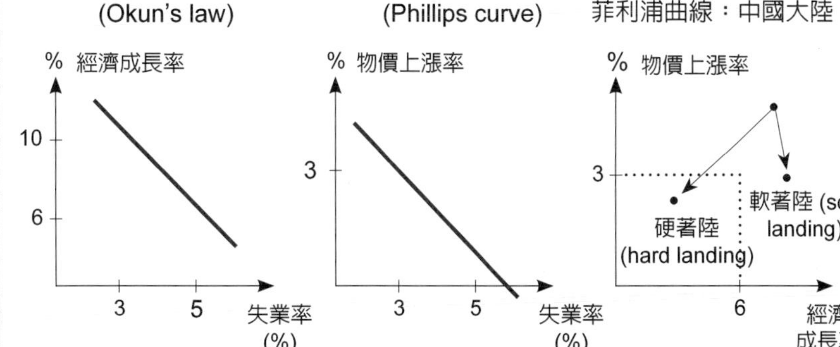

Unit 4-2 如何上網查美中臺的總體經濟資料

國民所得等公務統計當然以各國國家統計局的數字最有公信力，本書查資料大抵以此為準，本單元說明如何迅速上網找到你所需的美中臺的總體經濟資料。

一、上網步驟（下表）

美中臺的公務統計（此處以國民所得為例）的上網查詢步驟，大抵四步驟，便可查到你所需資料的頁面。

二、國民所得相關頁次（右表）

公務統計的月報（或年報）主要以表為主，讀者可自行由表上數字去作圖。為了方便閱讀起見，以月報來說，150頁100個表，頁次、表的序號皆固定。

三、資料庫

一般來說，使用國家統計局的資料庫，主要目的有二：

- 依自己所需作圖（可選擇雙y軸）、表。
- 下載相關數據到Excel檔，以進一步加工分析。
- 資料庫選項至少有三：資料種類、期間，呈現格式（四種）。

美中臺國民所得資料上網查詢步驟

步驟	臺灣	中國大陸	美國
1	主計總處	國家統計局	Department of Commerce Bureau of Economic Analysis
2	主計總處 統計專區 共有13個選項	中國統計年鑑 共有21年的數字方格，大都從1978年起有數字	有6個選項，選第三大項Supplemental information & additional data
3	選第2個選項 國民所得及經濟成長 共有7個選項	出現左欄位共有28大類選項 第三大類是國民經濟核算，有22個選項	有8個選項，選Current-dollar and real GDP 從1929~去年
4	第4項電子書出現2個選項 1. 月報（國民所得統計摘要） 2. 年報（2年前）	選第3-1個選項，會出現1973年至去年數字	

美中臺經濟產出的圖表所本

經濟產出	臺灣	中國大陸	美國
一、國家統計機構	行政院主計總處	國家統計局	商務部經濟分析局(Bureau of Economic Analysis)
(一) 電子書	每年9月10日	每年9月24日	
1. 年報為例	國民所得統計年報	中國統計年鑑 共28大項，下述是大項序號	
2. 月報	每月29日國民所得統計摘要		每月20日，GDP News Lease
(二) 資料庫	同左	AREMOS	Interactive Data
二、經濟效率	第二章		
(1) 總產值	第1表第2大欄	三、國民經濟核算	表7
經濟成長率	同上		表1
(2) 人口（期中）	第14表第2欄	附錄1-4	
(3) = (1) / (2) 人均總產值	第2表	二、人口 附錄1-1	商務部普查局
(4) 失業率	第14表第6欄	附錄1-5 四、就業和工資 附錄1-3	勞工部勞工統計局
(5) 物價上漲率	第14表第7欄	五、價格 附錄1-10	
三、分配正義（所得分配）	國民所得統計摘要 主計總處第三處家庭收支科	六、人民生活	商務部普查局
1. 大島指數	第19項家庭所得按戶數五等分分位之分配		
2. 吉尼係數	同上		—
3. 貧窮率	—	—	
四、財富分配			
1. 1% vs. 99%	僅1991年作過一次家庭財富收入與計算參與調查		
2. 5% vs. 95%			

Unit 4-3 193國的經濟成長分成五階段

—— 套用羅斯托的經濟起飛理論

人隨著性別（男女）、年齡等，生命徵象的正常範圍不同。同樣的，套用人的成長曲線圖，可以把國家的經濟成長分五個階段，各階段的經濟三率大多有個參考範圍。

一、就近取譬：以人們出生到成人的生長曲線圖為例

世界衛生組織把各國人民從出生到長大成人，列出8個年齡層的身高、體重與頭圍，分男女。表中的1~4列，以男性的身高、體重下限為例。

二、羅斯托的經濟成長理論

總產值金額、人均總產值是經濟「結果」，有因必有果，重點是什麼原因造成各國人均總產值的中高低呢？最常引用的美國經濟學者羅斯托（Walt W. Rostow, 1916~2003）以經濟史方式，研究歐（英法德）、美、日的經濟發展過程，1960年提出的「經濟發展五階段」。本書增加三項：應有的經濟成長率、失業率與物價上漲率。

三、五階段的劃分

右表第六列人均總產值是世界銀行的分階段方式，本書稍微修改。

(一)以人均總產值取代人均國民所得毛額（GNI）。

(二)增加兩個級距：12,000~30,000美元、30,000美元以上。原標準995、3,995美元，不是整數，為便於記憶，本書作者改成1,000、4,000。

四、有因必有果

經濟成長階段的「人均總產值」只是結果，依序受投入、轉換影響。

(一)投入面：生產因素市場。由右表中的第七列可見，在五個成長階段，主要的生產因素依序為五種生產因素其中之一。

(二)轉換面：產業結構。

小博士解說

經濟成長階段理論（起飛理論，take-off model）

時：1960年

地：英國劍橋市

人：羅斯托（Walt W. Rostow, 1916~2003）

事：1960年，英國劍橋出版社《經濟成長的階段》（*The stages of Economic Gorwth*），主要是1958年秋天在英國劍橋大學的系列演講，講題為「經濟史學者對現代歷史發展的觀點」。1971年在《政治和成長階段》一書中，增加第六階段「超越大眾消費階段」。

全球193國經濟成長階段

階段	人類成長 以男童的下限為準 身高（公分） 體重（公斤）	嬰兒 0～3歲 46～91 3～12	兒童 3～7歲 91～108 12～18	青少年 8～14歲 108～155 18～35	青年 15～20歲 155～162 35～50	成人 20歲以上 162以上 50
一	經濟成長階段	農業社會	起飛前準備	起飛	邁向成熟	大量消費
美元	人均總產值	1,000以下	1,000~4,000	4,000~12,000	12,000~30,000	30,000以上
%	1. 經濟成長率 2. 失業率 3. 物價上漲率	2 10 1	10以上 5 5	10~6 2 4	4 4 2	2 6 1
二	聯合國的三分類	三、開發中國家（34國）	二、新興國家（111國）	同左	(二) 新興工業國家(NIC)	一、工業國家 (一) 工業國 ・經濟合作暨發展組織35國的24國 ・主要是中東產油國
	聯合國193國占比率	34國 17.502%	47國 24.447%	56國 29%	26國 14.51%	30國 14.43%
三	生產因素市場	自然資源：土地	勞工	資本	技術	企業家精神
四	產業結構	以農業為主	由農業進入工業社會	以工業為主 1.輕工業 2.家電業	由輕工業轉型為重工業和精密工業	以耐久性消費品為主、高科技（含網際網路）
	1.農業 2.工業 3.服務業	31% 47% 22%	12.4% 45.5% 42.1%	9.9% 45.7% 44.4%	10% 35% 55%	2% 30% 68%
五	工業 依科技水準區分為勞力、資本、技術密集行業	--	1. – 2.低科技行業：食品等。 3.勞力密集行業：鞋、成衣	1.工礦 2.中科技行業：家電 3.勞力密集行業	1.高科技行業 2.同左：運輸工具（汽車等） 3.重工業：石化、鋼鐵等	1.同左。航空、醫療、電子機械 2.同左。資本品（製造設備）
六	(一) 歐洲 (二) 美洲 (三) 亞洲、大洋洲	-- 南美 非洲54國大部分	-- 中美 南亞6國 東南亞2國	東歐 中美 東亞：中國大陸 東南亞：6國	中南歐 中東、中亞:產油國	西歐 北美：美、加 大洋洲：紐澳 東亞:日、韓、臺 東南亞：新加坡、汶萊
七	國際貿易 (一)商品貿易：順(逆）差 (二)服務貿易：順(逆)差	入超 入超	入超 入超	出超 入超 泰國在觀光業收入全球第六	出超 出超或入超	入超：美法英 出超：德日 出超

Unit 4-4 全景：由經濟成長階段來了解美中臺經濟

從1914年以來，世界衛生組織記錄各國15歲、成人男女的身高，每年許多國家的報刊媒體都喜歡公布「全球成人平均身高最高國家排行榜」。比身高，背後隱含著個子高的有許多優點。同樣的，世界銀行每年公布各國人均總產值、經濟成長率，各國政府、反對黨、媒體和人民，都會在經濟成就上爭論，會跟參考國家比。像2005年起，臺灣的媒體很喜歡做「南韓能，為什麼臺灣不能？」當年南韓人均總產值超過臺灣。由於各國發展經濟的起跑點時間，國家規模（以人口數）不同，所以在比較各經濟成長階段所需時間（即經濟成長曲線），參考國家也不同。

一、美國經濟成長曲線

由於兩次世界大戰造成歐亞多國家的房舍及公共設施嚴重破壞，等於重建。美國是工業國家中，本土沒有捲入戰爭破壞的，美國人口3.31億人，相比較國家以日本為主。

(一)初速慢加速快：由右表可見，從農業社會階段到起飛前準備階段，花了100年，之後三個階段像趕進度似的。

(二)跟日本比較：由表可見，日本經濟階段只算第二次世界大戰後的，成長飛快，甚至有起飛階段到邁向成熟階段，只花了五年。這是因為1986年美元兌日幣匯率由153大幅貶值18%到126，其他情況不變下，以美元表示的日本人均總產值大增18%。

二、臺灣經濟成長曲線

(一)臺灣經濟奇蹟（Taiwan Economic Miracle）：1953年起，臺灣實施四年經濟計畫，一直到1996年，平均經濟成長率7%以上。關鍵在1966年設立4個加工出口區，採取出口導向經濟成長策略。

(二)跟南韓比較：南韓能，為什麼臺灣不能？1966年，南韓總統朴正熙推動第一個經濟開發五年計畫，從1988年起飛前準備階段起，經濟成長速度比臺灣快。

三、中國大陸經濟成長曲線

中國大陸是全球人口第一大國，加上局部市場機制，以這兩個限制來說，經濟成長速度算很快。

(一)起跑慢、加速快：由表可見，改革開放第一年1979年，人均總產值184美元，以此為起跑點，花了二十一年，由農業社會階段晉升起飛前準備階段。約至2023年進入起飛階段。

(二)年成長率5%，最快2041年人均總產值30,000美元：進入「邁向成熟」階段。

美中臺經濟發展階段與時程

單位：美元

人均總產值	1,000以下	1,000～4,000	4,000～12,000	12,000～30,000	30,000以上
經濟成長階段	農業社會	起飛前準備	起飛	邁向成熟	大量消費
一、工業國 (一) 美國 年 美元	 1870年 1,870	 100年 1966年 4,116	 15年 1980年 12,575	 16年 1996年 29,968	 1997年 31,459
(二) 日本 年 美元	 1966年 1,058	8年 1974年 4,354	12年 1986年 17,111	5年 1991年 28,925	1992年以來 2019年 40,247
二、新興工業國 (一) 南韓 年 美元	 15年 1977年 1,051	 11年 1988年 4,686	 7年 1993年 11,251	 23年 2016年 29,289	 1年 2017年起 31,617
(二) 臺灣 年 美元	9年 1975年 985	11年 1986年 4,036	8年 1994年 12,033	26年 2020年 28,383	 2021年 30,981
三、新興國家 中國大陸 年 美元	 21年 2001年 1,053	 9年 2010年 4,550	 13年 2023年 12,000	 18年 2041年 30,000	

全球與美國三次經濟蕭條

期　　間	1929.10～1933年	2008.9～2010年	2020.1~2021年
原　　因	股票市場泡沫破裂	房地產市場泡沫破裂加上金融業虧損	新冠肺炎疫情
結　　果	經濟大蕭條	金融海嘯	經濟大蕭條2.0
美　　國	1932年	2009年	2020年
1.經濟成長率(%)	-12.9	-1.7 3	-4.27
2.失業率(%)12月底	25	9.3	6.7
3.全球經濟成長率(%)	—	-3.53	-4.3

資料來源：部分整理自國民所得統計摘要，表4-2 平減指數增加率。

Unit 4-5 經濟成長率

——經濟五大觀念之一「名目與實質」

一般來說，每年物價大都會上漲，同樣面額紙鈔能買到的東西變少了，俗稱「錢變薄了」，經濟學上稱為貨幣的「購買力」（purchasing power）減少了，這是經濟學五大觀念中的「名目」（nominal）與「實質」（real）。常見的情況為「名目薪資」（nominal wage）與實質薪資（real wage）；至於經濟成長率則是指實質總產值的成長率。

一、就近取譬：從名目到實質薪資

在臺灣，每次談到薪水，常見有兩種形容詞：「低薪」、「什麼都在漲，只有薪水不漲」，後者更精確地說：「以2003年經常性薪資40,893元，至2021年仍一樣。」從右上表中上半部，2021年你平均月收入增加3%，消費者物價指數上漲1%，那你實質薪資上漲率1.98%。有兩種計算方式：

(一)把2021年名目薪資除以1加物價上漲率得48,950元。48,950元比2020年48,000元成長1.98%。

(二)只用變動率來計算。2021年薪資是2020年1.03倍，物價是1.01倍，1.03倍除以1.01倍得1.0198，實質薪資上漲0.0198。

二、一國的經濟成長率（economic growth rate）

一國的經濟成長率跟薪資成長率的計算方式一樣，有兩種計算方式：

(一) 把2020年名目總產值換成實質總產值，再計算經濟成長率。

(二) 從名目總產值與平均物價變動率，計算經濟成長率。

三、總產值物價指數上漲率（GDP deflator）

(一)deflator：動詞deflate是指把輪胎、氣球等「放出空氣」，在經濟學中的名詞deflator，便是指把價格上漲的部分減掉。

(二)GDP deflator：中文維基百科稱為「平均」物價指數，直白易懂。中國大陸、臺灣譯為GDP平減指數，有點文言。

(三)平均物價指數怎麼計算：由右下表可見，從支出面來看，四大項皆有一個對應的物價指數，可計算出物價指數變動幅度。

總產值平減指數便是把這四大項總產值支出項目的物價變動幅度加權平均，由於各項物價指數可能會下跌，所以平均物價指數也會下跌，以2020年來說，經濟成長率2.54，平均物價指數0.23%。

2021年臺灣經成長率4.64%的計算方式

項　　目	2020年	2021年	上漲率 (%)
一、薪資 (一)月總薪資（元） (二)消費者物價上漲率 (三)實質工資（元）	 54,320	 55,406 1.33% 54,676	 2 1.33 0.66
二、總產值* (一)總產值（兆元） (二)總產值平減指數 (三)實質總產值（兆元）	 19.77 —	 20.73 20.687	 8.56 0.216 4.64

*資料來源：行政院主計總處，「國民所得及經濟成長」。

平均物價指數上漲率

支出項目	(1)占總產值比重（2020年比率）	(2)分類物價指數變動率	(3) = (1) x (2)
消費	48.61	消費者物價指數-0.38	-0.1847
投資	23.68	固定資產投資價格指數-0.26	-0.0616
政府支出	14.03	1.75	-0.2455
出超	13.68	--	
出口	58.55	出口物價指數 (EX PI) -4.7	-2.7518
進口	44.87	進口物價指數 (IM PI) -8.87	-3.98
小計			

資料來源：部分整理自國民所得統計摘要，表4-2 平減指數一增加率。

Unit 4-6 近景：美中臺近十年經濟成長率比較

你走路速度1小時2.588公里，算快嗎？以走路時速來形容經濟成長速度（即經濟成長率），就近取譬，會比較容易了解。本單元以臺灣跟美、中與全球比，說明臺灣經濟成長需要加把勁。

一、比較期間的挑選

一般在選比較期間時，會挑離現在較近的五、十或十五年，以免經濟發生結構化改變（例如：產業結構）。

(一)剔除2007~2010年：2007～2008年，美國由次級房貸風暴惡化為金融海嘯（或金融危機，financial crisis），造成2008~2009年的經濟衰退，以及2010年跌深後反彈的異常情況。這是1929年10月~1933年全球大蕭條後，第二次全球經濟大災。

(二)2011~2020年為比較期間：其中2020年的數字是例外值。

二、以全球作為標竿

世界銀行統計聯合國193國的經濟成長率，並計算全球經濟成長率，其數字引用程度比國際貨幣基金略高。

(一)2021年全球人均總產值1.2萬美元：以2021全球總產值88兆美元（2020年83.844兆美元）、人口78.4億人來說，人均總產值1.12萬美元。

(二)2012~2021年平均經濟成長率2.19%：十年的平均經濟成長率2.19%，以中低速度前進。

(三)2021年經濟成長率4%：全球總產值在美中占40%，對經濟成長率的貢獻約50%，2018年迄2020年美中貿易戰（US-China Trade War），2020年至2021年新冠肺炎疫情，拖累全球數字。

三、新興工業國家、四小龍中的臺灣

(一)2021年每人年產值30,083萬美元：以美國人均總產值66,224美元來說，臺灣約只有美國的45%。臺灣的政府喜歡拿國際貨幣基金組織、2019年世界銀行的「購買力平價」人均總產值5.5萬美元，來宣稱全球排第16名，比日本4.32萬美元（第30名）、南韓4.3萬美元（第31名）更佳。

(二)2012~2021年經濟成長率2.6%：2011年起，臺灣的經濟成長率由中速（4~6%）成長掉到中低速（2~4%）成長：南韓十年平均成長率2.56%，與臺灣2.6%平手。

(三)2021年經濟成長率3.83%：這跟全球經濟成長率4%相近。

2011~2021年美中臺與全球經濟成長率

單位：%

年	11	12	13	14	15	16	17	18	19	20	21
全球	3.114	2.513	2.652	2.84	2.857	2.565	3.165	3.039	2.6	-4.3	5.5
美	1.55	2.25	1.84	2.45	2.88	1.57	2.22	2.86	2.16	-4.27	7
中國	9.6	7.9	7.9	7.3	6.9	6.7	6.8	6.6	6	2.3	8.5
南韓	3.68	2.29	2.9	3.34	2.79	2.93	3.06	2.67	2	-1.1	3.6
臺	3.8	2.06	2.2	4.02	0.81	1.51	3.08	3.04	2.96	3.11	4.64

資料來源：美中臺，全球數字來自世界銀行，2021年國際貨幣基金。

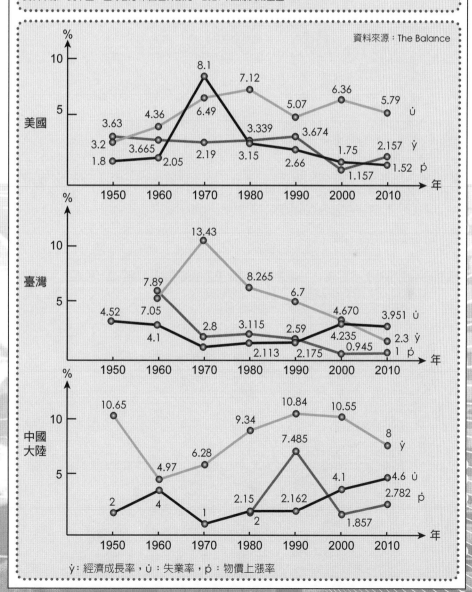

資料來源：The Balance

ẏ：經濟成長率，u̇：失業率，ṗ：物價上漲率

Unit 4-7 三個總產值數字：歷史、潛在、預測

每天看報刊、電視、網路，針對一國的經濟成長率數字，會有政府國家統計局、國內外民間機構預測，縱使國家統計局，還有一年四季的預測數、修正值，本單元一次說清楚。

一、歷史經濟成長率

以年來說，由於本年製年報需要蒐集、核算及編製等過程，以上市公司來說，去年財務報表大約3月31日才會出來，俗稱「財務報表空窗期」（window period of financial statements）。同樣的，一國的國內生產毛額的編製，比公司複雜太多，由右表可見，中臺的國家統計局至少會先後發布三階段數字。中國大陸、四階段的數字，臺灣、三階段數字。

二、預測經濟成長率

（一）全球：以世界銀行為準。世界銀行的全球經濟權威性較高，以經濟成長率來說，平均比國際貨幣基金組織低0.5個百分點。

（二）一國：以國家統計局為準。用生活例子來問，你會「舉一反一」，以即將侵襲臺灣的颱風來說，你會相信哪國的氣象預報？美國（含CNN）、日本、臺灣？同樣的，各國經濟成長率預測，以該國國家統計局為準，去年11月、當年2、5、8月，共4次會發表當年經濟成長率預測。

三、潛在經濟成長率

2,000cc自然進氣的燃油引擎通用汽車，約150匹馬力，極速約200公里。同款但3,000cc引擎約195匹馬力，極速約250公里。引擎容量限制了汽車馬力，極速也不同。同樣的，依據「資源限制理論」，每個國家的經濟成長率都很難超越「產能全開」（例如：自然失業率情況）時的經濟成長率。由右頁下圖可見，當「實際」經濟成長率減「潛在」經濟成長率，十年內有六年經濟未「使出全力」。

臺灣1970年以來的經濟成長率、失業率

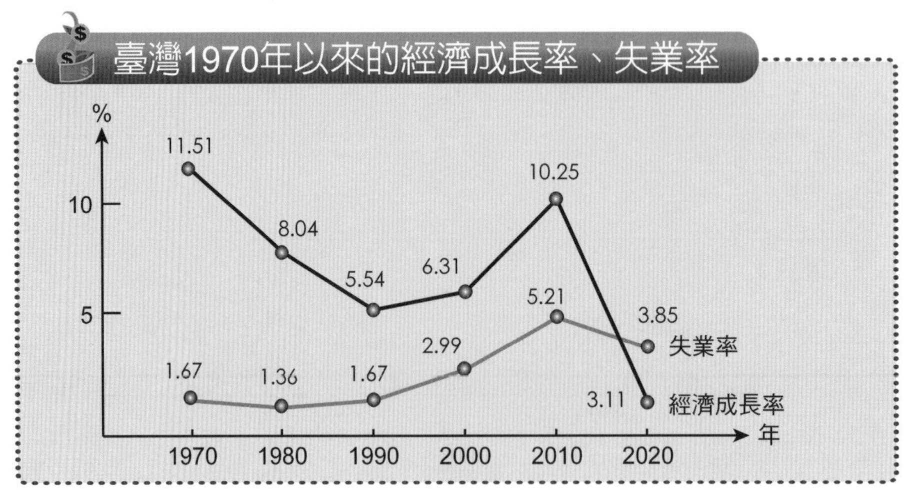

中臺對國內生產毛額統計的四階段數字

項目	2019年	2020年（去年）		2021年（今年）
一、中國大陸				
(一) 公布時間	12月30日	次年1月20日	次年9月	第二年5月
(二) 統計數	1～11月的預計數	初步核算數	初步核實數	最終核實數
(三) 公告方式	國家統計局網站	新聞發布		1. 中國統計摘要
二、臺灣	國家統計數據	中國經濟景氣月報		2. 中國統計年鑑
(一) 公布時間		1月	5月	11月
(二) 統計數		去年概估統計值	去年第4季與全年修正值	去年第1~4季與全年修正值
英文：統計值 (statistic value)		estimated	revised	

資料來源：中國大陸〈中國國民經濟核算體系〉(2016)。

臺灣的二種經濟成長率

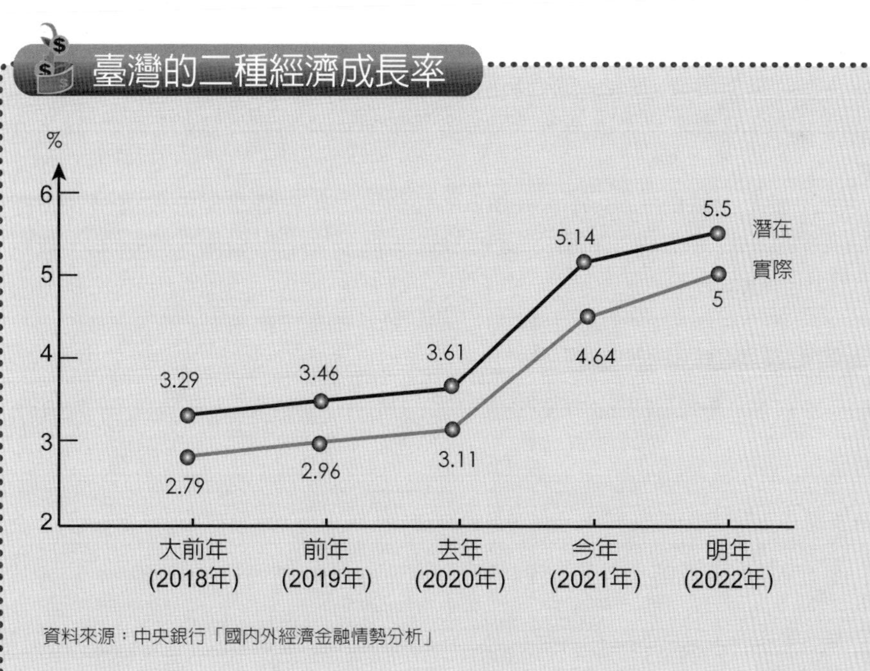

資料來源：中央銀行「國內外經濟金融情勢分析」

Unit 4-8 潛在總產值的衡量

人之不同，各如其面；同樣的，各國自然資源、人口等條件不同，跨國比較經濟成長率、人均總產值爭議多。另一種比較方式是跟潛力（potential）比，在經濟學中稱為潛在總產值（potential GDP）。

一、美中臺的潛在總產值資料來源

有關於潛在總產值的推估方式在《圖解總體經濟學》第二章中說明，右表只說明每年資料來源。

（一）國際組織： 三大國際經濟組織針對40個工業國家每年皆有估計數，新興國家中的中國大陸是全球第二大經濟國，也包括在內。

（二）國內部會： 一國中央政府的相關部會基於經濟政策的考量，會計算該國的潛在總產值，由右上表第四欄可見，全球較著名的是美國國會預算局，這是國會在考量政府預算案（尤其是支出與徵稅）是否經濟實力足以支撐等。

二、臺灣的潛在總產值

實際（actual）或潛在總產值，會出現差距，稱為缺口（gap），分成兩種情況：

（一）負產出缺口（negative output）十年中有八年： 潛在經濟成長率小於經濟成長率，稱為負產出缺口（有時用GDP取代output），此時供過於求，公司產能閒置，只好降價求售，物價有下跌趨勢，又稱為「物價下跌缺口」（deflation gap）。

（二）正產出缺口（positive output gap），十年中有二年： 經濟績效超標，產能全開還不足，還得加班等，還可能造成供不應求，又稱「物價上漲缺口」（inflation gap）。

臺灣的潛在與實際經濟成長率 單位：%

期間	1990~1999年	2000~2007年	2008~2012年	2013~2016年
(1) 潛在	6.68	4.595	2.93	2.73
(2) 實際	6.63	4.945	2.67	2.11
(3) = (2) – (1) 缺口分析	-0.05	0.35	-0.26	-0.62
(4) = (2) / (1) 產能利用率	99.25	108	91.13	77.29

美中臺潛在總產值

機構	臺灣	中國大陸	美國
一、國際機構	--	1.世界銀行 2.國際貨幣基金 3.經濟合作暨發展組織" Economic Outlook"	同左
二、國內部會			
(一)主管部會	中央銀行每季理監事聯席記者會會後記者會 約3月21日、6月20日、9月19日、12月19日	人民銀行在每季〈貨幣政策執行報告〉中	國會預算局(Congressional Budget Office, CBO)旗下總經分析處 每年11月提出來10年（例如20~2030）〈Budget & Economic Outlook〉
(二) 兼辦	行政院國家發展委員會綜合計畫處，林慈芳之個人研究	1.國家發展改革委員會社會發展研究所 2.中國社會科學研究院每年12月24日〈經濟藍皮書〉	聯邦準備銀行聖路易分行引用上述數字

臺灣的潛在與實際總產值

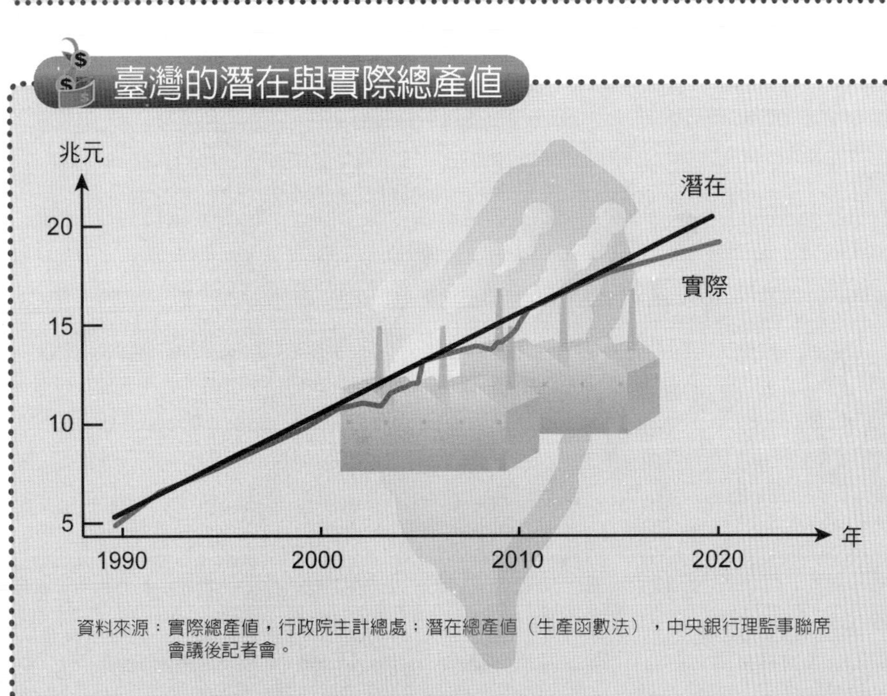

資料來源：實際總產值，行政院主計總處；潛在總產值（生產函數法），中央銀行理監事聯席會議後記者會。

Unit 4-9 全景：美中臺「經濟成長潛力量表」

—— 迄2030年總產值

一支軍隊（例如：一個步兵連）的作戰力（combat capacity）
＝火力×士氣（軍人作戰意願）

同理，我們推出經濟潛力公式（詳見下式），各由一個量表組成，其中需求面「折扣率」量表，小計得分再除以100，化成折扣率。

經濟潛力（潛在總產值）＝供給面能力×需求面折扣率

供給面能力量表

・共10題，每題1~10分，代表意義如下：

充裕程度	很低	低	尚可	佳	極佳
	1～2	3～4	5～6	7～8	9～10

項目	臺灣	中國大陸	美國
(1) 供給面能力	52	61	84
(2) 需求面折扣率	0.58	0.61	0.53
(3) = (1) x (2)	30.16	37.21	44.52

小博士解說

經濟資源限制理論

時：1979年

地點：英國劍橋市

作者：P. S. Dasgupta 和 G. M. Heal，前者是印度裔的英國人及劍橋大學教授

書：《*Economic Theory and Exhaustible Resources*》，此書論文引用次數3,500次左右

供給面能力量表—以美中臺為例評分

項目	臺灣		中國大陸		美國	
	得分	說明	得分	說明	得分	說明
一、投入：生產因素市場，占80%						
(一)自然資源		產業五缺				
1.土地	3	缺土地	8	工業用地	10	地大物博
2.水電能源	4	缺水	7	農地等轉用	10	頁岩油開採，2020年淨石油出口
3.空氣	4	缺電，因逐漸廢止核能發電	5	核能發電足，但長江等水量不穩	7	美國2021年1月恢復加入巴黎氣候公約，投資環境評估較嚴
(二)勞工				2013年起，對空氣汙染標準很嚴格		
1.價格（以人均GDP衡量，美元）	4	30,981	10	11,900	1	66,223
2.數量	4	缺工，因少子化	10	7.76億人	8	失業率6%，充分就業水準時約4.6%
3.素質	8	缺人才，因2001年起，人才外流	3	理工人才缺乏	10	因移民等因素，擁有全球頂尖人才
(三)資本：銀行貸款利率	10	微利時代	2		8	
(四)技術研發金額（億美元）	2	226，偏重半導體	7	3,806，鋼鐵、水泥、電力等產能過剩	10	5,966，人工智慧全球第一
(五)企業家精神	--		--	5G全球第一	--	
二、轉換，占20%						
(一)支柱產業核心能力	6	半導體業全球第一	4		10	尖端科技、網路、航太、醫療全球第一
(二)生產函數製造業附加價值率	7	約30%，由2011年21.9%往上	5	2005中國製造計畫，大力扶植重點行業，行業「大」而不「強」	10	約40%，由2011年34.2%往上
小計	52		61		84	

®伍忠賢，2020.2，2018年研發費用占總產值比率2.274%。

Unit 4-10 近景：國內生產毛額產出面「結構」

—— 兼論對經濟的重要性與經濟成長率的貢獻

各行各業都「老王賣瓜，自賣自誇」，說明對經濟的重要性，本單元是畢其功於一役的說明。

一、全景：擴增版一般均衡架構

每次進行產業分析時，所有人都會從幾個角度來說明某產業（旗下行業）對經濟的重要性，萬變不離其宗，這仍在擴增版一般均衡架構內。

二、對國內生產毛額所得面的貢獻

由右上表可見，常見切入點有二：

(一)對勞工：提供就業機會。由表可見，農工服各占4.86%、35.58%、59.56%。

(二)對政府：間接稅。真正分析時，還考慮直接稅（即公司所得稅、規費）。

(三)就業、總產值聯合來看：農業占總產值1.68%、占就業人數4.86%、農業在經濟中較大的貢獻就是讓56萬人「有事做」，雖然收入較低。

二、對國內生產毛額產出（或產品）面的貢獻

這包括兩中類：

(一)對國內生產毛額

1. 對總產值的重要程度：三級產業（一級農業、二級工業、三級服務業）各占1.68%、35.51%、62.81%。

2. 對經濟成長率的貢獻：由表可見，農工服務業對經濟成長率的貢獻率，以2021年經濟成長率4.64%來說，各占其多少。這是由農工服占總產值比率乘上各自成長率加總而得。

(二)對生產函數：主要是投入產出表。這在《圖解總體經濟學》中討論。

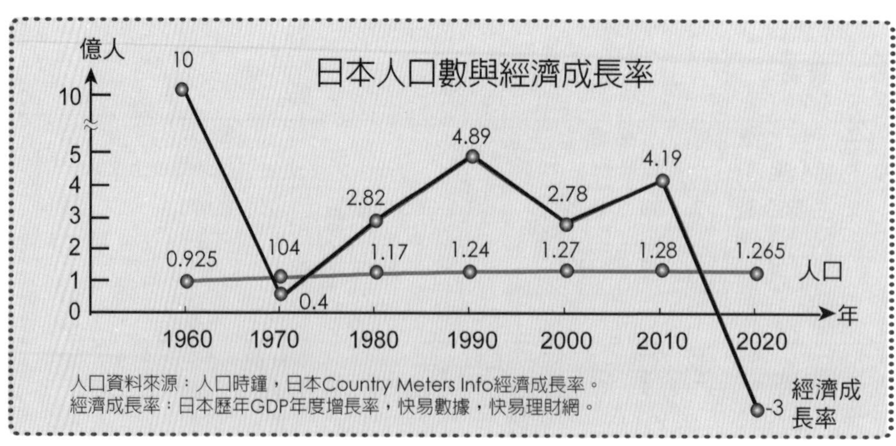

衡量三級產業（旗下行業）對經濟的貢獻方式

所得面：生產因素市場	產出面	支出面：商品市場
二、勞工 1.雇用勞工人數 2.占總就業人口比率 三、資本 固定資本消耗 六、政府間接稅 1. 關稅 2. 營業稅	一、產業結構 1. 占總產值比率 2. 對經濟成長率貢獻 二、生產函數：投入產出關聯表 1. 向前關聯程度 2. 向後關聯程度	－

產業結構與需求結構

年	1981	1990	2000	2010	2020
總產值（兆元）	1.805	4.48	10.351	14.119	19.77
一、就業（萬人）*	667.2	828.3	949.1	1,049.3	1,153
(一) 農業	18.84	12.85	7.78	5.24	4.86
(二) 工業	42.39	40.83	37.23	35.93	35.58
(三) 服務業	38.78	46.32	54.99	58.84	59.56
二、占總產值比率					
(一) 一級：農業	7.35	4	1.98	1.6	1.65
(二) 二級：工業	43.05	39.29	31.28	33.78	36.84
*製造業	33.94	31.18	25.61	29.06	31.72
(三) 三級：服務業	48.82	56.71	66.74	64.63	61.51
*批發零售業	12.54	12.7	16.83	16.82	15.30
三、對經濟成長率的貢獻	4.82	5.65	6.42	10.25	3.11
(一) 農業	2.96	0.93	1.82	0.04	0.02
(二) 工業	2.23	-0.27	7.07	6.7	2.18
(三) 服務業	5.25	4.99	0.47	3.51	0.74

*資料來源：行政院主計總處，人力資源統計年報，13 歷年就業者之行業。

Unit 4-11 近景：國內生產毛額支出面對經濟成長率的貢獻

2020年度，美國蘋果公司損益表兩大項目皆成長。

・營收成長率-5.506%（從2,601.74至2,745億美元），

・淨利成長率3.9%（從552.56到574億美元）。

蘋果公司與外部人士（尤其是證券分析師）會分析造成「動力」增減的因素。同樣的，一個國家經濟成長率可依支出面等方面分析哪個項目的貢獻程度（contribution rate）。

一、國內生產毛額支出面比率分析中的結構分析

基於篇幅考量，Unit 4-9的一部分在此說明。

（一）2021年分析：以消費率52.21%來說，美國68%，這是「大量消費」階段的特色；而中國大陸消費率33%。

（二）50年趨勢分析

1.上升項目：國外淨需求，簡單說，國內需求衰退，

2.下降或不變項目：國內需求，再細分

・不變項目：民間消費、政府消費；

・下跌項目：投資，主因是1992年起，臺灣公司大幅赴外國投資（主要是中國大陸），在國內投資就成長很少。

二、貢獻度細項分析

由右表第五欄可見，四大支出面逐項說明。

（一）民間消費占38%：這跟民間消費占總產值52%不相稱，人口數停滯是消費成長率只有2%的大原因。

（二）投資占51%：其中「存貨變動」占28%，這需注意，可能是公司看好明年景氣，先做好。

（三）政府消費占21%。

（四）國際貿易（出超）占-10%：出超對經濟成長率的貢獻程度是負的，這跟直覺衝突，原因是進口實質成長率1.37%，大於出口的0.69%。

三、四項需求對經濟成長率的貢獻

你在報刊網站上，偶爾會看到經濟成長貢獻程度，但你再怎麼查都查不到計算公式、過程。本段說明。

（一）計算方式：由表第二列可見，由（國民所得統計摘要）的三個表，你各可以查到本表中第二、三、三欄上的數字。由表第五欄，這是本書計算，以2021年經濟成長率3.83%作分母。

2021年預估名目經濟成長率貢獻來源

單位：兆元

項目	(1) 2020年	(2) 2021年	(3)成長率(%)	(4)占總產值比率(%)	(5)＝(3)×(4)	貢獻率(%)
消費	9.613	10.086	4.92	48.65	2.39358	36.316
固定資本	4.7	4.912	4.51	23.4	1.0553	16.01
存貨變動	-0.0173	0.0651	—	0.3	—	—
政府支出	2.773	2.867	3.39	13.83	0.4688	7.11
出超	2.704	3.1758	17.45	15.32	2.6733	40.56
小計	19.774	20.73	—	100	6.591	100

從擴增版一般均衡架構增強美國經濟實力的建議

國民所得面	產出面	支出面
時：2019年4月9日 地：美國麻州 人：江森（Simon Johnson）和葛魯柏（Jonathan Gruber），前者是麻州理工大學史隆商學院教授 事：在《躍進的美國突破性科學發展如何振興經濟成長於美國夢》(*Jump Start American*) 中主張，由於公司對研發效益的不確定，以致裹足不前，政府宜投入資金，從事研發在有足夠強效應（例如：能創造新知識和技術）投資在培養工程人才、建立大規模製造能力，以及加速美國跟中國大陸、南韓等製造大國相競爭的能力。	在產業，此稱為「轉型創新」，強化國家的製造能力－也就是把科學理論轉變成實際工程應用，而且很重要的是，把這些實際應用規模化，並進行國內的商業生產。密西根大學的柯塔 (Sridhar Kota) 和他在「MForesight：製造遠見聯盟」的同事，提出這個概念下的世代版本（更宏大和更好的版本）。 產業轉型主要指： 時：2018年6月 人：柯塔與湯姆・馬霍尼(Sridhar Kota and Tom Mahoney) 事：書《製造繁榮(*Manufacturing Prosperity*)：促進美國國家財富和安全的實現策略》報告裡，有一些建議，包括奈米科技、軟性電子產品和智慧（數位化）製造，這是由美國商業部、國家標準與技術研究院和國家科學基金會支持的「製造業前瞻聯盟 (Alliance for Manufacturing Foreight)」。	三、政府支出 時：2019年7月1日 地：美國 人：西塔拉曼（Ganesh Sitaraman) 和阿爾斯托特 (Anne L. Alstott)，前者是范德比（Vanderbilt）大學法學院教授 事：在《公共選項》（暫譯 *The Public Option: How to Expand Freedom, Increase Opportunity, and Promote Equality*）未提供（至少未以普及、價格低廉和有效的形式提供）的各種服務：醫療保險、退休金基金、基本金融服務和兒童照顧。政府可以提供一個公共管理的替代選項，以擴大每個人的選擇、並確保所有人不會被拋在後面太遠。

資料來源：整理自經濟日報，2020年2月12日，A3版。

附錄：2019~2030年全球、美中臺預估總產值

單位：兆美元

	2019年	2020年	2021年	2022年	2023年	2025年	2030年
一、全球							
1.總產值	87.75	83.844	90.965	92	93.4	99.08	115
2.經濟成長率(%)	2.9	-4.3	5.15	4.19	3.84	3.52	2.6
二、美國							
1.總產值	21.33	20.93	21.92	23.91	23.91	25.78	32
2.經濟成長率(%)	2.16	-3.5	7	2.94	2.26	1.83	2
三、中國大陸							
1.總產值	14.34	15.222	16.834	18.24	19.75	23.01	29
2.經濟成長率(%)	6	2.3	8.25	5.8	5.73	5.49	4
四、臺灣							
1.總產值	0.612	0.6693	0.73	0.774	0.82	0.868	0.95
2.經濟成長率(%)	2.96	3.11	4.64	5	5	4	3

＊2021～2030年為預測值。

＊＊資料來源：世界銀行，2021年1月；美國國會預算局（Congress Budget Office）；Statista。

第 5 章

就業

章節體系架構 ▼

Unit 5-1 就業的重要性

——兼論勞動經濟學

由真人真事的電影起頭，來看失業（joblessness）對社會的影響

- 時：2005年6月3日
- 地：美國紐澤西州（電影片中所在地）
- 人：男主角羅素・克洛與女主角芮妮・齊薇格
- 事：電影「最後一擊」（Cinderella Man），真人真事，描寫1930年左右，美國大蕭條期間，一位男人因工作沒著落，靠打拳賺獎金，此片榮獲美國奧斯卡三項獎。

一、失業對「政治／法律」的負面影響

由右表第一欄可見，失業對「政治／法律」的影響，政治學者會把失業率跟政黨的選票數作相關分析。法學院、社會系、警察大學犯罪防治系學者偏重研究失業對犯罪率的研究。

二、失業對「經濟／人口」的負面影響

經濟學者、經濟研究機構偏重失業對「經濟／人口」的衝擊。

三、失業對「社會／文化」的負面影響

心理、勞工等學者、研究機構，偏重失業對「社會／文化」的衝擊，例如：以馬斯洛需求層級為架構。

四、勞動經濟學

各國政府為協助勞工，大都成立勞工部（ministry of labor或department of labor），在經濟學的19個分支中，研究勞工課題的稱為勞動經濟學。

(一)勞動經濟學（labor economics）

你由中文維基百科可知，勞動經濟學分兩個切入角度，詳見Unit 5-4。

1.19世紀，勞動經濟學個體面：這比較像分析消費者均衡一樣，去分析一位勞工在工作與休閒時間的抉擇，勞工「為五斗米而折腰」，工作是辛苦的，但帶來「五斗米」等薪資回報。

2.1950年起，勞動經濟學總體面：這是站在一國（或一國東西南北中的地區），探討人口（例如：婦女總生育率）對勞動供給、需求的影響。

(二)諾貝爾經濟學獎得主

1969年起的諾貝爾經濟學獎頒獎，勞動經濟學很冷門，只有一次，1979年的路易斯，詳見Unit 5-4。

失業對總體環境的負面衝擊

大中分類	影響	說明	研究
一、政治／法律			
(一)對於中央政府的執政黨	−	一般來說，當失業率過高，失業人士會希望換「黨」做做看 尤其是年輕人（18~29歲）	美國這方面的研究主要在政治系等，主要研究集中在1980年代
(二)社會治安	−	飢寒起盜心，甚至搶劫	左述稱為「財產犯罪」(property crime) 時：2016年 地：美國 人：Gary Kleck and Dylan Jackson 事：在《*Quantitative Criminology*》期刊上論文" What Kind of Joblessness Affects Crime?"
二、經濟／人口			
(一) 經濟			
1.生產因素市場			
(1) 對勞工			
‧對勞動人口數目	−	失業期間六個月以上，越容易結構性失業，或成為怯志工作者，再找到工作後，薪水可能較低	時：2019年2月1日 地：美國華盛頓特區 人：Patrick Gleson, 美國租稅改革ATR組織 事：在《*Chron*》上一篇短文 "The Overall Effects of Unemployment"
‧對受僱人員報酬	−		
2.商品市場			
(1)民間消費	−		奧肯定理，詳見Unit 5-6
(2)投資	−		
(3)政府支出	+		時：每年8月7日 地：瑞士日內瓦市 人：國際勞工組織 (ILO) 事：公布世界就業與社會展望 (World Employment and Social Outlook: Trend)
3.產出			
(1)總產值	−		
(2)經濟成長率	−		
(二) 人口			
三、社會／文化			
(一)社會：馬斯洛需求層級			
1.自我成就占43%		失去成就感、缺乏生活目的	時：2010年7月22日 地：美國華盛頓特區 人：皮尤研究中心 事：在2010年5月 對象：18~64歲的失業者810位 結論：第一欄比率以長期失業者（6個月以上）為例
2.自尊占38%		失去自尊、精神壓力和疾病	
3.社會親和占46%		家庭暴力、家庭失和	
4.生活		三餐不繼，致營養不良，進而貧病交迫，甚至會死亡	另外，失業的父母，其子女受教育機會較差，薪資可能較低
5.生存			

Unit 5-2 全景：從人口數到勞動人口就業與失業

一般來說，一國人口數目（population）多，可工作人口數目也會水漲船高。所以在分析勞動就業、失業人數時，宜拉個全景，先有人口總數，並且依簡單的比率關係，可以推論出民間勞動人口（civilian labor force），進而預測就業、失業人數。

一、人口統計與人口普查

(一)人口統計（population statistics 或 demographics）

大部分有戶籍制度國家，每月公布上個月的人口相關統計，美國沒有戶籍制度，由商務部普查局推估人口數字等。

(二)人口與住宅普查（population and housing survey）

美國是現代第一個定期舉辦人口普查的國家，主要功能是區分各州在國會中眾議院席次比率，1790年辦第一場，憲法規定十年辦一次。之後各國進行人口普查，並逐漸以西元尾數0年為基準（詳見中文維基百科「人口普查」）。

二、從人口總數到就業、失業的英文、中文名詞與比率

美中臺人口統計與普查

項目	臺灣	中國大陸	美國
1. 人口登記	內政部戶政司、各縣市鄉鎮戶政事務所	各省（公安廳）、市（公安局）	沒有戶籍登記，主要身分證 (personal ID)、社會安全碼 (Social Security Number, SSN)，駕照號碼（車輛管理局，DMV）
2. 數字查詢	聯合國經濟和社會理事會的臺灣人口時鐘 (Country Meters info)	國家統計局 國家數據網站人口時鐘	商務部普查局 美國人口時鐘 (U.S. Population clock)
3. 普查	主計總處 國勢普查處人口普查科1980年起，每10年一次人口及住宅普查，但2021年起，改成15%的抽樣調查	國家統計局 1950年起每10年1次 2010年第6次 2020年第7次，入戶調查占10%	依憲法規定 1790年起每10年1次 由商務部普查局負責用網路、郵寄問卷、電話、到府人員、到府人員訪查

美國勞工部勞工統計局的勞動人口名詞與計算方式

中文	英文 後面皆加上 population，簡寫~	%	英文 後面皆加上 ratio
(1) 總人口	total ~	100	
(2) 受撫養人口	dependent ~		dependency ~
・受撫養兒童人口	youth dependent ~	兒童人口比率	young dependency ~
・受撫養老年人口	eldly dependent ~	老齡人口比率	aged dependency ~
(3) = (1) – (2) 工作年齡人口 「工作」偶爾稱勞動	working age~	(2) / (3)	
(3a) 非勞動人口	Not in labor force		
(3b) 勞動人口	labor force economically（或currently）active ~		
(3b1) 武裝勞動人口加上監管人口 (institutional ~)	armed labor force 或armed forces personel或military personnel		
(3b2) 民間勞動人口	civilian labor force或economic activity	民間勞動人口／勞動人口：（民間）勞動參與率 = (3b2) / (3b)	Labor force participation ratio (LFPR)
(3b2a) 就業（含暫時生病）	employed people 或worker	另就業人口占工作年齡人比率 = (3b2a) / (3)	Employment to (working age) population ratio
(3b2b) 失業	unemployed people	失業／民間勞動人口＝失業率 = (3b2b) / (3b2)	

資料來源：部分摘自Civilian Labor Force, Investopedia, 2019.7.2。

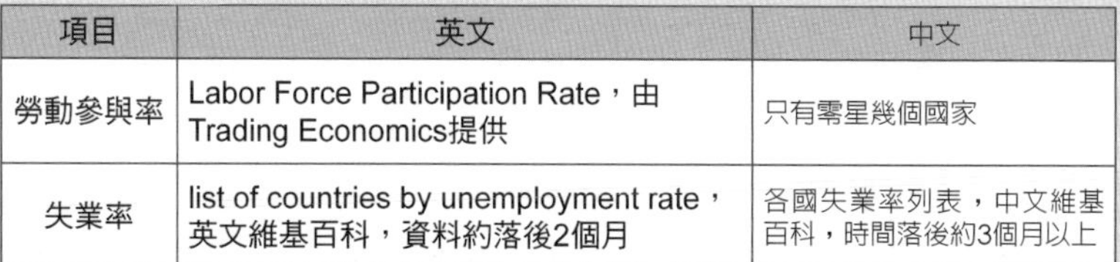

用搜尋引擎查詢各國勞動參與率與失業率

項目	英文	中文
勞動參與率	Labor Force Participation Rate，由Trading Economics提供	只有零星幾個國家
失業率	list of countries by unemployment rate，英文維基百科，資料約落後2個月	各國失業率列表，中文維基百科，時間落後約3個月以上

Unit 5-3 「人口→勞動年齡人口→勞動人口」圖示與計算式——以2021年臺灣為例

大部分的國家皆採取聯合國國際勞工組織的定義，即工作年齡人口算15歲以上到人瑞，但這種算法是違反常識的，各國內政部皆把65歲以上視為老年受扶養人口，而且勞工部大都以65歲作為法定退休年齡。本單元以臺灣為對象，說明以15~64歲作為工作年齡下，臺灣的勞動參與率為72%。

一、太極生兩儀：大分類

依年齡層分成兩大類，這是內政部計算扶養比率的方式：

(一) 受扶養人口（dependent population），14歲以下、65歲以上。

- 兒童扶養人口：14歲以下人口占12.4%
- 老年扶養人口：65歲以上人口占16.8%

(二) 勞動年齡人口（working-aged population），15~64歲，占總人口比率約70%。

二、兩儀生四象：中分類

勞動年齡人口依就業意願分成兩中類：

(一) 非勞動人口（not in labor force），占人口26%：在主計總處國勢普查處每月22日發表「人力資源調查統計結果」新聞稿附帶電子檔中「表10 非勞力按未參與勞動原因分」。

(二) 勞動人口（labor force），占人口44.73%

三、四象生八卦：小分類，勞動人口

(一) 非民間勞動人口，占1%，分三細類

- 軍人，稱為武裝勞動人口（armed labor force）
- 監管人員，包括二類精神療養院、護理之家的身心疾病者
- 失蹤人員

(二) 民間勞動人口，占人口43.73%，分二細類

- 就業
- 失業

四、圖形呈現

右圖是採取人口年齡金字塔的形態，背後有「源水－水池－水流出」的三層關係，即中間有年齡層，由上往下從零歲到人瑞，15~64歲稱為工作年齡人口。X軸隱含著「有無工作意願」，以0點為分水嶺，右邊「有」、左邊「沒有」。

五、Excel計算公式呈現勞動力參與率

右表第一欄採取Excel試算表方式，很容易從「人口」一步一步「減」就會得到勞動人口，進而計算勞動參與率、失業率等。

2021年臺灣「人口→工作年齡人口→勞動人口」

年齡

0

14歲　占12.4%

一、非勞動人口*　占26.07%
C1：學生或準備求學占7.69%
　　高中占2.583%　大專占5.127%
C2：想工作而未找工作者占0.68%
C3：家庭管理（一般是指家庭婦女）占10.96%
C4：行為能力：身心障礙者11.42%
C5：其他（例如：股票投資人士）、賦閒4.33%，C4+C5：占0.093%
C1+C3：占18.765%，占非勞動人口71.5%

15歲　工作年齡人口70.8%

二、勞動人口44.73%

(一)非民間勞動人口占1%
A1：武裝勞動人口占0.73%
A2：監管人口（主要指囚犯）占0.25%
A3：失蹤人口

(二)民間勞動人口占43.73%
1. 就業占41.86%
2. 失業占1.87%

64歲

高齡　65歲　占16.8%

*資料來源：行政院主計總處，就業、失業統計表，「10.非勞動按未參與勞動原因分」。年齡結構來自行政院國家發展委員會「人口推估查詢系統」。

臺灣「人口→工作年齡人口→勞動人口」二種定義

單位：萬人

項目	國家統計局定義	2021年人數	%	內政部定義	人數	%
(1)總人口		2,354	100		2,354	100
(2)無工作能力人口＝(1)－(2)	14歲以下	292	12.4	14歲以下 65歲以上	292 395	12.4 16.8
(3)工作年齡人口 (working-age population)	15歲以上 (civil over age 15)	2,062 (即不含兒童292)	87.6	15~64歲	1,667	70.8
(3a)非勞動人口		867	36.83		472	20
(3b)勞動人口		1,195	50.77		1,220	51.83
(3b1)非民間勞動人口		23.4			23.4	
(3b2)民間勞動人口		1,171.6		同左	1,196.6	51.83
(4)=(3b2) / (3)勞動參與率(%)		1,171.6/2,062 =56.82% $=\frac{\text{民間勞動人口}}{\text{15歲以上人口}}$			1,196.6/1,667 =71.78% $=\frac{\text{民間勞動人口}}{\text{15～64歲人口}}$	71.78

Unit 5-4 美中勞動人口估計
——以工作年齡人口與民間人口兩種標準

一、從人口數到勞動人口的速算公式

由以下公式可見，從人口數目到勞動人口的速算公式。

(一)勞動人口占人口50%：一般來說，你告訴我一國人口數目，大都乘上50%便可得到該國勞動人口數目。以2021年全球78.57億人來說，勞動人口為39.375億人。

二、中國大陸採取撫養人年齡去計算工作年齡

中國大陸國家統計局、人力資源和社會保障部，在計算工作年齡人口時，是採取扶養人年齡，只是退休年齡比其他國家早。

- 男性：60歲
- 女性：50歲，幹部55歲。

三、美國勞動人口的兩種計算方式

兩種工作年齡定義下的勞動參與率不同。

(一) 16~64歲定義下，占76.8%。

(二) 國際勞工組織定義下，占63%。

由人口、工作年齡人口比率推估勞動人口：

$$人口\times\frac{工作年齡人口}{人口}\times\frac{勞動人口}{工作年齡人口}$$

$$=2{,}354萬人\times\frac{1{,}667萬人}{2{,}354萬人}\times\frac{1{,}196.6萬人}{1{,}667萬人}=2{,}354萬人\times70.8\%\times71.78\%$$

$$=1{,}171.6萬人$$

2021年美中人口與勞動人口

項目	中國大陸（億人）	%	美國：16~64歲（億人）	%	美國勞工部算法（億人）	%
(1) 人口年齡結構	14.16		3.33		3.33	
(1a) 14歲以下	2.52	17.8				18.24
(1b) 15~59歲	9.06	64				64.72
(1c) 60歲以上	2.58	18.2				17.04
(2) 勞動年齡人口	=(1-1a-1c) x (1) =(1) x (1b) =9.06		同左 2.1555		民間人口 (1-1a) x (1) 2.728	21
(2a) 非勞動人口	1.2		0.5021		0.9626	
(2b) = (2) – (2a) 勞動人口	7.86		1.6544		1.7654	
(3) = (2b) / (2) 勞動參與率(%)	86.76	86.5		74.94		61.5
性別結構	男女51.9%、48.1%					

勞動經濟學的兩個範圍

時	19世紀	1950年代起
地	英國	美國
人	馬歇爾	–
事	Microeconomics of labor markets 或microeconomic technique 本書第16章	Macroeconomic of labor markets 或macroeconomic technique 本書第5章
主題		
價	✓，薪資wage	
量	✓	✓
質	✓	–
時	✓	–

1979年勞工的諾貝爾經濟學獎得主

時	1979年10月	1979年10月
地	美國伊利諾州芝加哥市	美國紐澤西州普林斯頓市
人	狄奧多・舒爾茲 (Theodore W. Schulty, 1902~1998)，芝加哥大學	阿瑟・路易斯 (Authur Lewis, 1915~1991)，普林斯頓大學
事	1963年，Economic Value of Education哥倫比亞大學銀行 1971年，Investment in Human Capital: The Role of Education and of Research 1972年，Human Resource 人力資產觀念主要創導者	1968年提出路易斯轉折點(LewisTurning Point，中稱劉易斯拐點，後來延伸到人口紅利（勞動供過於求）到人口赤字（勞動供不應求）

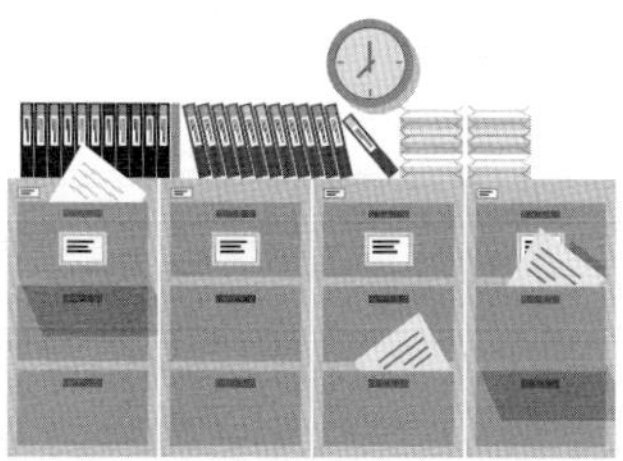

Unit 5-5 美中臺的就業情況

——兼論中國大陸的穩就業

本單元作表整理美中臺的勞動人口就業情況。內容以中國大陸國務院穩就業（decasualization of labor，其中casual worker是指臨時工，de是去除之意，de-casual是指去除， 即成為正職、全日工時）。

一、問題：每年新增勞動人口1,200萬人，占每年新生兒1,480萬人的81%

大學畢業生（2021年909萬人）、農村多餘勞動力（俗稱農民工）約280多萬人、退役軍人（從武裝勞動人口改為民間勞動人口）等約310萬人。

二、目標

・時：2018年8月31日　・地：中國大陸北京市

・人：習近平，中國大陸國家主席、共產黨總書記

・事：在中共政治局年中會議分析2018年經濟形勢，習近平強調「全面做好六穩」。穩就業、穩金融、穩外貿、穩外資、穩投資、穩預期。穩就業重點除前述外，還包括大崗職工、返鄉人員（註：後二者即失業人工）。

三、對策

(一)新增就業目標1,100萬人

創造就業機會是黨政評估各省市黨、政首長的強目標，以中央政府來說。

・時：2019年3月初　・人：李克強，國務院總理

・事：在人民代表大會中的政府工作報告中，揭示城鎮新增就業1,100萬人以上、調查失業率目標6%、登記失業率5.5%。

(二)協調單位

・時：2019年5月14日

・人：國務院

・事：成立「就業工作領導小組」，由四位副總理之一胡春華擔任組長，主要任務在於協調解決就業工作重大問題。

四、績效：2020年新增就業1,186萬人

・時：2021年1月18日

・人：中國大陸國家統計局

・事：季例行記者會，2020年城鎮平均「調查」失業率5.6%（31大城市5.1%）、12月登記失業率4.24%，約1,900萬人失業，總工作人數約4.49億人。

2021年美中臺預估就業情況

單位：%

項目	臺灣	中國大陸**	美國***
勞動人口(億人)	0.11966	7.84	1.6153
一、依地區區分	--	城鎮57 鄉村43	--
二、依產業 (一)農業 (二)工業 (三)服務業	2020年 4.76 35.34 59.9	2019年 25.1 8 27.5 36.8 47.4 4	2020年 1.42 12.91 85.67
三、人文特性 (一) 性別 男 女	 55.42 44.57	 2019年 56.3 43.7	 53 47
(二) 年齡 主力年齡 (prime-age)	35~49歲，占40.64%	25~59歲 年齡中位數40.2歲（2019年）、2009年34歲	25~54歲 占64.5
(三)依雇主身分 民間 政府	占就業79.84 70.91 8.93	民間5.55億人細分* 公營企業30.6 民營企業69.4	
四、依工作時間 (一)全日制 (二)部分時間制	 96.3 3.7	 -- --	 82.8 17.2

＊資料來源：民營公司等來自市場監督管理總局。
＊＊中國大陸國家統計局，中國統計年鑑，就業和工資。
＊＊＊美國勞工部勞工統計局，每個月經濟新聞發布 "Employment Situation Summary"。

臺灣的就業、失業統計資料

人	行政院主計總處
事	在「主計總處統計專區」，選第五項「就業、失業統計」，選「時間數例統計表」，有勞動人口、就業與失業人文特性、勞動參與率、失業率數字。

Unit 5-6 美國的工作創造與工作破壞

每個月7號左右，美國勞工部公布美國失業率、工商業新增就業數，一向是全球各界分析美國景氣的重要指標，再加上採購經理指數（purchasing management index, PMI），是基本面分析中用以判斷美國股票指數走勢的二項總體經濟指標。2017年1月，美國川普總統上臺，他當選主因在於宣稱會增加就業機會，讓美國再次偉大（Make America Great Again）。

2020年新冠肺炎疫情造成高失業率（詳見右頁下圖），是川普尋求連任的最大利空，也是民主黨籍拜登當選主因。

一、資料來源：美國勞工部勞工統計局

・時：每月7日，但去年整年資料於1月10日公布。

・人：勞工部勞工統計局四大業務處三組一室中的就業與失業統計處。

・事：每月發布〈就業與失業報告〉，以2020年為例（註：2020年受新冠肺炎衝擊）：

(一)數量：工商業新增210萬個工作機會，衰退23.3%，平均每月17.5萬個；失業率6.7%，失業人數1,074萬人（即工商業勞動人口1.597億人）。

(二)價格：月薪成長率0.6%，時薪成長率5.8%。

二、勞動供給

影響勞動力數目的因素，從大到小分析如下：

(一)國內與外國淨移民：人口每年約淨增230萬人，成長率0.7%。其中自然成長率0.44%，移民0.33%（註：2015年數字）。

・近景：勞動年齡人口。2021年約2.478億人，2030年預估2.88億人。

・特寫：勞動人口。

(二)影響勞工退休的退休年齡：1935年首次立法，規定法定退休年齡65歲，社會安全局規定1943~1954年間出生的66歲，1960年後出生的67歲。

三、勞動需求：淨增勞工需求

(一)工作創造（job creation）：以人口增加來說，光內需行業，新創公司、已成立公司擴大營業，都會增加僱用人。上網搜尋可以找到美國十大新聘勞工的公司。

(二)工作破壞（job destruction）：由右表第二欄可見，世界各國可說大同小異，造成工作機會流失的原因有二：87%是機器（資本深化，capital deeping）加技術，13%是外國人拿走了。2019~2029年，工業中製造業少44.5萬個工作、服務業中的零售業少36.8萬個工作。

(三)一增一減結果：美國一年約淨增加100萬個工作機會。

美國勞動市場的工作增減影響因素

大分類	說　明
(1)工作機會增加，即 ・新公司 (start-up) ・已成立機構擴大規模(expand) (2)工作機會減少，即工作破壞(job destruction) ・業務緊縮 (contract) ・歇業 (shut down) (3) = (1)–(2) 淨增加工作機會 ・net new jobs ・net change in employment 	時：2015年6月 地：美國印弟安那州曼西市 人：Michael J. Hicks和研究員S. Devaraj, 前者是波爾州立大學商業與經濟研究中心 (Center for Business and Economic Research) 主任 事：在the Myth and the Reality of Manufacturing in America (7頁)中。 研究對象：美國工業中製造業 研究期間：2000~2010年 研究結論：這11年工作機會少3,560萬個，工作流失原因。 1. 87%機器設備讓工作消失 (job eliminated) 2. 13%工作移到外國（主要是中國大陸）(job shipped overseas)

美國每季勞工保險與薪資資料庫

時：2015年5月15日
地：美國華盛頓特區
人：勞工部勞工統計局
事：1. 在 (Quarterly Covered Employment and Wages, QCEW) 計畫建立勞工統計局的「長期資料庫」(longitudinal database, LDB)
2. 追溯到1980年 (Business Dynamic Statistics, BDS)

2020年美國勞參率與失業率

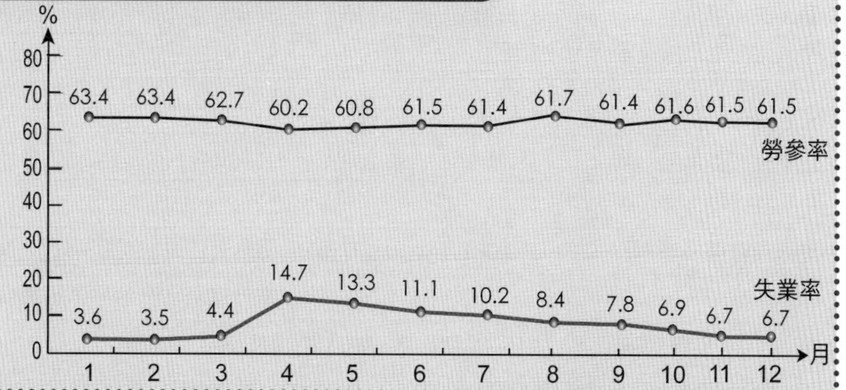

Unit 5-7 2029年的就業供給與需求

——美國勞工部勞工統計局「就業預測」報告

政府的基本功能在於提供全面資料，以供公司、家庭參考，本單元以2020年9月1日的美國勞工部報告為基礎。

・時：每年9月1日

・人：美國勞工部勞工統計局四個業務處之就業和失業處下四組之一的「職業統計和就業預測」辦公室（Office for Occupation Statistics and Employment Projections）。

・事：公布〈就業預測〉（Employment Projections），涵蓋去年到未來9年，以2020年來說，即2019~2029年。報告有「Projection Overview and Highlights」，在10月的〈Monthly Labor Review〉中。

・經濟預測模型：英國倫敦市HIS Markit公司推出的Macroeconomic Advisers（MA）模型，前者於2017年9月收購後者，後者專長是美國經濟模型，約1,000個變數。

2029年美國勞動供給與需求預測

項　目	2019年	2029年	說　明
一、勞動供給			
人口數（億人）	3.282	3.551	每年增加0.0225億人 商務部普查局每年2月13日會推出〈全國人口預估報告〉，2021年2月(2021~2061) 原報告為1.71億人
15歲以下人口比率(%)	18.55	18	
(一) 15歲以上人口（億人）	2.673	2.912	
成長率 (%)	0.9	0.8	
(二) 勞動參與率 (%)	63.1	61.2	勞動人口年齡結構(%)
(三)＝(一)X(二)			年齡層　2019年　2029年
勞動人口（億人）	1.635	1.715	55歲以上　23.4　25.2
勞動人口年平均成長率	0.6	0.5	45~54歲　20.1　19.5
二、勞動需求			35~44歲　20.8　22.5
(一) 人數	1.628	1.688	25~34歲　22.7　21.5
(二) 平均成長率(%)	1.3	0.368	16~24歲　12.9　11.4
三、一-二			
失業人口數目	0.007	0.027	勞動人口增800萬、需求600萬
*失業率 (%)		1.57	充分就業情況下，失業率4.6%

＊資料來源：部分整理自美國勞工部，Employment Projections，新聞發布，2020年9月1日。

2030年美國經濟預測

一般均衡架構	預　測	說　明
一、生產因素市場		
(一) 自然資源		
・石油價格（一桶原油）	77美元（2018年約52美元）	資料來源：美國能源部的能源資訊管理局 (Energy Information Agency, EIA)，2020年10月美國西德州原油40.47美元
(六) 生產力成長率	1.8%，之前2009~2019年1.1%	生產力成長率結構 來源　2008~2010年　2019~2029年 (1)勞工　0.1%　0.4% (2)資本　0.8%　0.8% (3)總因素　0.4%　0.4% 小計　1.3%　1.6%
二、轉換		
(一) 產業結構		
(二) 行業結構		
・職業	詳見Unit 5-8	服務業占1.694億位就業人士的80.74%
三、商品市場	成長率	表7　經濟成長率的貢獻
(一) 家庭消費	1.8%	占經濟成長率76%
(二) 投資	1.37%	占經濟成長率27%
(三) 政府支出	0.49%	這是左述(三)、(四)合計占經濟成長率 -3%
(四) 國際貿易	-0.06%	
四、經濟政策		
(一) 貨幣政策：10年期公債殖利率	3.5%（2020年底0.92%）	聯邦基金利率0.09%
(二) 財政政策	—	—
五、經濟產出		
(一) 效率		
1. 國內生產毛額(兆美元)	32兆美元	這是2021年1月德國漢堡市Statista公司數字，比2009~2019年的2.3%低，1978~2008年平均約3%
2. 經濟成長率(%)	1.8	

臺灣經濟成長率與勞動參與率

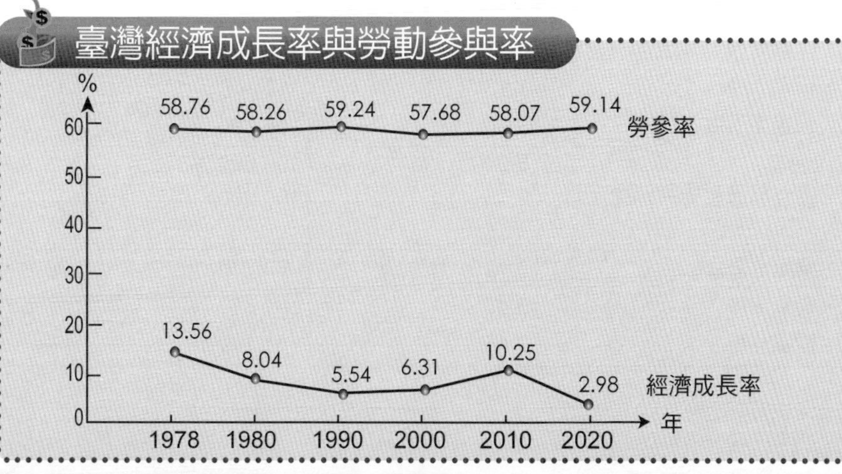

Unit 5-8 2029年美國行業／職業就業推估

—— 經濟學中的勞動經濟學與個人職涯發展的連結

了解經濟對個人工作最重要的是了解產業、行業、職業的前景，在經濟學的勞動經濟學中，美國勞工部勞工統計局在「經濟和就業預測」，連帶包括〈職業展望手冊〉（Occupational Outlook Handbook），是美國的政府、學校（高中和大學）、個人職涯發展最廣泛參考的資料。

一、產業／行業就業推估（右表）

右上表，本書依產業、行業順序整理。

・產業結構：農、工、服務業人數與比率，詳見右上表第三欄。

・行業：15個行業，有10個成長，5個衰退，其中零售業減少15.37個工作機會，主因是網路購物衝擊實體商店，對交通和倉儲業是好事。

二、職業就業推估（下表）

・全面：10年增加600萬個工作，每年平均60萬個工作。

・職業別：工業中水電燃料業中的太陽能、風力發電，和服務業中家庭服務業中育的醫療保健。這是因為老年化比率提高，銀髮族更需要醫療保健服務。

2019~2029年美國行業展望（Occupational Outlook）

產業／職業	年成長率 (%)	2019年5月年薪（美元）
一、工業		
(一) 製造業		
・太陽能發電安裝	6.07	44,890
・風力發電服務工程部	5.05	52,910
二、服務業		
(一) 家庭：育		
・在府與個人健康協助	3.37	25,280
・物理助理	3.13	112,260
・物理（治療）助理	3.26	58,790
・護理	5.24	109,820
・醫療與健康服務經理	3.15	100,980
(二) 政府與公司		
・資訊安全	3.12	99,730
・職能治療	3.46	61,510
・數據分析	3.46	91,160

2019年到2029年美國產業就業展望

產業／行業	年變動率 (%)	人數（萬人）
一、農業	無估計	共約0.025億人 占1.694億人1.48%
二、工業		占17.76%
(一) 製造業	-0.35	-44.48
(二) 礦產	1.36	9.32
(三) 營建	0.4	30
(四) 水電燃氣	-0.77	-4.23
三、服務業		共1.368億人，占80.76%
(一) 家庭		
1.食：批發業	-0.17	-10.2
零售業	-0.24	-36.83
2.行：運輸和倉儲業	0.58	32.6
3.育：教育服務	0.37	53.32
4.樂：休閒與娛樂	0.96	23.42
5. 其他：金融服務	0.1	6.62
(二) 公司與政府	0.029	2.88
1. 政府（聯邦）		
聯邦		
地方		
2. 公司		
專業與商業服務	1.08	103.42
資訊	-0.02	-0.62
其他	0.42	28.09

資料來源：整理自美國勞工部勞工統計局就業預測，圖5。

全球與美國人口估計

時	每年	每年3月13日（以2021年來說）
地	美國紐約州紐約市	美國華盛頓特區
人	聯合國經濟和社會理事會	美國商務部普查局
事	全球人口估計 在谷歌搜尋引擎，搜尋Projections of population growth英文維基百科詞條	公布Population Projection for 2021 to 2061

Unit 5-9 就業的種類

一、全景：四種分類方式

由右上表第一列可見，就業人士依有無僱主，可以分成二大類，受僱人士可以三種方式分類。其中第四欄簡稱非典型僱用（atypical employment，陸稱non-standard employment。atypical來自a加typical）。

二、近景：就業人士身分（employed person's class of worker）

有鑑於少數就業人數有多個工作，主要以其收入較高且較久者為分類標準。區分兩大類，詳見右上表。

(一)資方，自己當老闆：這分成兩中類。

・雇主（employers）：下面有僱人，當老闆。

・自營作業者（self-employed）：下面沒有僱用他人，最簡單的說，例如：中國大陸稱個體戶、臺灣稱甦活族（small office home office, SOHO），俗稱在家接案。

二、受僱者 (employees)，俗稱打工仔

依有沒有薪水分成兩中類：

・有薪水的：依雇主身分分成政府、民間（商業組織、非營利機構）。

・沒有薪水的：大部分只限小商號老闆的家屬，這部分有三種人：

1. 沒薪水但有吃住，例如：許多宗教人士。
2. 放無薪假員工。
3. 家屬工作者，僅限商號農工商之家人。

・依國際勞工組織的兩個時間標準

1. 1981年以前標準：每週工作15小時以上，例如：美國、臺灣。
2. 1982年起，沒規定。

三、趨勢分析

・比率提高：勞方，其中無償家屬工作者比率也降低，顯示家庭商號以外的就業機會多。

・比率降低：資方，這顯示公司越來越大，創業門檻越來越高，甚至連自營作業者的比重也降低。

工作人口就業的分類

單位：%

大分類	中分類：受僱者工作類型 (job type)	工作時間 (job time)	工作類型 (job category)
一、雇主 15.44	–	–	–
二、受僱者 84.56	(一) 正職 (non temporary or dispatched workers) 占94.4	(一) 全時 (full-time) 占96.3	(一) 左述兩個「非」部分時門、臨時性或人力派遣工作 占92.7
	(二) 臨時性或人力派遣 (temporary or dispatched workers) 占5.6	(二) 部分時間 (part-time) 占3.7	(二) 左述兩個二即部分時間、臨時性或人力派遣工作 占7

資料來源：人力運用報告。

就業人士的身分 (employed persons class of worker)

各年12月資料　　單位：%

大分類	英文	2000年	2010年	2020年12月
一、資方		21.45	17.2	15.35
(一)僱主	employers	5.4	4.53	3.88
(二)自營就業者	own-account workers	16.05	12.67	11.47
二、受僱者	employees	78.55	82.8	84.65
(一)受僱者	(paid employees)	71.07	77.23	79.84
1. 政府僱用	government	10.07	10	8.93
2. 民間僱用	private	61.01	67.23	70.91
(二)無償家屬工作者	unpaid family workers	7.48	5.57	4.81
人數（萬人）		947	1,046	1,152.7

資料來源：人力運用調查報告，速報統計表表14，2020年12月。

Unit 5-10 廣義與狹義失業

人發燒分四級，37.3~38度C是低度發燒，40度以上是超高燒，需要退燒，最好去醫院請醫生治療。同樣的，失業中也有程度差異，本單元說明。

一、失業的分類標準

(一)美國分6級，最細分兩段：

・U1~U3，簡稱U-3 unemployment rate。

・U4~U6，簡稱U-6 unemployment rate。

(二)2013年，國際勞工組織，分四級，依序對應如下： U1對美國U1~U3級、U2對美國U4、U3對美國U5、U4對美國U6。

(三)臺灣分兩級，依序對應如下： 狹義失業率對應美國U1~U3，廣義失業率對應美國U4。

二、廣義失業率的部分詳細分析

(一)U4： 怯志工作者（discouraged worker）

這種「想工作而未找工作」的人，想要又怕受傷害，在臺灣俗稱「玻璃心」。

(二)U5： 俗稱待業人士。

(三)U6： 又稱真正失業（real unemployment）

兼職人員中大多數是夜間部學生、家庭主婦，其中約有二成是找不到全職工作，只好「沒魚蝦也好」，先上壘賺錢。

(四)U4、U5稱準待業人士（marginally attached workers）。

(五)U5、U6算隱藏性失業。

三、受失業波及人口

在一家有許多人，而且失業者是家庭主要收入來源，家人被視為受失業波及人口。

廣義、狹義失業的定義：以7.3%失業率為例

單位：%

失業程度	說明	季節調整 未	季節調整 有
一、廣義失業		未	有
U6	想做全職工作，但卻因經濟原因，只能做兼職工作，屬勞動力低度利用 (part time for economic research) 435萬人或低度就業 (under-employment) 或勞動力低度運用 (labor underutilization)	2.4	2.7
U5	準待業人員，主要是家庭主婦或煮夫、病人，過去4週未找工作，但過去1年有找工作 (marginally attached workers) 約120萬人	0.6	0.6
U4	怯志工作者 (discouraged worker)，約34.1萬人 這屬於準待業人士一部分	0.1	0.1
二、狹義失業		3.4	3.6
U3	過去4週內，積極找工作卻找不到工作	2	2
U2	短暫就業	0.1	0.3
U1	失業15週（4個月）以上	1.3	1.3

資料來源：美國勞工部勞工統計局每月5日發布經濟新聞稿。

國際勞工組織

時：1919年10月

地：瑞士日內瓦市

人：國際勞工組織 (International Labor Organization, ILO)，聯合國經濟社會理事會旗下單位，187個會員國。

事：1760年左右的第一次工業革命，資方快速崛起，比較強力壓迫勞方。英美等國在第一次大戰後，成立此組織，以促進各國勞工法等立法，以保障勞工權益。

Unit 5-11 失業的原因與期間

一、依失業人士的職場資歷區分

主計總處依勞工職場資歷來區分，因為初次尋職的社會新鮮人大都是從學校剛畢業，比較缺乏找工作經驗，有必要單獨列一類，詳細分析，詳見右表中第一欄。

二、失業原因大分類

以職場老手來說，失業可分為兩大類原因：

(一) 雇主因素占六成：原因主要是工廠關廠、裁員等。

(二) 勞工占四成：原因有5小類，其中最多的是「對工作不滿意」（例如：覺得薪水太低）。

三、經濟學者的分類

在表中第四、五欄，是經濟學者的分類。

(一)被迫失業（involuntary unemployment）：較常見的原因是（經濟）結構改變導致的結構性失業（structural unemployment），原因有三：

・人口因素：少子化造成，從小學到大學的教職員是最大受災戶。

・地區因素：俗語所說「十年河西，十年河東」。

・技術因素：主因來自科技取代人工，此時稱為科技因素失業（technical factor unemployment）。另一原因是全球化，外國勞工取代本國勞工。

(二)自願失業（voluntary unemployment）

四、失業期間

依失業期間粗分為三個級距：

(一)三個級距

1.1週到6個月：失業期間中位數大抵23.62週。2. 6個月到1年。3. 1年以上。

(二)季節性失業

・失業原因：跟季節商品有關（夏天賣冰、冬天薑母鴨），一年只能做半年生意；跟氣候交通有關，例如：下雪堵車。

・季節性失業的處理：季節調整（seasonal adjustment）。

小博士解說

影響臺灣失業率的權威實證研究

時：2010年9月

地：臺灣

人：田慧琦，中央銀行經濟研究處專員

事：在〈中央銀行季刊〉上「臺灣失業率和產出之關聯及可能影響因素探討——歐肯法則（Okun's Law）實證分析。

失業人士失業原因：臺灣情況（2020年12月）

國家統計局分類			經濟學者**	
大分類	中分類	%	大分類	中分類
一、職場老手 77.5%	(一) 雇主因素 1. 工作場所歇業或業務緊縮 2. 季節性或臨時性工作結束 3. 其他	38.4 29.3 8.4 0.7	一、被迫失業 (involuntary)	(一) 1年以上 結構性失業 (structural unemployment) (二) 7~12個月 景氣循環失業 (cyclical unemployment)，又稱凱恩斯式 (Keynesian) 失業 (三) 最低薪資失業 (classic或real-wage unemployment)，又稱衍生 (induced) 失業
	(二) 家庭因素 1. 對工作不滿意 2. 健康不佳 3. 女性結婚或生育 4. 家務太忙 5. 退休	39.1 36.36 1.36 – 0.7 –	二、自願失業 (voluntary)	(一)摩擦性失業 (frictional unemployment)
二、初次尋職（俗稱社會新鮮人） 22.5%				

*資料來源：主計總處國勢普查處，人力資源調查統計，表10。
**資料來源：大部分整理自Kimbely Amadeo, "Types of Unemployment", The Balance 2020.1.4。

臺灣人力運用調查報告

項目	表76 失業期間	表72 失業率 （按教育程度）	表73 失業率 （按年齡）
1. 結構性失業	1. 1年（53週）以上 2. 27~52週（半到1年）	高中（職）以下	45~64歲
2. 摩擦性失業	13週（3個月）以內	大專以上	44歲以下

*資料來源：人力運用調查報告 表78。

第 6 章

物價水準

章節體系架構

Unit 6-1 物價水準的用途

今天股票漲或跌？不管你有沒有投資股票，大部分人都知道「今天大盤漲50點」，很少人會單挑一支股票（例如：台積電或鴻海）來回答，終究臺灣加權股價指數代表960支股票的漲跌結果，光憑「一葉落是無法知秋」的。就近取譬，同樣的，我問你覺得物價上升或下跌，沒學過經濟學時，你可能從日常生活搜尋線索，例如：手機跌價、牛奶漲價了，有時反而無所適從！

一、物價水準

在總體經濟學中，我們不問個別商品的價格，而是看所有商品和服務性商品的平均價格，稱為一般物價水準（price level）。

二、物價指數

由於不同商品所使用的單位（例如：水果算斤、搭車算次）並不完全相同，而且縱使單位相同，但是商品的重要程度也不一樣；因此，一般都利用加權平均數的概念，以某一個基本時期的各商品成交量和價格作為計算物價水準的依據，其結果便是物價指數（price index）。物價指數是指在固定時點的一組商品和服務的加權平均（weighted average）價格，而且「指數化」了，重點有三，分述如下。

(一)基期：把該一基本時期的物價水準定為100%，如同水的比重1，同樣體積（例如：1立方公分）的鐵重4公克，是水的4倍，所以說鐵的比重4，鐵比水重。

(二)加權平均：「加權平均」是把個別商品的「相對重要性」（依家庭消費占比）考慮在內。

(三)指數化：以消費者物價指數（Consumer Price Index, CPI）為例，當有368種消費商品時，其當期CPI的公式如下：

$$\text{CPI} = \left(\sum_{i=1}^{n} P_i Q_i^0 \div \sum_{i=1}^{n} P_i^0 Q_i^0 \right) \times 100\%$$

基期（2016年，P_i^0）及當期（P_i，例如：2021年5月的價格），Q 表示第 i 種商品在基期的成交量組合。本書不擬詳談指數化的作法，因為統計學可以清楚說明。

三、購買力才重要

物價、物價水準或物價指數，基本上是表示所有商品的平均價格，物價上漲表示同樣組合的商品平均價格上升了，所以要花更多的錢才能買到。換句話說，「錢變薄」了，文言一點說，貨幣的價值（或簡稱為幣值）下降了，即同樣一塊錢，在物價上升後能夠購買到的商品數量減少了，也就是貨幣購買力（purchasing power of money）降低。幣值（或貨幣購買力）的增減，跟物價水準呈反方向變動，也就是物價上升時，幣值下降；而物價下跌時，幣值上升。

物價指數的用途

用途	1. 股票	2. 消費者物價
當n＝1	台積電 股價700元 —△4%→ 728元	牛肉 200元／斤 —△4%→ 208元
當n＝m	960支股票	368種消費品與服務，以其占消費支出比重為權數
基期＋加權（權重） 指數化	股票加權指數 15000點 —△10%→ 16500點	消費者物價指數 2011年為基期（100點） 2020年 105點 —△1.01點→ 2021年 106.1點

經濟成長與物價變動率關係

由2011~2021年的數字可看出二者關係。

1. 當經濟成長率低於1.6%，物價下跌，因景氣差、買氣弱，公司降價銷售，但2020年例外，外熱內冷。
2. 當經濟成長率2.75%以上，物價上漲1%以上，2012年、2016年例外，主要是成本推動物價上漲。

時：2017年9月

地：臺灣臺北市

人：陳雅貞，主計總處綜合統計處

事：在〈主計月刊〉上的文章〈由躉售（whole）物價指數到生產者（producer，指公司）物價指數〉

Unit 6-2 物價的種類

不同目的要有不同的度量衡工具。同樣的，為了衡量不同的物價，至少有四種物價水準，至於GDP平減指數（GDP deflator）在本單元下討論。

一、進口物價指數

各種進口品（農產品、原油，甚至消費品）的價格編製成進口物價指數（import price index），用途有下列兩種：

(一)對出口公司來說：進口原料（占進口品80%）價格上漲而出口物價下跌，則貿易條件惡化。

(二)對國內消費者物價來說：進口大宗物資（主要是農工礦產品）價格上漲，消費品（例如：食用油、麵包）價格也隨之上漲。

二、生產者物價指數

從本國公司角度衡量的物價指數，稱為生產者物價指數（producer price index），這是躉售物價指數（Wholesale Price Index, WPI）的一部分，後者還包括進口品等。

三、消費者物價指數

從家庭消費所面臨的物價，編製而成的指數，稱為消費者物價指數，詳見Unit 6-3說明。

四、出口物價指數

多種出口品（主要是電子產品的零組件）價格編製成出口物價指數（export price index），主要用途在於分析出口價格是漲或跌。「漲」大都是好事，代表產品有升級，有漲價的本錢。

小博士解說

GDP平減指數

GDP平減指數衡量的是總產值的價格，然而總產值並不是一項商品，而是一個投入勞動、資本、技術所創造的附加價值，因此GDP平減指數上揚，意味著「附加價值的價格」升高，是好現象。經濟成長率是「實質GDP」的成長率，「實質GDP」是以GDP除以GDP平減指數而得，這種計算方式使得平減指數越小，實質GDP就越大。2005年以來，GDP平減指數大都是負的。

物價指數4種類（2020年12月）

項目	商品項目	用途
1. 進口物價指數 （Import Price Index, IPI）	288	用以衡量是否會發生輸入型物價上漲或下跌。 2013年2月新基期
2. 躉售物價指數 （Wholesale Price Index, WPI）	1,172 •內銷品603項 •進口品288項 •出口品281項	① 2021年推出生產者物價指數（Producer Price Index, PPI），衡量產品的出廠價。 ②2012 年 11 月，中華經濟研究院推出「採購經理指數」（PMI），用以衡量物流及供應鏈業者對景氣的看法，跟「採購經理物價指數」不同。
3. 消費者物價指數 （Consumer Price Index, CPI） ★核心物價指數 → （Core Price Index）	368	用以衡量消費者（家庭）面臨食衣住行育樂時的一般物價起伏。 本表不含新鮮蔬果、魚介（指魚、貝類）及能源的消費者物價指數。
4. 出口物價指數 （Export Price Index, EPI）	281	用以衡量出口品是否具有價格競爭優勢。
5. 營造工程物價指數	115	用以衡量房屋等的成本趨勢

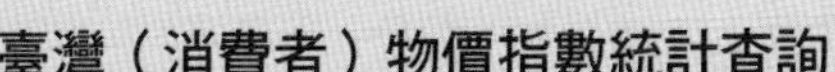

臺灣（消費者）物價指數統計查詢

人：行政院主計總處

事：〈步驟一〉在「主計總處統計專區」左側13個選項，選第1項「物價指數」

〈步驟二〉8項中，選第2項「統計表」

〈步驟三〉時間數列查詢

〈步驟四〉選「消費者物價指數及其年增率」（Excel）

Unit 6-3 消費者物價指數的用途

市井小民關心消費者物價指數年增率，主要是想了解生活成本是否變高，若薪水漲幅領先物價漲幅，那生活壓力就低了。股票投資人關心物價上漲率，一般是到了2%（中國大陸人民銀行盯3.5%），中央銀行會採取緊縮貨幣政策，緊縮貨幣供給額，股票市場會缺乏資金動能。大抵來說，每個人生活體驗，因範圍較窄，會比公務統計大範圍的數字有差別，所以宜以公務統計為準。但有原則就有例外，臺灣的消費者物價指數可能低估了，本單元詳細說明。

一、問題：人民有感，公務統計「無感」

(一)2007年起，人民的感受： 臺灣有個廣告詞「什麼都漲，就是你的薪水沒漲」。

(二)2011年起，消費者的物價指數平均年增率約1%： 主計總處綜合統計處物價統計科編製的「物價統計月報」，由右圖可見，消費者物價指數從2000年起，物價變動率除2008年3.52%，大都在1%上下振動，以2011~2021年來說，平均值約1%，其中2015年-0.3%、2020年-0.23。

二、診斷

由右表可見，三種跟家庭消費有關的權重。

(一)民間消費、家庭收支調查的消費目的數字相近。

(二)消費者物價指數比重失準： 由表第四欄可見，消費者物價指數擺24%權重在「食」，可見消費支出的比重皆在15.5%左右。差比較多的「樂」等支出，一般來說，指數大都以5年為基期年，以求跟最近的記憶銜接，消費者指數以民國每5年為基礎，105年即西元2016年，當時定的權重就偏了。

2011、2016年消費者物價指數比重

單位：%

大分類	2011年	2016年
食	25.194	23.726
衣	3.778	4.5717
住	27.014	22.702
行	15.171	1.5711
育	4.428	4.285
樂	16.836	14.721
其他	7.579	14.673
小計	100	100

臺灣經濟成長率跟物價上漲率關係

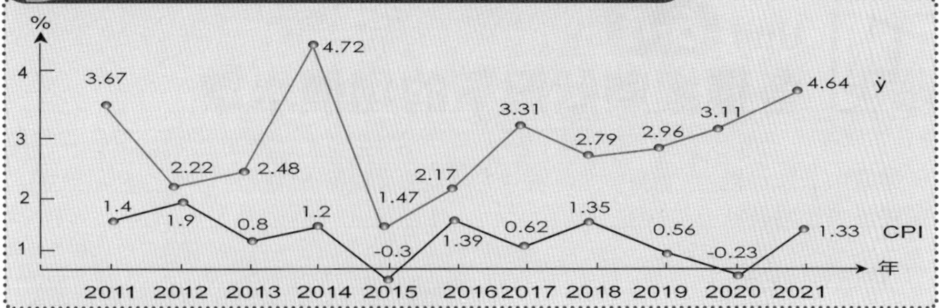

三個家庭消費的結構

單位：%

時	2019年	2019年	2016年基期
項目	國民所得統計年報民間消費結構	家庭收支調查第14、15表	消費者物價指數1000
一、生活	消費目的	同左	同左
(一) 食	15.34	15.21	240.46
1. 食品	12.88		肉22.21
飲料			水果19.26
2. 菸酒	2.46		--
(二) 衣	4.66	2.8	49.54
(三) 住	16.83	26.2	223.62
1. 房租	--	23.62	房租143.28
水電燃氣	--		水電燃氣18.68
2. 家電設備及家務維護	--	2.61	61.66
(四) 行	14.98	12.22	147.7
1. 交通	12.25	--	其中油料費28.46
2. 通訊	2.73	--	--
(五) 育	--	包括「休閒、文化與教育消費」	
1. 教育	3.41	9.53	59.13
2. 醫療保健	4.4	16	44.59
(六) 樂：休閒與文化	7.53	12.879	77.14
(七) 餐廳及旅館	10.58	5.22	--
(八) 其他	17.79		157.83
二、依性質	2018年資料第7表家庭消費	省略	
(一) 產品（不含食物）			463.48
1. 耐久品			101.66
2. 半耐久品			87.13
3. 非耐久品			274.7
(二) 服務			536.52
1. 食			97.72
3. 住			163.68
4. 行			73.91
5. 育　醫療			21.45
6. 教養娛樂			93.87
7. 雜項			84.76

Unit 6-4 各種經濟狀況下的物價水準

物價水準是「果」（結果），經濟（尤其是商品供需）狀況才是「因」（原因）。本單元說明物價變動方向等課題。

一、物價變動方向

物價變動跟開車一樣，只有三種方向：前進、停、後退，所以右上圖有個隱含Y軸，物價上漲2%以上，稱為物價上漲；下跌2%以上，稱為物價下跌；在－2%到2%之間，稱為物價溫和上漲。主計總處綜合調查處第五科（物價科）官員表示，過去消費者物價指數漲3%被視為溫和上漲，但隨著近年薪資停滯，漲2%就會帶給大家壓力，因此可作為衡量物價走勢的門檻。

(一)物價上漲：全面物價水準持續二季以上上揚的現象，稱為物價上漲（inflation），換算年成長率必須大於2%。inflation不宜稱為「通貨膨脹」，首先「通貨膨脹」只涵蓋物價上漲的一面「需求牽引型物價上漲」，因「太多錢追逐太少商品」（Too much money chasing too few goods）；其次，對於一般人來說，「通貨膨脹」一詞無法望文生義。

(二)溫和型物價上漲：物價下跌問題還沒有良藥可醫，因此為了避免引發民眾恐慌，各國多否認罹患此症，而改以「disinflation」稱之。deflation跟disinflation僅有一線之隔，連日本也很少承認有deflation問題。disinflation是指反物價上漲，或直接翻譯成「無物價上漲」，而中央銀行翻譯為「物價上漲率減緩」，就是沒有物價下跌，也沒有明顯的物價上漲。如此一來，豈不是最佳情況？其實不然，因為適度物價下跌，如果民眾感覺實質所得增加，就願意消費，會令人感覺繁榮景象。

(三)物價下跌：物價下跌（deflation）是指一般物價持續下跌二季以上，與物價上漲相呼應。如同前述，此英文名詞不宜譯為「通貨緊縮」。

二、經濟成長率跟物價關係

我們把物價變動基本原因區分為成本（供給面）推動與需求牽引兩大項。

物價大抵是景氣的結果，因此物價下跌大約出現在經濟衰退（即經濟成長率負的情況）。同理，物價上漲出現在景氣熱絡（例如：經濟成長率4%以上）。

但也有可能出現輸入型成本推動的物價上漲，縱使經濟衰退，但進口農產品、油價價格居高不下，民眾生活可用「蠟燭兩頭燒」來形容。此情況稱為「停滯型物價上漲」（stagflation）。

★stag：純男性聚會，隱喻stagflation只有物價上漲，但沒有經濟活絡。
★flation：名詞，走了氣的（啤酒等）。

物價變動4種狀況

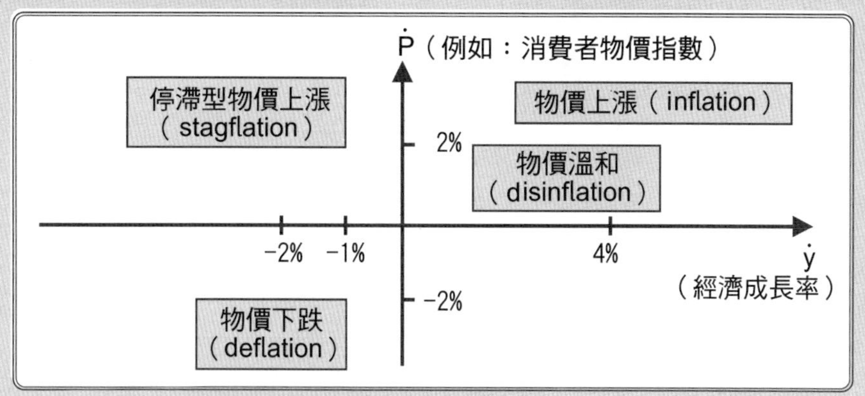

物價上漲的供給、需求原因

生產因素市場	成本推動（cost push）	需求牽引（demand pull）
一、自然資源 (一) 土地	當房價狂漲，甚至進入房市泡沫階段，房東會漲房租。商店會反映在商品價格中，商品價格上漲。	
(二) 農工原料	食物價格占物價指數15%以上，極端氣候，尤其是聖嬰現象的太平洋東岸乾旱，農產品欠收，牛豬食物價格上漲，造成物價上漲。	有此一說，2011年中國大陸物價上漲，一部分原因是人民金融炒作，炒作農產品現貨、期貨。以致出現下列名詞「豆」你玩、「蒜」你狠、「薑」你軍、「玉米」瘋。
(三) 水電燃氣能源	一般來說，油氣價格占物價指數等5%以下，原油一桶價格超過70美元，才會對物價造成推動壓力。	
二、勞工	中央銀行研究處多年多次實證論文，顯示軍公教加薪不會引起企業競相加薪，即不會造成物價上漲。	當景氣大好（例如：外銷熱絡）公司大量僱用勞工，當失業率低於充分就業率（例如：3.2%），出高薪才能令人加班、打兩個工。

Unit 6-5 物價的重要性

在天文學、物理學中都有一個共同的假想，假設在瞬間一秒（即人跟機器皆無法察覺）所有物體（包括人）膨脹一倍，我們是不會覺得有異狀。

難道這是探索頻道的另類科學專題嗎？當然不是，我只是把上面天文學的假想運用在經濟學，當在剎那間，所有價格都上漲一倍，甚至連人們也自動把記憶中原本50元的便當改價為100元，那麼物價上漲似乎是中性的；同理，物價下跌也是如此的剎那間。

可惜，物價上漲的影響並不是立即的，而且也不是公平的，因此物價上漲可說弊大於「利」（在物價上漲之前，海量囤積生活必需品，2011年中國大陸稱為「海囤族」）。在詳細說明之前，請先瀏覽右圖，有個全面觀後，才不會因木失林。

一、物價變動的影響

物價上漲比喻成人患高血壓毛病，一般人都知道高血壓對健康不利，使成人中每四人就有一人血壓過高；同理，物價下跌可類比眾人患了低血壓，低血壓的人比較怕冷（容易感冒）、暈倒，不過此類人較少，因此物價下跌情況也是少見的。

物價上漲對經濟成長面、所得分配面的影響方向、對象，物價下跌也同理可推。

二、物價下跌之害

物價下跌對消費者是好事一樁，但是為什麼全球所有政府卻談物價下跌而色變？其影響性說明如下。

(一)消費者延後消費：在物價下跌時，消費者貪小便宜，越晚買越便宜，延後消費（delayed consumption），卻造成「當下」消費減少。

(二)企業營收下滑：一旦多數產品價格皆呈下滑，多數企業在獲利縮水下，便會減薪，甚至裁員。

(三)勞工怕被裁員而省錢：企業營收下滑之後，消費者怕被裁員而節制開銷，等物價跌得更低再買，導致企業忍痛降價刺激買氣。價格走下坡，意味企業獲利疲弱不振。這一消費緊縮使得一國經濟又陷入「物價續跌→企業裁員→股市下滑」的循環中，一國經濟的成長動能便因此流失。

(四)政府稅收減少：政府面臨稅收降低、福利支出和預算赤字大增，不得不刪減公共支出。問題是，中央和地方政府支出砍得越厲害，對國內經濟傷害就越深。

小博士解說　**需求不足造成的物價下跌**

日本飽受物價下跌之苦，主因在於2011年起人口（2011年高點1.28億人）進入減少階段（每年少45萬人），再加上人口老化，2021年1.2647億人，年齡中位數48.36歲，退休人士的退休金有限，且醫療支出較高，排擠其他支出。總的來說，消費不足。連房價也是如此，空屋率逐年上升，1980年代的高房價時代是「回不去了」。日本政府（包括央行），想方設法想避免物價下跌，但是效果有限。

物價變動2種影響

狀況	經濟成長面	分配面（受益者）	
		所得重分配	財富重分配
1. 物價上漲	Y↓ → S↓ ①實體經濟不利 ❶企業交易成本↑ →企業囤貨 ❷EX↓→ IM↓ ②金融市場 儲蓄S↓→股市缺血→ Ps↓（股市動能不足）	資方，因對勞方調薪速度與幅度落後於物價。	債務人
2. 物價下跌	延後消費 C↓→I↓→Y↓	資方，因可能對勞方減薪。	債權人

物價下跌對經濟不利的惡性循環

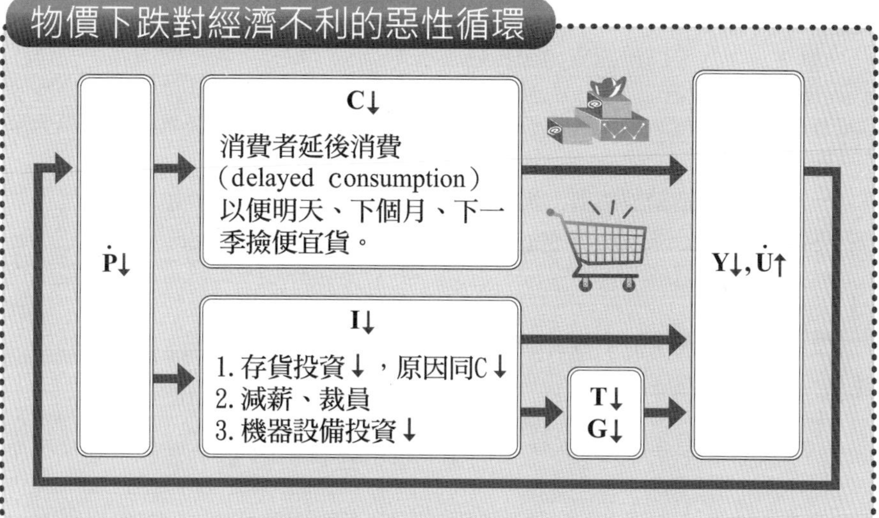

知識補充站

價格僵固性（price stickiness 或 price rigidity）

時：2004年

地：美國紐約州羅徹斯特市

人：Marh Bils 與 Peter J. Klenow，前者是羅徹斯特大學教授

事：在《政治經濟學》期刊上論文 " Some Evidence on the Importance of Sticky Prices"，論文引用次數2,287次，研究期間1995~1997年，美國。

Unit 6-6 物價上漲

成長和公平是經濟兩大目標，或許在雲端的人認為「物價上漲不過是商品價格變貴，有什麼大不了」，但是如果事情這麼簡單，為何政府一片喊漲聲會引來民怨呢？

一、物價上漲的類型

根據物價上漲決定的有關理論（例如：供需模型），有的強調影響總需求（例如：總支出項或貨幣數量），有的強調影響總供給（例如：生產因素的量、質與價格或生產技術）；因此，物價上漲類型可分為兩個基本類型，及兩者混合的混合型物價上漲，基於篇幅考量，需求牽引型留待後文說明。

二、成本推動型物價上漲

成本推動型物價上漲（cost-push inflation）是指當影響總供給的有關因素變動，例如：薪資率上升或原物料價格上漲（例如：原物料進口價格的上漲），將增加生產成本，導致總供給減少，引起物價水準的上升和失業增加的問題。此時，政府採行恢復充分就業的政策，而且在生產成本仍然持續增加的條件下，將使得貨幣數量也跟著持續增加，如此將出現物價水準持續上漲的現象。成本推動的動力至少有下列兩個來源。

(一)國內成本推動型物價上漲：主要是薪資，其次是房地產租金上漲等造成國內成本推動型物價上漲（domestic cost-push inflation），像1986~1997年這美好的十二年期間，臺灣經濟成長率7%，缺工率高，失業率低，物價上漲率經常維持在2%以上。

(二)輸入型物價上漲：輸入型物價上漲（imported inflation）是指國外產品或因素價格上漲而引起國內物價水準持續上漲，常見的可能有下列兩種。

1.國外物價上漲時，國內物價水準相對較低，那麼進口下降、出口會增加，出超增加，總需求曲線往右移動，造成均衡物價水準上升，均衡所得水準增加。如果國外物價持續上漲，那麼國內物價水準也將持續上漲而引起物價上漲。

2.石油價格上漲時，生產因素投入減少，則容易使總供給曲線往左方移動，導致均衡所得水準減少，均衡物價水準上升。石油價格持續上漲，則國內物價水準會持續上漲。

三、混合型的物價上漲

混合型物價上漲（hybrid inflation）是指混合需求牽引和成本推動兩型在內的物價上漲，也就是說，當同時出現影響總需求和總供給的因素變動，使得總需求相對於總供給有所增加，引起物價水準上升；此時，一旦貨幣數量持續增加，更會出現物價持續上漲現象。混合型物價上漲有時會失控，演變為惡性物價上漲（hyper inflation，消費者物價上漲率大於15%）。這情況僅1979~1981年出現一次，其過程詳見右圖。

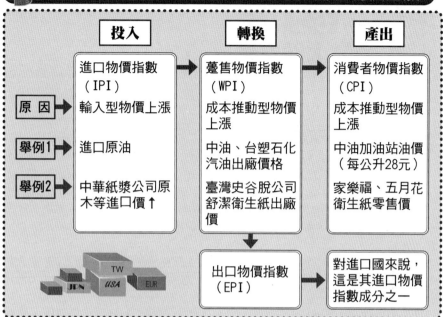

4種物價指數的因果關係——成本推動型物價上漲

	投入	轉換	產出
	進口物價指數（IPI）	躉售物價指數（WPI）	消費者物價指數（CPI）
原因	輸入型物價上漲	成本推動型物價上漲	成本推動型物價上漲
舉例1	進口原油	中油、台塑石化汽油出廠價格	中油加油站油價（每公升28元）
舉例2	中華紙漿公司原木等進口價↑	臺灣史谷脫公司舒潔衛生紙出廠價	家樂福、五月花衛生紙零售價

躉售物價指數（WPI）↓ 出口物價指數（EPI）→ 對進口國來說，這是其進口物價指數成分之一

中國大陸經濟成長率與居民消費物價漲幅

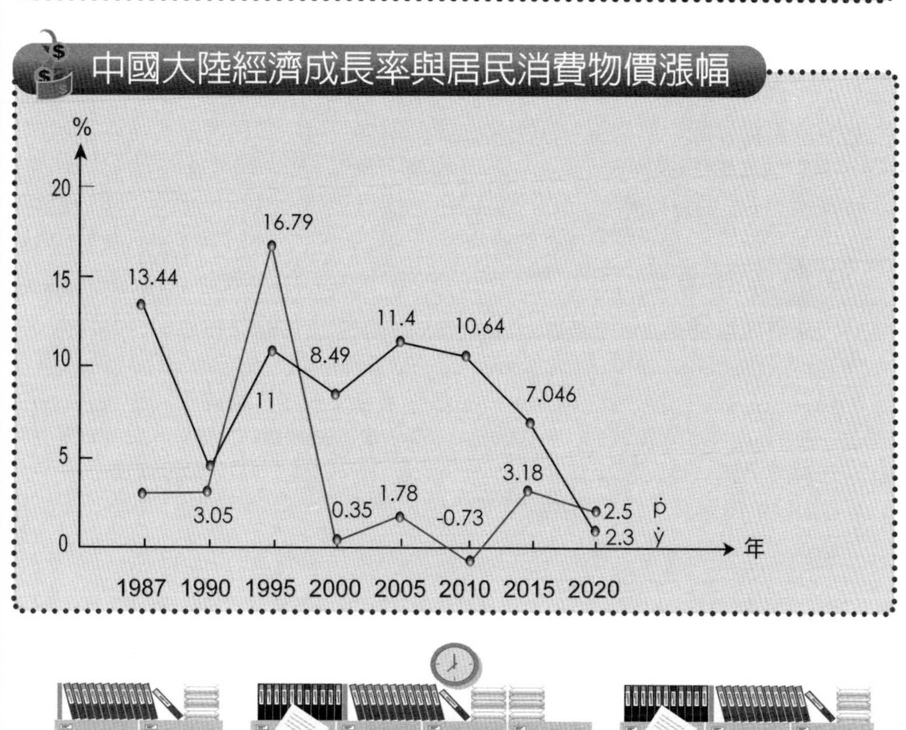

Unit 6-7 物價上漲之害

物價上漲對於經濟個體（家庭和企業）與整個經濟體的影響，有利有弊，大致來說是弊大於利，這也是大家關心物價上漲問題的主要理由。

一、物價上漲對家庭的衝擊

物價上漲對家庭的影響可用「幾家歡樂，幾家愁」形容，至少分為兩個層面：

(一)所得重分配：這方面可從商品、勞工（生產因素市場的代表）兩個角度討論：

1.有些行業受益，有些受害：在物價上漲期間，各種商品相對價格會跟著改變，使得一些人的實質所得提高，但是也使得另外一些人的實質所得下降。實質所得增加的人不一定會感謝物價上漲帶來的好處，但是實質所得下降的人，必定討厭物價上漲。

2.資方受益，勞方不利：一般公司調薪常常落後於物價上漲，所以出現「人兩腳，錢四腳」，薪資再怎麼調也追不上物價上漲的速度，出現雇主跟勞工之間的所得重分配的後果。

3.政府受益，家庭不利：個人綜合所得稅是針對個人的名目所得課稅，而且大都採取累進稅，以符合社會公平正義。在累進稅制之下，所得越高的人，其平均稅率（即稅賦占所得的比率）越高，租稅負擔越重。在臺灣，個人綜所稅的免稅額、課徵級距皆會隨物價調整，上述情況比較不會發生。

(二)財富重分配：財富重分配現象主要是債權人可能錢變薄了，這是因為債權金額是固定的（例如：100萬元），一旦物價上漲（5%），原來負債餘額「實質上」（購買力）只剩95.24%（100 / 1.05），所以物價上漲對債權人（包括銀行存款戶）不利，對債務人、接管存款的銀行有利。

二、對企業的衝擊

(一)交易成本提高：任何一項交易的達成，除了支付交易項目的貨款以外，交易的雙方常須附帶一些額外的成本，例如：交易契約簽訂之前、簽訂時和簽訂之後，甚至交貨之後的糾紛處理等方面，都會使雙方投入相當多的時間和心力，這些附屬交易項目之下的額外負擔，稱為交易成本（transaction cost）。交易成本也會耗損一些社會資源，因此交易成本增加時，表示用於生產活動的資源就變少了。

(二)出口價格變貴，進口品相對便宜：國內物價持續上漲造成進口增加、出口減少，國際收支惡化，進而該國貨幣貶值，嚴重影響該國資金外流，國際收支更惡化。

三、對金融市場的不利影響

(一)儲蓄減少：物價上漲會造成實質利率下跌（詳見下式），儲蓄下降，資金存量減少；一旦金融市場資金失血，資金供給減少，不利於金融市場正常發展。

(二)資源配置扭曲：物價持續上漲，幣值下降，為了保值，人們會去購買房地產，房地產價格上揚，大量資源投入房地產，而造成資源配置扭曲現象。以2021年預估值為例：

名目利率＝實質利率＋物價上漲率

0.79% ＝ -0.54% ＋ 1.33%

物價上漲的後遺症

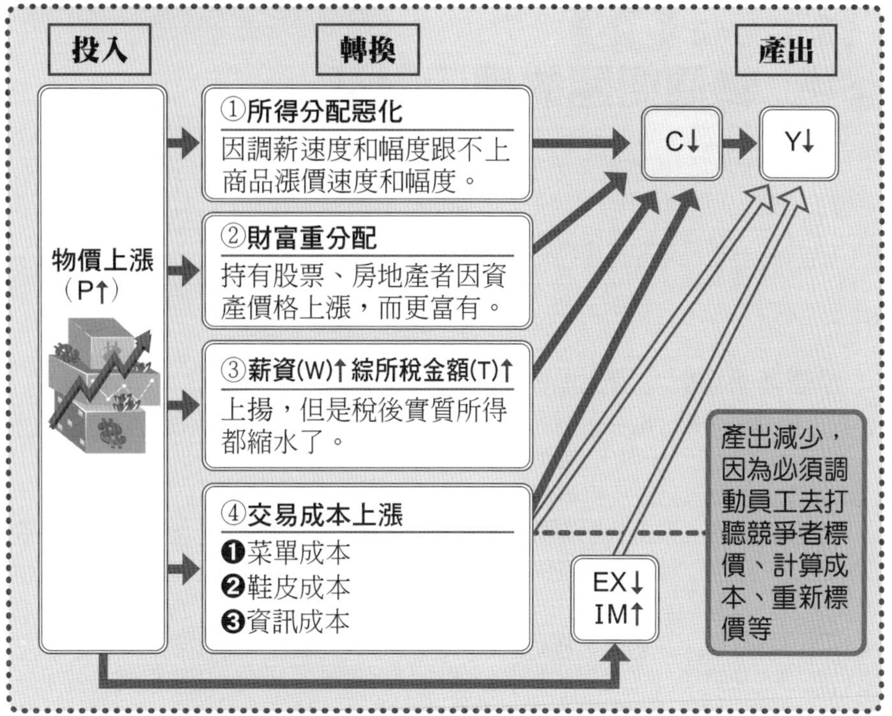

知識補充站

企業的交易成本

左文提到物價上漲會提高企業的交易成本，到底有哪些交易成本會受到影響呢？分述如下。

1.菜單成本：為了商品交易的便利性，商店會標示商品的定價。在物價上漲的環境下，此定價標籤必須時常更動；為此，量販店等商店需更換商品的價格標籤、餐廳需重新印製菜單，這些為了改變商品定價所需花費的時間、勞力和金錢，通稱為菜單成本（menu cost）。當物價溫和上漲時，更改商品定價的次數有限，菜單成本也有限。但是當物價上漲的現象趨於嚴重時，商品定價必須經常更改，甚至一日數價，菜單或標價成本便不可忽視。

2.鞋皮成本：消費者手中不願意保有現金，而想馬上換為實物；因此，貨幣的流通度加快，而且交易次數增多，使得消費者花在購物的時間和心力更多，鞋子更快磨損，這些額外成本通稱為鞋皮成本（shoeleather cost）。2010年以來，上網比價，上網成本提高了。

3.資訊成本：買賣雙方在物價上漲期間，為了搜尋商品價格等方面的相關資訊，壓馬路、上網也將付出相當的資訊成本（information cost）。因此，將誘使整個經濟各成員投注比較多的生產資源在預測物價上漲率的工作上，因而減少了實際用於生產活動的資產，降低了整體福利水準。

Unit 6-8
物價問題的經濟對策

有關物價問題的經濟對策，可以從兩個階段來討論，即當物價穩定時，如何避免物價上漲的出現，背後的想法是「及時的一針勝過事後九針」；當已出現物價上漲時，問題的重點在於如何降低物價上漲率和恢復物價穩定。

不同的經濟學派對物價上漲的對策皆不相同，分別就凱恩斯學派、貨幣學派與供給面經濟學三個角度來說明。

一、凱恩斯學派對物價上漲的對策

凱恩斯學派（Keynesian school）的經濟學者認為物價微微上揚的溫和型物價上漲是經濟成長的原動力，有助於經濟成長；至於情形比較嚴重的物價上漲（例如：惡性物價上漲）應從下列兩個方向處理。

(一)需求管理：政府採用緊縮性財政或貨幣政策，使總需求減少，在總供給不變的情況下，總需求減少會使物價水準下跌，即需求管理（demand management）政策。

(二)所得政策：一國發生需求牽引型物價上漲，通常有下列幾種解決對策，即藉重內在穩定、發揮庇古效果、採取緊縮性財政政策，以及發揮國際貿易效果等四種所得政策（income policy），因篇幅有限，分述如右。

二、貨幣學派對物價上漲的對策

貨幣學派（Monetarism school）代表人物傅利曼（Milton Friedman,1912~2006）認為貨幣供給量的持續增加，才出現物價上漲現象。因此，為了克制物價上漲，必須控制貨幣供給（主要是指廣義貨幣，M_2）成長率。

如何建構一個真正能獨立執行，並以穩定物價政策為宗旨的中央銀行制度，才是物價上漲對策得以有效推動的前提保證。傅利曼認為根據美國經濟成長率3%所設定的貨幣供給成長率3%，也是很合理的。

三、供給面經濟學派對物價上漲的對策

針對成本推動型物價上漲，政府政策往往是雙管齊下，一方面減少需求（例如：推動緊縮性貨幣政策），一方面是擴大供給，最常見的短期方式是颱風過後，開放臺北農產品運銷公司的冷藏蔬菜。長期方式為鼓勵農民擴大耕種（主要是停止稻田休耕，農業部不再給予休耕補助）。

1974年供給面經濟學派（Supply-side school）南加州大學拉弗爾（A. D. Laffer, 1940~）主張降低稅率，以增加個人工作意願和企業投資意願，進而增加總供給。在總需求不變的情況下，總供給增加會使物價水準降低、所得水準（總產出）增加。

拉弗爾認為累進綜合所得稅會降低人們的工作意願，要抑制物價上漲，就要增加總供給；要增加總供給，就要從提高勞動供給著手；要提高勞動供給，就要從提高人們的工作意願著手。

物價問題的經濟對策

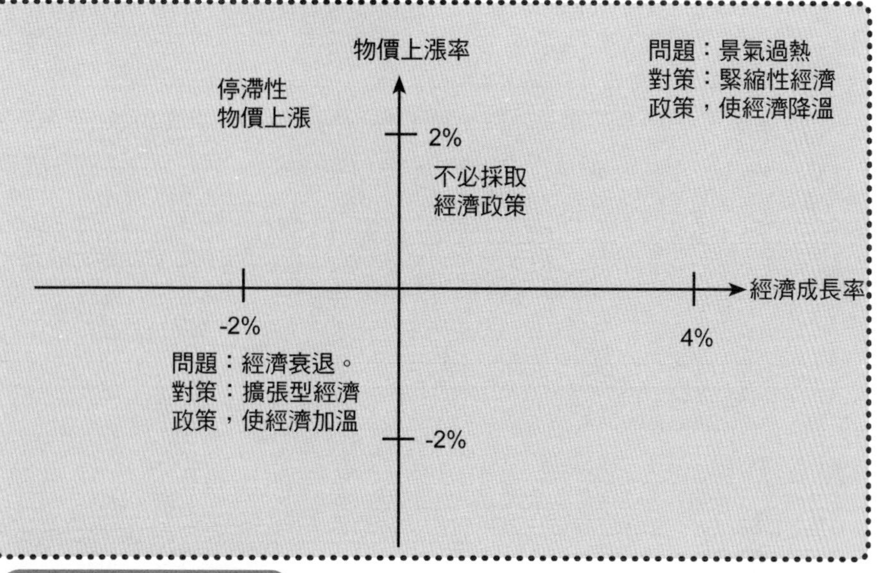

所得政策的效果

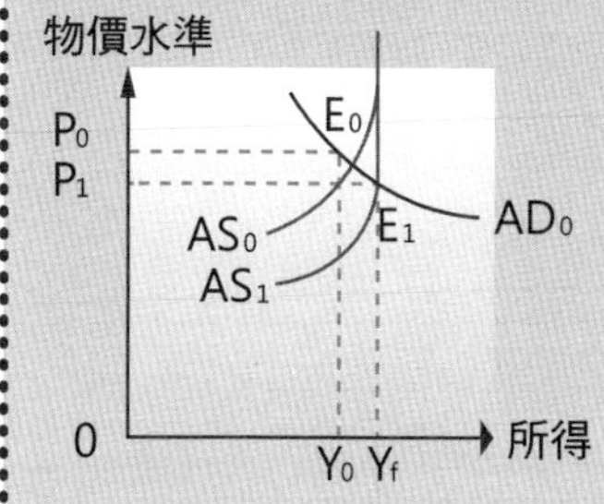

所得政策以處理成本推動型物價上漲

所得政策或標竿政策（benchmarking policy）是指政府用來影響薪資和物價上漲的一些政策、法令或規章、指標，以規定薪資上漲率不得大於邊際產量增加率，並且搭配自動化和創新，使得成本下降。使總供給曲線向下移動，由 AS_0 移至 AS_1，均衡點由 E_0 點移至 E_1 點，均衡物價水準下跌，由 P_0 移至 P_1（$P_0>P_1$），均衡所得增加由 Y_0 移至 Y_f（Y_f）$>Y_0$。

知識補充站

凱恩斯學派下的所得政策

1. **藉重內在穩定（build in stabilizer）的機能：** 當需求牽引型物價上漲時，物價水準上漲，名目所得也隨之提高，稅額也跟著上升。稅額上升，投資會減少，最後總需求會下降，而使得物價進一步下降，有助於把物價穩定下來。
2. **發揮庇古效果（Pigou effect）：** 如果物價水準上漲，則實質貨幣餘額會減少，造成消費減少，總需求也減少，進而使物價水準下跌，而有助於物價穩定下來。
3. **採取緊縮財政政策：** 降低政府支出或提高稅基以增加稅收，使總需求減少，物價水準因而下跌，進而穩定物價。
4. **發揮國際貿易效果（foreign trade effect）**：在國內需求牽引型物價上漲時，物價上漲會導致進口大量增加、出口大幅減少；在貿易順差大幅下降時，總需求下降，有助於把物價穩定下來。

第 7 章

所得分配與財富

章節體系架構

Unit 7-1 所得財富分配不公平的重要性

・時：2020年2月9日

・地：美國加州洛杉磯市好萊塢杜比劇院

・人：奉俊昊，電影導演，兼二位編劇之一

・事：南韓電影〈寄生上流〉獲得92屆奧斯卡金像獎4個獎 — 最佳影片、最佳國際影片、最佳導演和最佳原創劇本獎，是史上英語以外的最佳影片、最佳原創劇本獎得主。劇情主要突顯南韓貧富差距懸殊。

電影是現實生活的真實反映，本單元先說明所得分配不公平（income inequality）、財富分配不公平（wealth inequality）的不利影響，詳見右表。以巴黎經濟學院（Paris School of Economics）世界不平等實驗室（World Inequality Lab）為例。

一、最有名的資料庫和報告

(一)全球資料庫

・時：2011年起

・人：法國經濟學者Thomas Piketty 和Anthony B. Atkinion，70餘國500多人。

・事：推出下列「世界不平等資料庫」（World Inequality Database, WID），之前「世界高所得資料庫」（World Top Income Database, WTID）。

(二) 產出：研究報告和書

・時：2018年開始，每年3月15日

・事：出版〈世界不平等報告〉（World Inequality Report）

二、比較權威的研究

(一) 研究機構，詳見下表：由下表可見，比較權威研究機構有國際貨幣基金組織（IMF）、經濟合作暨發展組織（OECD），另有世界銀行。

(二) 研究結果：詳見右表。

全球各國財富的統計

時：1994年起

地：美國華盛頓特區

人：世界銀行

事：針對全球92國提出國家財富推估，其方法詳見A. Kunte etc.（1998）, Estimating National Wealth: Methodology and Results.，論文引用次數241次。

全球所得分配——重要實證論文摘要

時	2007年6月9日	2014年9月	2015年6月
地	美國	法國巴黎市	美國華盛頓特區
人	Robert Frank (1939~)，主要在康乃爾大學任教	Federice Cingaro, 義大利銀行(註：中央銀行)的經濟和科技部的主要研究員	埃拉・達布拉・諾里斯 (Era Dabla-Norris) 等5人，他是國際貨幣基金組織財政事務部處長
事	在*Falling Behind: How Rising Inequality Harms the Middle Class*書	在*Social, Employment and Migration*的工作論文的163號 " Trend in Income Inequality and Its Impact on Economic Growth"	在*IMF Staff Discussion Note*上的論文 "Causes and Consequences of Income Inequality: A Global Perspective"
頁數	176頁	1~64頁	1~39頁
論文引用	64次	848次	813次

所得、財富分配不均的負面影響

總體環境	影響	研究人士
一、政治／法律 (一) 政治 (二) 法律	造成政局不穩定性，進而有兩大負面 ・實質投資來源：公司怯步 ・金融投資來源：投資人可能怯步，進而惡化為金融危機	時：2011年9月 地：美國華盛頓特區 人：國際貨幣基金組織 事：在《金融與發展》中的文章〈公平與效率〉
二、經濟／人口 (一) 經濟 1.支出面 2.生產因素市場：國民所得的所得面	1.高所得家庭平均消費傾向低（例如：低於50%），花得少，家庭消費總數少，不利經濟成長 2.勞工：貧民少受教育，降低全社會的人力資源素質 3.受僱人員報酬份額降低	時：2012年 地：美國華盛頓特區 人：J. D. Ostry等，國際貨幣基金研究部副主任 事：經濟成長持續更久 在〈*Journal of Development Economics*〉上 "What makes growth sustained?" 研究對象：140國 研究期間：1950~2006年
三、社會／文化 (一) 社會 (二) 健康等	勞工工會（勞工加入工會比率）壯大，採取罷工等方式，爭取勞工權益。 一般認為「貧病交困」，即低、中低所得家庭的人預期壽命較短語。以2016年4月報導來說，美國史丹佛大學教授Raj Chetty等研究。	時：2010年 地：臺灣 人：理查・威爾金森與凱特・皮凱特 事：《收入不平等》一書 1999~2014年，最高所得人預期壽命87.3歲，比最低所得1%人長壽。
四、科技／環境	比較貧窮國家，往往犧牲環境保護（砍伐雨林、使用燃煤發電），這是造成環境浩劫主因之一。	時：2011年10月 地：美國加州 人：李察・威爾金森 (Richard Wilkinson, 1943~)，2008年退休 事：在〈TED〉演講 "How economic inequality harm societies"

Unit 7-2 有關所得、財富分配的諾貝爾經濟學獎得主

對一般人說，諾貝爾經濟學（Nobel Memorial prize in economic sciences）代表瑞典皇家科學院肯定經濟學某個範疇的重要性。1998年起，逐漸由推導數學（例如：1994年的博弈理論）的不食人間煙火形象，轉向發展經濟學的悲天憫人的入世研究。在本章中即針對所得分配、財富分配（wealth distribution）的研究。

一、中國大陸政府帶頭，聯合國跟上

從1945年起，第二次大戰後，隨著美國對外國的經濟援助計畫（最有名的為馬歇爾計畫，The Marshall Plan），許多學者逐漸聚焦在新興國家的經濟發展方式，稱為「發展經濟學」（development economics）。1980年代期研究重點之一，在於解決各國貧窮問題。由右上表可見，在解決貧窮問題，1986年起，中國大陸帶頭，1993年，聯合國跟上。

二、瑞典皇家科學院從善如流

1969年起，諾貝爾獎五個項目，額外增加經濟學獎一項，瑞典皇家科學院由5人評選委員會，發函給數千位大學教授、學會成員、研究機構研究員，請他們提名明年的候選人，第二年9月初選、10月複選。由右下表可見，從1998年起，11年間，瑞典科學院共三次把諾貝爾經濟學獎頒給研究「貧窮」的經濟學者，可見對此主題的重視。

中國大陸與聯合國的消減貧窮政策

時	1986年5月16日	1992年12月22日
地	中國大陸北京市	美國紐約市
人	國務院成立〈國務院扶貧開發領導小組辦公室〉（1993年12月28日用此名），正部級	聯合國會議的決議
事	透過經濟發展方式以讓貧窮民眾「脫離貧窮」	從1993年起，訂定10月17日為「國際消除貧窮日」。
目標	1980年貧窮發生率8.8%，以2015年世界銀行發布數字1981~2013年共1.85億人。2020年目標「全面脫貧」。	目標是2015年「貧民」人數減少一半，2015年9月17日，聯合國發展高峰會，目標在2030年消滅赤貧、扶貧政策。
政策	1986年起，國務院採取大規模「開發式扶貧」。1994年國務院頒布〈八七扶貧攻堅計畫〉，8,000萬位貧民在7年內（至2000年）脫貧。2013年起，採取「精準扶貧」政策，這是國家主席習近平，湖南省西部考察時提出，十三五（2016~2020年）脫貧攻堅計畫。	「扶貧政策」(pro-poor policy)透過： 1.公司投資等，創造就業機會，降低失業率。 2.生產因素市場：針對勞工普及基礎教育、對抗疾病、促進兩性平等。

諾貝爾經濟學獎三次頒給以貧窮為主題的學者

時	1998年	2015年	2019年
地	英國劍橋郡	英國蘇格蘭愛丁堡人	美國
人	沈恩（Amartaya Sen, 1933~）英國劍橋大學教授，他是第一位獲得此獎的印度人	安格斯．迪頓（Angus Deaton, 1945~），美國普林斯頓大學教授	1.麻州理工大學印度裔巴納吉（Abhigt Banerjee, 1961~）、法國籍杜芙若（Ester Duflo, 1972~） 2.哈佛大學克蕾默（Michael Kremmer, 1964~）
事	提出貧窮指數	得獎原因：對消費、貧困和福利的分析，主要以印度為對象。	對抗全球貧窮問題的最佳方式（實驗性作法）
原因	以印度、孟加拉、非洲的饑荒為例，當發生天災（旱災、水災），糧食生產未大量減少，是有人囤積居奇，才造成人民搶購，以致窮人買不起	1.全球化帶來全球各國所得分配不均 (1)但所得分配不平均不會危害人們的健康	(1)兒童的打蛔蟲藥，有助學童健康，但許多父母不捨得花小錢，世界衛生組織努力籌錢，免費發放 (2)小額信貸給貧民，有助於其創業脫貧
解決之道	政府應干預市場，釋出存量，以打擊預期心理	2. 經濟政策 (1)社會安全制度 (2)人們的生活滿意程度跟人均總產值正相關	麻州理工大學福特基金會，2003年6月設立賈米爾貧窮行動研究室（Abdul Latif Jameel Poverty Action Lab, J-PAL）
書	《貧窮和飢餓：論權力和剝奪》(1981年)	1.經濟學與消費者行為 2.理解消費（1992年） 3.財富大逃亡 4.印度貧困大辯論（2005年）	巴納吉、杜芙若《窮人的經濟學》

資料來源：部分摘自中國大陸鏈聞「歷屆諾貝爾經濟學獎思想全景」（上）（下），2019年7月。

List of Countries by Total Wealth

時：每年10月、22日

地：全球

人：瑞士信貸（Credit Suisse）

事：公布全球財富報告，2018年開始。

2019年全球360.6兆美元，結構如下：

單位：%

區域	國家
北美31.78 亞太39.2 歐洲25.17	美29.4 中17.7 日 6.9

Unit 7-3 全景：所得的種類與美中臺資料來源

在討論所得分配（income distribution）時，主要有三個階段、兩種切入角度。

一、三階段的所得與美中臺資料來源

由右上表可見，三階段所得與其資料來源。

(一)生產因素所有人的初次所得（primary income）：這是國內生產毛額所得面，即生產因素擁有者的原始所得，這包括民間、商業組織與政府。

(二)家庭二次所得（secondary income）：這是在家庭初次所得上，再加上兩個移轉所得，「移轉」是指「白白取得」。

・政府對家庭的移轉支出。

・國外移轉收入（international transfers of income）淨額：主要是外國政府的經濟援助，一般很小（占總產值0.53%），而且是負的。

(三)家庭可支配所得（household disposable income）：初次所得加上二次所得，稱為家庭可支配所得。

二、英文與中文用詞

(一) 英文名詞

・年：2009年

・人：國際貨幣基金組織

・事：國際收支統計手冊第六版

(二)中文名詞：中文意思來自臺灣的中央銀行經濟研究處，該單位負責國際收支帳（balance of payment, BOP）編製，包括國民所得會計中的生產因素海外所得、海外移轉支出與所得。

三、2021年預估金額

由右下表可見，初次、家庭可支配所得數字。

(一)初次所得：國內生產毛額所得面20.42兆元。

(二)家庭可支配所得：所得按來源別，12.295兆元，占總產值60.6%。這跟一般公司損益表較接近，有「營業外收入」二項。

美中臺一次、二次至家庭可支配所得資料來源

國	(1)生產因素市場初次所得 (primary income)	(2)家庭對政府移轉支出 ・直接稅 ・規費	(3)二次所得 (secondary income)	(4)=(1)–(2)+(3) 家庭可支配所得 (disposable income)
一、美國				
(一)國民所得會計	商務部經濟分析局	--		
(二)家庭收支調查	--		--	商務部普查局「美國社區調查」
(三) 財政部	--	財政部稅務局 (IRS)	--	國家稅務局的「所得統計」(statistics of income)
二、中國大陸				
(一)國民所得會計國家統計局	國民經濟綜合統計司			
(二)家庭收支調查	--	--	--	人口和就業統計司
(三) 租稅	--	國務院直屬機構稅務總局所得稅局	--	同左
三、臺灣				
(一)國民所得會計	主計總處（第三處）綜合統計處國民所得科	--	同左，社會統計科	
(二)家庭收支調查	--	--	--	地方統計推展中心家庭收支科
(三)財政部	--	財政部國稅局		財政部財政資訊中心

2021年預估臺灣國內生產毛額所得分配比與家庭所得結構

公司損益表科目	國內生產毛額的所得面*	金額(兆元)	%	家庭所得按來源別**	金額(兆元)	%
原料 直接人工 製造費用	生產因素與所得 勞工：受僱人員報酬	9.542	46.03	受僱人員報酬	6.77	54.24
・折舊費用	資本：固定資本消耗	3.34	16.12	--		
營業外收入 ・投資利得	--			財產所得 (poverty income)	1.8136	14.53
・其他				移轉收入 (transfer income)	2.4289	19.46
營業外支出	--			--		
稅費	政府間接稅淨額	1.078	5.52	產業主所得 (enterprene urinal income)	1.469	11.77
淨利	資本與企業家精神：營業盈餘 (operating surplus)	6.909	33.33			
小計		20.73	100		12.4816	100

＊資料來源：主計總處，國民所得統計摘要，7-1，表中結構2019年。
＊＊資料來源：主計總處，家庭收支調查，2020年8月14日，第2表，表中結構2019年。

Unit 7-4 近景：初次所得與其分配

西元前300年希臘俗諺說：「好的開始，是成功的一半。」（Well begun is half done.）同樣的，初次所得分配（primary income distribution）是家庭所得分配的起頭，1980年代起，工業新興國家的初次所得分配中受僱人員報酬比率逐漸下滑，從0.56至0.44，勞工逐漸對經濟成長的果實「無感」（unfelt），本單元說明。

一、金額：國內生產毛額的所得面、成本面

國內生產毛額四大項：受僱人員報酬、固定資本消耗、營業盈餘、間接稅淨額中，分別由勞工、機器、企業家三種和政府享有。其中受僱人員報酬兩個英文、中文名詞交互著用。

・受僱人員報酬（compensation of employee）

・受僱員工薪資（employee earning）

二、各類所得所占比重：生產因素的所得分配——又稱「功能性所得分配」（functional distribution of income）

由於受僱人員薪酬是家庭可支配所得54%（詳見unit 7-3）主要來源，因此，受僱人員報酬占總產值比率稱為勞動所得份額（labor income share或wage share）。由右上表可見，在計算勞動所得份額（或勞動分配率）時，分母有2個數字。

・正確處理方式：以總產值為分母。如此可以了解四種生產因素的貢獻所占比重，大部分國家都是「固定資本消耗」比率上漲，這部分可說沒有「人」享受到。

・不宜只以生產因素成本面（受僱人員報酬加營業盈餘）當分母。

三、1980年起，勞動分配率走下坡

(一) 全球現象：國際勞工組織（ILO）的研究

每年6月，國際勞工組織發表「全球薪資報告」，公布2年前的133國勞動分配率，全球從1995年的0.55下滑到2015年0.52。

(二) 美日臺比較：由於缺乏中國大陸的初次所得分配資料，右下表比較美日臺，一般起始點挑1994年（或1995年），主因在於關貿總協的巴拉圭回合實施，工業國家需在五年內大幅降低進口關稅稅率；1995年，世界貿易組織（繼承關貿總協）成立。

小博士解說　臺灣的國家財富報告

時	每年4月28日
地	臺灣
人	行政院主計總處
事	發布（2年前）國家財富毛額統計，國富淨額210兆元（年增率3.3%）。家庭（873萬戶）占6成，公司占1成，政府及非營利團體占3成。

國內生產毛額所得面的受僱人員報酬份額計算

受僱人員報酬份額公式	2021年預估臺灣情況（兆元）
(1) 國內生產毛額	20.73
(2a)受僱人員總報酬(total compensation)	9.542
＝受僱人員報酬（占86.8%）	=8.282
＋薪資以外報酬（占13.2%）	+1.26
(2b) 受僱人員報酬 (wages & salaries)	
(3a) $=\frac{\text{受僱人員總報酬}}{\text{國內生產毛額}}$	$=\frac{9.542}{20.73}=46.03\%$
$=\frac{(2a)}{1}$	$=\frac{1.26}{20.73}=6.078\%$
(3b) $=\frac{\text{受僱人員報酬}}{\text{國內生產毛額}}$	$=\frac{8.282}{20.73}=39.95\%$
$=\frac{(2b)}{1}$	

資料來源：主計總處，受僱人員報酬，以2019年比率計算而得。

美日臺國內生產毛額所得面結構

單位：%

年	1994年			2021年		
國家	美	日	臺	美	日	臺
一、勞動：受僱人員報酬	56	52.1	50.3	53.2	50.2	46.03
二、資本：固定資本消耗	14.7	—	10.3	15.5	22.4	16.12
三、企業家精神：營業盈餘	21.8	—	29.8	24.7	19.6	32.23
四、政府間接稅	7.1	—	9.6	6.5	7.8	5.32

資料來源：主計總處，受僱人員報酬，以2019年比率計算而得。

臺灣薪資、營業盈餘份額

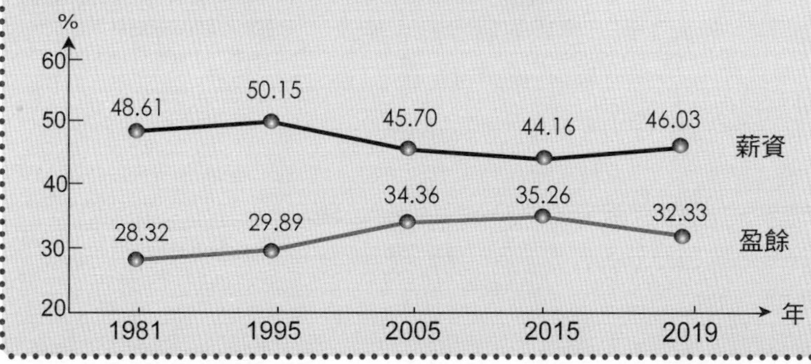

Unit 7-5 近景：影響初次所得分配的因素

一、資本與技術占勞工失業、低薪原因80%

・時：2012年2月24日
・地：法國巴黎市
・人：經濟合作暨發展組織（OECD）
・事：在〈經濟政策改革〉（Economic Policy Reform: Going for Growth）年報中

研究對象：36個工業國
研究期間：1990~2007年
研究結論：資本累積、技術進步占國內生產毛額中勞動分配率下滑八成。

二、全球化占勞工失業、低薪原因二成

1997年4月，女歌手辛曉琪CD第一主打歌「女人何苦為難女人」，這首歌貼切形容國外低價製造業勞工取代本國勞工工作，占造成本國勞工失業、低薪原因20%。簡單地說，這包括兩種全球化（globalization）：

(一) 生產全球化（production globalization）：最簡單的說，2001年12月起，中國大陸加入世貿組織，成為世界工廠（world factory），取代美國、日本，中國製產品（Made in China）以低價橫掃全球。

(二) 市場全球化 (market globalization)：美中日德四大國的汽車、3C產品、藥品橫掃全球，各國國產品節節敗退，本國公司關廠或提高自動化、員工薪資停滯，以降低成本，跟進口品抗衡。

三、近景：自動化技術與資本

(一) 技術：自動化技術為例。自動化技術取代了勞工，其中以資訊通訊技術（information and communication technology, ICT，不宜簡稱為資通訊技術）為主幹，詳見右上表。

(二) 資本：以自動化為例。經濟學中的「資本」（capital）主要是指「生產產品或服務的耐久品」，即資本品（capital products)，由右下表可見，三級產業1980年以來自動化進程，無人工廠、無人商店等的「無人」，讓「英雄無用武之地」，詳見右下表。

資訊通訊技術的進程

	1980年代	1990年代	2001~2010年	2011~2020年
一、資訊 (一) 高速運算 (二) 網際網路：以全球資訊網（www）為例 (三) 人工智慧	 — 大學研究機構使用 —	 — 1993~2003年 Web 1.0 單向 電子郵件 —	 — 2004~2015年 Web 2.0 谷歌、部落格 手機上網 —	 雲端運算 2016年起 Web 3.0 App 萬物上網 在醫療上運用 自動駕駛汽車
二、通訊 手機通訊 第幾代 功能	1973.10~1992年 1G 通訊	1993~2002年 2G 簡訊、電子郵件	2003~2011年 3G 音樂	2012~2018年 4G 影片 2019年起 5G 自動駕駛

農工服務業自動化進程

產／行業	1980年代	1990年代	2001~2010年	2011~2020年
一、農業 以種稻為例	自動化育苗	秧苗自動疊棧機，即「自動插秧苗機」	自動收割機 先進駕駛系統	自動稻穀烘乾機
二、工業 製造業	自動化倉儲系統	數值控制系統 (computer numerical control)	無人駕駛搬運車 (automatic guided vehicle, AGV)	2013年起，工業4.0工業機器人無人工廠 (unmanned factory)
三、服務業 (一)批發零售業：零售科技	1975年零售2.0銷售時點資訊系統	自動化物流中心 (automatic logistics center)	2008年10月手機支付 (mobile payment) 支付寶	2017年起，零售4.0，無人商店 (cashierless store)
(二)金融業、金融科技 (financial technology 以銀行為例)	1965年自動櫃員機ATM	1992年起，Bank 2.0銀行開辦網路銀行業務 (internet banking)	2010年起，Bank 3.0，手機上辦理銀行業務	1999年起，純網路銀行 (internet-only bank)

Unit 7-6 全景：搶救勞工薪資大作戰
——發展經濟學的運用

針對如何保障勞工薪資，一般皆套用在新興國家經濟成長的研究，即（經濟）發展經濟學（development economics）。本書先舉綱目，《圖解總體經濟學》第四章再詳細說明。

一、保障勞工薪資的兩個標準

有關保障勞工薪資有兩個標準：

（一）絕對標準：勞工的實質薪資要能「過生活」，這包括「食衣住行育樂」，不能發生「什麼都在漲，只有薪水沒漲」的情況。

（二）相對標準：這是跟別人比，以生產因素相比，主要是跟營業盈餘（比較偏資方、用錢賺錢）的人士比，這反應在家庭所得分配上。

二、全景一：經濟轉換面的產業結構

（一）均衡（balanced）的定義：套用均衡飲食（balanced diet）中的均衡用詞，用於經濟中產業結構的農工服務業。

（二）1943年，均衡成長理論（balanced growth model）：由右表第三欄可見，奧地利的羅森斯坦·羅丹（P. N. Rosenstein-Rodan）認為新興國家有如落在流沙中的人（稱為貧窮陷阱，poverty trap），需要有外力（例如：外資或政府）「大力一推」（big push）才能脫離陷阱。另外，他強調政府提供「一般性社會資本」（social overhead capital），詳見右下表。（另詳見維基百科「Big Push Model」）。

（三）1958年，不均衡經濟成長理論（unbalanced growth treory）：由表第三欄可見，赫希曼看到許多新興國家因為生產因素有限（主要是缺資本），只能在少數行業中擇要發展，如此才有足夠的推力。

三、全景二：經濟投入面生產因素市場的包容式經濟成長

（一）包容性（inclusive）的定義：這個字又譯為普遍受惠（簡稱普惠），至於英文字普遍使用於各領域，例如：「包容性設計」（inclusive design）。

（二）2005年以前，排除經濟成長（exclusive growth）：企業家能集資，買機器、僱用勞工，因此大部分國家在到達經濟成長的「大量消費階段以前」，都獨厚資方。

（三）2006年起，包容式經濟成長（inclusive growth）：2006年起，世界銀行主張兼容並蓄的包容生產因素市場中勞方、資方的利益，才能讓所得分配比較平均些，經濟成長走得長。至於兼顧經濟成長和環境的，稱為永續發展（sustainable development）。

發展經濟政策的2種切入點

項目	投入：生產因素市場	轉換：產業結構
一、正方	包容性經濟成長 (inclusive growth)	均衡成長理論 (balanced growth model)
時	2006年	1943年
地	美國華盛頓特區	英國倫敦市
人	例如：世界銀行、亞洲開發銀行	保羅・羅森斯坦・羅丹 (P. N. Rosenstein-Rodan, 1902~1995)
事	在*World Bank Annual Report*，其特色之一在幫助窮人 (pro-poor growth)	在〈東歐和東南歐國家工業化的一些問題〉文中提出「大推動理論」(big-push theory)、一般性社會資本
二、反方	排除性經濟成長 (exclusive growth)	不均平衡成長理論 (unbalanced growth model)
時	2008年10月25日	1958年
地	印度孟買市	美國康州紐哈芬市耶魯大學
人	M. H. Suryanarayana，印度甘地發展研究所	赫希曼 (Albert O. Hirchmiv, 1915~2012)
事	在《經濟與政治》週刊，” What is Exclusive about 'Inclusive Growth'？”	在《經濟發展策略》書中，新興國家宜選擇在此行業發展，以產業關聯去帶動

資料來源：徐如賓「包容性成長的意義和政策啓示」，行政院國發會，綜合規劃處。
少部分來自Balanced vs. unbalanced growth for economic growth, economics. discussion.net

一般性社會資本 (Social Overhead Capital, SOC)

生產因素市場	中分類（*：狹義）
一、自然資源	*主要稱基礎設施 (infrastructure)
土地	
能源	*水、電
空氣	
其他	*交通設施（路海空、電信）
二、勞工	教育、醫療
三、資本	—
四、技術	—
五、企業家精神	
六、政府	1. 公共服務：法律、秩序 2. 交通

Unit 7-7 近景：家庭二次所得的所得分配
——經濟學與統計學的連結

家庭所得分配一向是電視臺等媒體喜歡探討的主題，這是一個有人類以來的老題目，甚至許多兒童上幼兒園時已體會到父母的所得的高低，因為有比較，包括父母接送區的父母開的汽車、兒童穿的衣服等。本單元說明家庭二次所得分配的兩種資料來源，與分析抽樣誤差。

一、資料來源：母體與樣本

由右上表可見，家庭所得分配至少有二種資料來源。

(一)事實（母體）：財政部財政資訊中心。每年5月，各家庭申報「個人綜合所得稅」（personal comprehensive income tax），2010年起財政部國稅局（美國稱國家稅務局IRS）已採電腦計算，820萬（實際戶數）中有622萬戶申報，可掌握75%以上家庭部分所得的狀況。

(二)抽樣調查（樣本）：主計總處家庭收支調查。主計總處的家庭收支調查（survey of household income & expenditure）的一小部分結果是家庭所得的分配。

二、結果

有右下表可見，主計總處的抽樣調查的抽樣誤差（sampling error），先看結果再分析原因。

(一)所得面抽樣誤差約低估50%：事實上大島指數12倍，家庭收支調查大島指數6倍。

(二)原因：主計總處隱惡揚善。由右下表第六欄可見，家庭收支調查「低」估高所得家庭收入、「高」估低所得家庭收入，所以大島指數才只有6.1倍，這從2003年起，便原地踏步，即指標鈍化（index passivation），以體重計來說，你體重14年來都在61公斤。只要14天都這個數字，你會懷疑體重計壞了。

美國專門研究政府預算的智庫

時：2013年12月5日

地：美國華盛頓特區

人：Chad Stone等四人，是美國智庫之一預算與政策優先中心（Center on Budget and Policy Prioricities），1981年成立。

事：在〈*Policy Futures*〉上的一篇文章“A Guide to Statistics on Historical Trends in Income Inequality”，論文被引用次數177次。

臺灣家庭收入分配的兩個資料來源

部會	統計性質	事
財政部	母體 630萬戶，其中51.2%未達繳稅水準	每年6月26日公布2年前的個人綜合所得稅申報核定統計專冊，1971年起
主計總處	隨機抽樣，從873.46萬戶中抽0.2%，約1.6528萬戶	每年10月公布1年前的家庭收支調查，1964年起

資料來源：整理自財政部資訊中心網站。
行政院主計總處家庭收支調查「前言」。

家庭所得分配大島指數的事實與抽樣比較

	2011年		2019年		
政府移轉	(1) 前	(2) 後	(1) 前	(2) 後	誤差
一、事實 財政部 財稅中心	10.4倍	9.5倍	13.56倍	12.07倍 $= \frac{238.7萬元}{19.774萬元}$	一、大島指數 $= \frac{6.07-12.09}{12.07}$ = -0.497 二、高所得 $= \frac{205.285-238.7}{238.7}$ = -0.14
二、抽樣調查 行政院主計總處「家庭收支調查」	7.73倍	6.17倍	7.26倍	6.1倍 $= \frac{213.79萬元}{35.02萬元}$	三、低所得 $= \frac{33.83-19.774}{19.774}$ = 0.73

資料來源：整理自財政部資訊中心網站。

Unit 7-8 所得分配平均程度的衡量

「所得分配是否平均」這個問題，涉及由大到小四個層級問題，但由於篇幅有限，特分兩單元依序說明之。

一、大分類：貧富的來源——財富vs.所得

分配正義指的是兩種分配，分述如下：

(一) 貧富懸殊：貧富懸殊有24%原因是先天的，即含著金湯匙出生的，生下就有錢，主因是有個富爸爸。

(二) 所得申配不均：所得是流量觀念，是指每年的收入，四成受先天影響（例如：田僑仔的財產交易所得、房租收入或股利收入），六成靠後天的努力。

二、中分類：所得分配衡量對象——個人vs.家庭

在第一章所介紹的人均國民生產毛額，是以每人為衡量對象，但是在衡量所得分配時，則是以家庭、個人為對象，常見的是以家庭為對象。

三、小分類：所得分配衡量方式——基尼係數vs.所得差距倍數

所得分配是否平均，有兩種衡量方式，分述如下：

(一) 基尼係數（Gini coefficient 或 Gini's concentration coefficient 或 Gini index）：基尼係數是由羅倫斯曲線（Lorenz curve）計算而來，圖OBC的半月形面積除以直角三角形ODC的面積，如果此一比率越接近1時，則表示所得分配越不平均，要是越接近於零，則表示所得分配越平均。

0（所得平均）<G（基尼係數）<1（富者全拿，貧者無立錐之地）

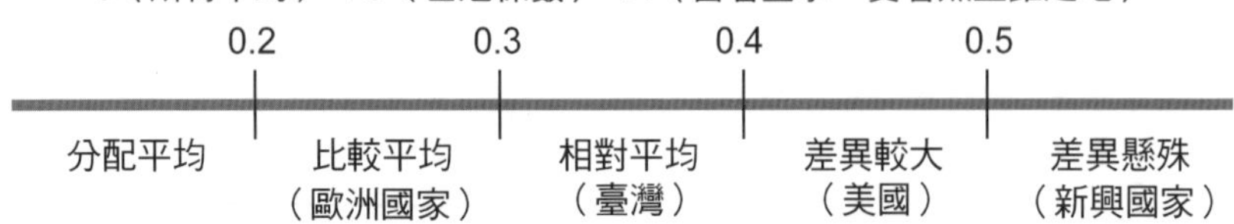

(二) 所得差距倍數：單看最高所得組的所得是最低所得組所得的幾倍，稱為所得倍數。所得分組的方式是把家庭所得由高到低排列，分組方式有五等分（five equal divisions）和十等分兩種。

時	國／地	大島指數	吉尼係數	貧民比率
2019年	美	16.98	0.48	11.8%
2019年	中	10.2	0.465	1.7%
2018年	日	6.42	0.299	15.6%
2019年	臺	6.1	0.339	3%

所得／財富分配衡量方式

層次＼情形	第一層（大分類）	第二層（中分類）	第三層（小分類）	第四層（細分類）
	所得vs.財富	家庭vs.個人	大島指數vs.基尼	政府移轉收支前vs.後
常見	(1) 所得分配 →「所得」反映家庭當年的流量	(1) 家庭	(1) 大島指數 →所得差距倍數。 ①五等分 →五等分所得差距倍數。	(1)政府移轉支出後 →即政府對家庭移轉收支「後」所得差距倍數。
不常見	(2) 財富分配 「財富」反映家庭財富的存量。一般十年才進行「國家財富調查」。大部分國家皆未進行，不易進行跨國比較。	(2) 平均每人 →「平均每人所得差距倍數」衡量方式較精準，可排除富人家庭、貧窮家庭戶內人數不一的影響。	②十等分 →十等分所得差距倍數。 (2) 基尼係數 缺點→對很多人來說，羅倫茲曲線、羅賓漢係數並不容易懂	(2)政府移轉支出前 →原始數字。

有關家庭與個人所得分配公平的衡量

時	1905年	1922年	1959年
地	美國威斯康辛州	義大利巴都亞 (Paodua) 大學	美國夏威夷州
人	羅倫茲 (Max O. Lorenz, 1876~1959)	科拉多・基尼 (Corrado Gini, 1884~1965)，義大利的統計學教授	亨利・大島 (Harry Oshima, 1918~1998)
事	提出羅倫茲曲線 (Lorenz curve)，主要是他的博士論文	提出基尼係數 (Gini coefficient)，這是以羅倫茲曲線進一步計算	提出大島指數 (Oshima Index)

基尼係數和羅賓漢係數

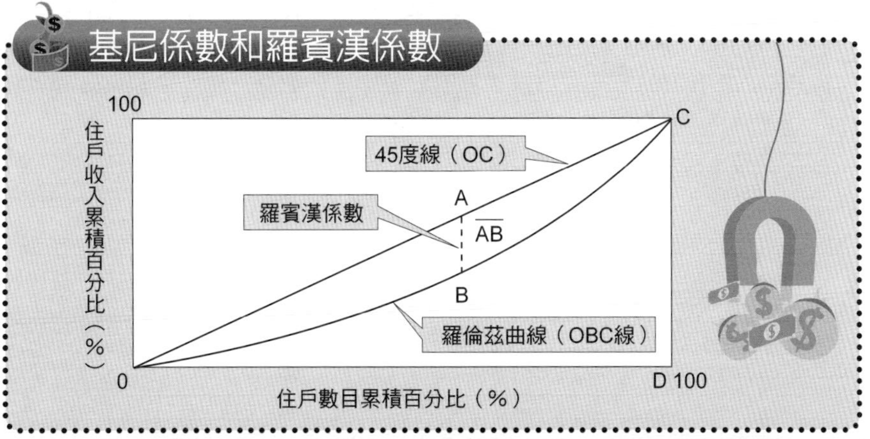

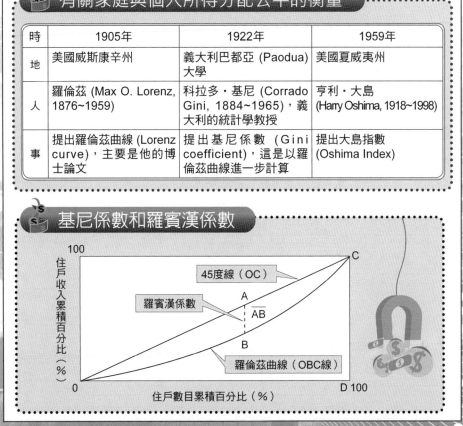

Unit 7-9 特寫：家庭可支配所得與所得分配

── 經濟學與財務管理中的個人理財連結

家庭的可支配所得（disposable income），最簡單的說法是一年（或一個月）實際拿到的（net pay），以一位上班族來說，即每月公司薪資轉帳入到你銀行帳戶的，公司已替財政部國稅代扣薪資綜合所得稅、勞動部的勞工保險局勞工保險費和衛生福利部的全民健康保險費。這是最單純情況，實際來說，每個家庭有多種收入來源，本單元說明，並以2018年財政部的個人綜合所得稅繳稅資料，說明高所得、中所得家庭差異原因，在於前者「營業外收入」（財產交易所得）較多。

一、母體資料的國民所得會計的家庭可支配所得：右下表中第二欄

由右下表第二欄可見，家庭可支配所得包括兩項，約11,508兆元除以864萬戶家庭來說，平均每戶133萬元。

・一次所得：包括兩項。

・二次所得：包括兩項，「來自國外移轉收入淨額」及「來自政府移轉支出淨額」。

二、抽樣調查的家庭可支配所得：右下表第四欄

由家庭收支調查得到的家庭可支配所得131.04萬元，這包括兩次所得。

・一次所得：包括三項70.7、15.89、19.25萬元，合計105.84萬元。

・二次所得淨額：包括來自政府移轉淨收入25.2萬元。

三、所得高與中的差別：高所得的人用錢賺錢，中所得的人勞力賺錢

對99.99%的人來說，了解家庭所得分配的動機，在於知道如何避免陷入「輸者圈」（loser circles）進軍「贏者圈」（winner's circle，人生勝利組，the whole package）。由章末附錄右下表可見，高所得家庭43.93%收入來自企業家精神，即買股票（含股票型基金）的權力，甚至超過薪資所得（55%）。「低」、「中低」收入家庭204.7萬戶（占總申報630萬戶35%）。中低所得家庭適用所得稅率5%，每戶平均繳稅1.03萬元。這群人理財敗筆在於把閒錢存銀行，利息收入占收入5.87%，這部分錢直接全部轉入股票。

政府移轉收支對家庭所得分配的大島指數

(1)政府移轉收支前	(2)對政府移轉支出	(3)政府對家庭移轉支出	政府移轉收入後(4) = (1) – (2) – (3)
一、2000年 6.57倍	-0.14 2.13	-0.88 13.39	5.55倍 84.47
二、2010年 7.72倍 結構100	 -0.11 -1.42	 -1.42 18.39	 0.19倍 80
三、2018年 7.25倍 結構100	 -0.14 2	 -1.02 14	 6.09倍 84

資料來源：主計總處，家庭收支調查報告，表3（第9頁），每年10月。

2019年國民所得統計與家庭收支調查

公司損益表	國民所得會計* 總額（兆元）	每戶所得 每戶（萬元）	家庭收支調查** 每戶（萬元）
營收	受僱人員報酬 8.706 營業盈餘與財產所得 3.672	同左 100.76 42.5	同左 70.7 產業主所得 15.89
營業外收入	政府移轉收入 2.021	 23.4	財產所得*** 19.25
營業外支出	 0.603	 26.48	政府移轉淨額 25.2
所得稅費用		7	—
家庭可支配所得	11.508	133.19	131.04

*資料來源：國民所得統計年報第84頁。
**資料來源：家庭收支調查第7頁，2019年863萬戶。
***資料來源：財產所得包括自有房產設算房租（未扣除折舊）。

附錄：2018年臺灣的個人綜合所得稅情況

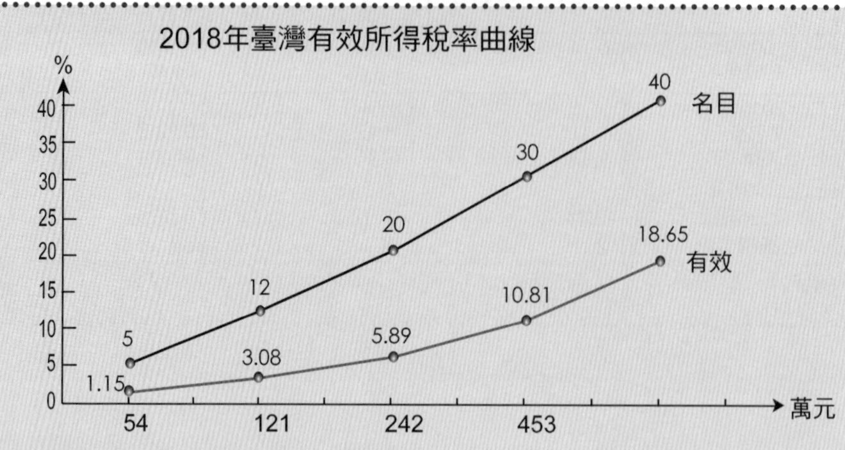

戶數(萬)	332.7	204.7	60.76	27.82	10.02	4.15
%	51.2	32.5	9.64	4.41	1.6	0.66

資料來源：財政部2018年綜合所得稅申報初步核定統計專刊，2020年7月1日。

2018年臺灣個人綜合所得稅申報

適用稅率	5%	40%
一、戶數結構 (一) 小計 1. 所得總額59,400億元 2. 總戶數630萬戶 (二) 頁2 1. 所得淨額 2. 戶數 3. 占總戶數比率(%)	 0~54萬元 204.7萬戶 32.5	 453萬元以上* 4.15萬戶 0.66
二、所得來源結構(%) (一) 薪資：勞工 (二) 執行業務所得 (三) 營業外收入 ・利息：資本 ・其他 (四) 淨利： 企業家精神（股利）	 70 1.5 5.83 22.67	 55 1.74 8.98 34.28

資料來源：整理自財政部財稅資料中心，綜合所得稅申報核定初步統計專冊，表1.2，2020年6月29日。
* 453萬以上，分3個所得級距，本處以453~500萬元為例。

第 8 章

家庭消費與儲蓄

章節體系架構 ▼

Unit 8-1　家庭消費對經濟成長的影響

Unit 8-2　影響家庭消費與儲蓄傾向的因素

Unit 8-3　消費與儲蓄的關係

Unit 8-4　影響消費的人口因素

Unit 8-5　近景：各經濟成長階段的家庭消費率、成長率

Unit 8-6　影響家庭消費傾向的社會福利因素

Unit 8-7　影響消費、儲蓄的所得面因素：退休金

Unit 8-8　影響儲蓄傾向因素的成本面：買屋

Unit 8-9　特寫：住宅服務對總產值的貢獻

Unit 8-10　家庭消費的形態Ⅰ：以消費目的、產品形態區分

Unit 8-11　家庭消費的形態Ⅱ：國民所得會計角度

Unit 8-12　近景：家庭消費中的食物支出比重：恩格爾係數

Unit 8-1 家庭消費對經濟成長的影響

有了前述的基本認知後，接著我們來看兩個相仿但不同的名詞——乘數效果與加速效果。這兩個名詞不但是學校大小考常考的試題，而且常在報章雜誌上出現，為了易懂易記起見，我們不舉例邊際增量表，及簡單凱恩斯模型下的總支出線的移動，僅求簡化的整理如右圖並說明如下，方便讀者參考了解。

一、乘數效果（multiplier effect）

經濟學中乘數效果觀念演進：1858年法國重農學派魁內（Francois Quesney, 1694~1774）在《經濟表》書中提出觀念，1890年代奧地利、丹麥、德國學者接力發展，1933年英國劍橋大學Richard Kahn（凱恩斯學生集大成）。

如右圖可見，這是消費水準（自發性消費，a）、消費偏好（即邊際消費水準，b）或企業投資增加所造成的循環後結果，稱為「乘數效果」（multiplier effect）。下表中以2020年7月～2020年12月政府發放三倍券為例，政府補助每人3,000元，全國約500億元，當乘數效果2倍，共可增加總產值0.1兆元，占2019年總產值0.52%。乘數效果中的「乘數」（multiplier）很生活化，即「加減乘除」中的「乘」，所以又可譯為「倍數」。

二、加速效果

加速效果（acceleration effect）有點錦上添花的味道，當家庭所得增加，多增加消費（例如：100億元）；在企業產能滿載下，企業買機器擴廠（例如：500億元），詳見右圖數字例子。

2020年7～12月 臺灣三倍券的貢獻

項　目	2019年	2020年
(1)總產值（兆元）	19.1946	19.7671
(2)經濟成長率(%)	2.96	2.98
(3)三倍券政府補助（兆元）		0.05
(4)當加速效果2倍		0.1 = 0.05*2
(5)家庭消費成長率(%)	2.26	-2.36
(6)=(4)/(1)		0.52%

乘數效果與加速效果比較

時	1923年	1936年
地	美國科羅拉多州	凱恩斯暨凱恩斯學派
人	小克拉克 (John M. Clark, 1884～1963)	薩繆爾遜（Paul Samuelson）
事	加速效果 (Acceleration Effect) 在《*Studies in Economics of Overhead Costs*》書中，整理加速原則。 1.前提：當公司產能充分運用下 2.已知：誘發性消費（△Cy）z 3. 結果：△C→△I 此 △I 稱為誘發性投資 (Induced Investment) 加速效果加上乘數效果，其結果稱為「加速係數」(Acceleration Coefficient)。 數字例子詳見下表	乘數效果 (Multiplier Effect) 1.前提：當公司有閒置產能情況下 2.已知 △a（即a + △a） △b（即b + △b） △I（即I + △I） 3. 結果 家庭 企業 GDP △C → △I →△Y ↑------← 存MPS，只拿MPC出來花 $乘數=\frac{1}{1-MPC}=\frac{1}{0.1408}=7.11倍$ 例子：當△C = 36億元 $\triangle Y=\frac{1}{MPC}\times\triangle C$ = 2.5倍 × 36億元 = 90億元

乘數效果與加速效果比較

期	0期	1期	
項目	(1) 2020年	(2) 2021年	(3) = (2) – (1)
(1)總產值(Y) (2)固定資本形成(I) (3) = (2) / (1)	19.77 4.735 0.2395	20.42 4.89 0.2395	0.65 0.155 0

Unit 8-2 影響家庭消費與儲蓄傾向的因素
——經濟學與行銷管理的連結

全球最大食品公司瑞士的雀巢公司、中國大陸的光明食品或臺灣統一企業，每年在決定擴廠（資本支出）、行銷預算時，都需估算市場前景，基本功課在了解一國的家庭消費。人之不同，各如其面；同樣的，一國消費的影響因素，主要是總體環境四大類中的「經濟／人口」，本單元以表方式呈現。

一、消費與儲蓄是一個硬幣的兩面

以人的手來說，猶如手心、手背。同樣的，家庭可支配所得只有兩種去處。

(一)花掉，稱為消費（consumption）：這「花錢」分成家庭內、外兩種對象。

・花在家人身上。

・花在別人身上：主要是對住在家戶以外的父母的孝親費等，婚喪紅白包，公益慈善捐款。

(二)存起來，稱為儲蓄（saving）：儲蓄的形態主要是金融投資（銀行存款、買股票等）、實體投資（買房子），詳見下表，2018年每戶平均淨資產1,460萬元。

二、消費函數（consumption function）

為了實證研究家庭消費，必須找出影響家庭消費的變數，並且以方程式方式呈現，依函數是否把函數型（一次或二次）、各變數的係數值明確表現出來，二分為兩種。

(一)隱函數：詳見右表。在表中第一欄，列出人口、經濟兩中類的小、細分類變數，第二欄列出對消費的影響方向，「＋」代表提高消費，即偏微分為正；「－」代表減少消費，即偏微分為負。

・正方影響：購買力－所得、財富，即有錢。

・負向影響：商品／服務、資金的價格，當價格上漲，表示家庭的購買力（實質所得、財富）降低。

(二)顯函數：詳見unit 8-2。

2018年臺灣家庭每戶淨資產與結構　　單位：萬元

大分類	中分類	小分類（國內／金融資產）
一、流動金融資產 865 (59.25%)	(一) 國外 84 (5.75%) (二) 國內 781 (53.5%)	1. 現金179 (12.26%) 2. 定期存款197 (13.5%) 3. 有價證券207 (14.18%) 4. 人壽保單與退休準備303 (20.75) 5. 其他80(5.48%) 6. 金融性負債185(12.67%)
二、非流動 595 (40.75%)	(一) 房地產(淨值) 540 (37%) (二) 家庭生活設備 56 (3.75%)	

資料來源：部分整理自行政院主計總處，國富統計報告，表8，2020年4月。

主要影響一個國家消費率的因素「經濟／人口」

中分類	影響方向	說　　明
一、經濟／人口		
(一)人口數目	+	人多，花費就多
(二)人口性別		原因很多，包括單身時、結婚時
・女性	+	
(三)人口年齡		以生命週期假說(life cycle hypothesis) 來說，老年人消費傾向較高，因不需像年輕人一樣存老本或養兒買房而儲蓄
・14歲以下	−	
・65歲以上	+	
(四)家庭規模	−	主要是透過房屋坪數的消費
二、經濟		
(一) 所得	−	所得高消費金額就高，對單一家庭也存在
1.經濟成長階段	+	詳見Unit 8-3, 8-12
・可支配所得金額	+	詳見Unit 7-9
2.所得分配平均	+	詳見Unit 7-1 這主要是國內生產毛額所得面，尤其是受僱人員報酬比重
3.退休後所得		
・金額（俗稱所得替代率）	+	在工作時沒有「老本不夠」之處 詳見Unit 8-6
・穩定性	+	這是指年金不會倒閉
(二)財富		
1.財富金額	+	只有金融資產有正財富效果
2.財富分配平均	+	
(三) 價格	−	
1.產品／服務價格		詳見Unit 8-8
(1)耐久產品：房屋、汽機車		房價上漲，對有自有房屋者看似造成「正」財富效果，但只是紙上富貴。對於租屋者，房租提高，對於想購屋者，會減少消費以購屋，還銀行貸款。
(2)半耐久品		
(3)非耐久品		
(4)服務		
3. 資金價格		
(1)銀行貸款利率	−	詳見Unit 8-8

Unit 8-3 消費與儲蓄的關係

消費與儲蓄是可支配所得（disposable income，詳見Unit 12-2）的兩種運用方式，簡單易明的概念，連小學生都懂。經濟學只不過是用函數、圖形來表示而已。要了解消費與儲蓄兩個觀念的異同，最簡單的作法是把比較圖、比較點呈現出來。

一、儲蓄函數

把消費函數、儲蓄函數作表整理如右，且各專有名詞下附英文名詞，如此連英文名詞都好記了。

(一)函數表示：由於可支配所得減掉消費等於儲蓄（saving，以S表示），因此，儲蓄與可支配所得之間的關係，也可以稱為儲蓄函數（saving function）或儲蓄線（saving line）。以線性形式的消費函數為例，其對應的儲蓄函數如下：

$$S = Y_d - C(Y_d) = -a + (1-b)Y_d$$

(二)全國儲蓄線：由本單元右圖的典型家庭儲蓄線得到全國家庭儲蓄線。

(三)跟資金供給連結：儲蓄的主要方式之一是存款，占14%，因此利率提高，使得儲蓄線上移，也會有以下情況產生，即預期所得降低、預期或實際財富降低等。至於物價上漲，家庭有可能為了維持像樣的生活水準，以致減少儲蓄。

二、從消費函數到儲蓄函數

既然儲蓄為可支配所得減掉消費的餘額，又已知消費函數 = a+bYd，則可得儲蓄函數 = Yd−a−bYd=−a+(1−b)Yd。右圖所列的儲蓄函數就是這麼計算而來的。

三、平均vs.邊際

我們可從右圖得知消費與儲蓄的兩種微妙關係，一如翹翹板的兩端，此起彼落**的消長。**

(一)平均消費傾向vs.平均儲蓄傾向：「平均消費傾向」表示平均每一塊錢的可支配所得中，拿出來花掉的比率；「平均儲蓄傾向」表示平均每一塊錢的可支配所得中，還沒有花掉的比率。

(二)邊際消費傾向vs.邊際儲蓄傾向：「邊際消費傾向」表示平均每增加一塊錢的可支配所得中，有多少比率用於消費上，其值小於1；「邊際儲蓄傾向」表示平均每增加一塊錢的可支配所得中，有多少比率用於儲蓄上，其值小於1。

消費函數和儲蓄函數的性質

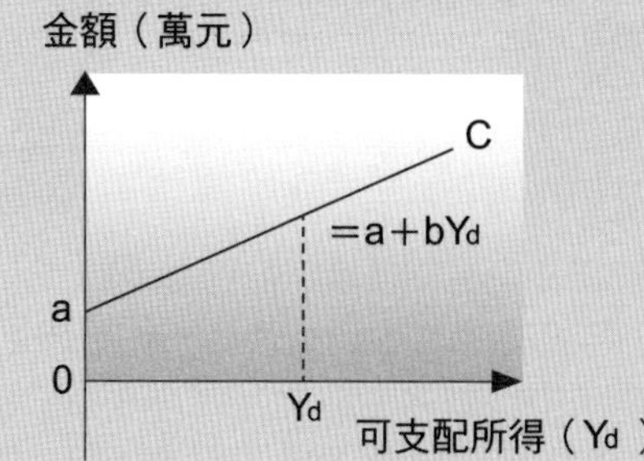

1. 消費函數
（C是消費線，Consumption Line）

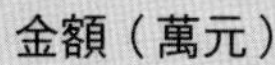

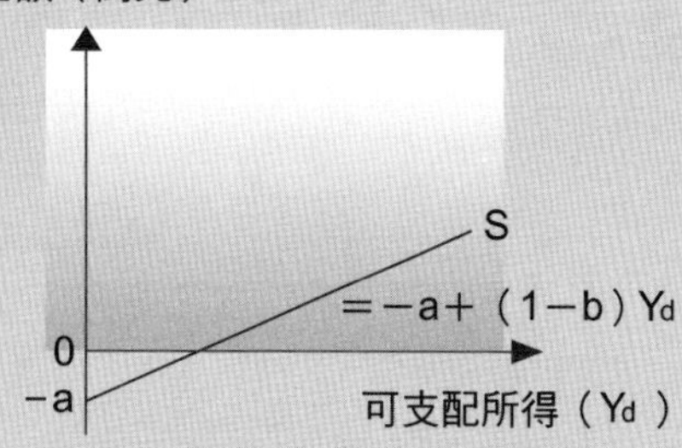

2. 儲蓄函數
（S是儲蓄線，Saving Line）

說明		消費函數（Consumption Function）	儲蓄函數（Saving Function）
1. 函數		$C(Y_d)=a+bY_d$	$S=Y_d-C(Y_d)$ $=-a+(1-b)Y_d$
2. 平均 ⇩ 各式除以 Y_d	①公式	平均消費傾向（Average Propensity to Consume, APC） $APC=\frac{C}{Y_d}=\frac{a}{Y_d}+b$, APC<1	平均儲蓄傾向（Average Propensity to Save, APS） $APS=\frac{S}{Y_d}=\frac{-a}{Y_d}+(1-b)$, APS<1
	②涵義	**表示平均每一塊錢的可支配所得中，拿出來花掉的比率。**	**表示平均每一塊錢的可支配所得中，還沒有花掉的比率。**
3. 邊際 ⇩ 各式對 Y_d 偏微分	①公式	邊際消費傾向（Marginal Propensity to Consume, MPC） $MPC=\frac{\Delta C}{\Delta Y_d}=\frac{\Delta a}{\Delta Y_a}+b\frac{\Delta Y_d}{\Delta Y_d}=b$	邊際儲蓄傾向（Marginal Propensity to Save, MPS） $MPS=\frac{\Delta S}{\Delta Y_d}=\frac{\Delta a}{\Delta Y_a}+(1-b)\frac{\Delta Y_d}{\Delta Y_d}$ $=1-b<1$
	②涵義	**表示平均每增加一塊錢的可支配所得中，拿出來花掉的比率。**	**表示平均每增加一塊錢的可支配所得中，還沒有花掉的比率。**
4. 消費與儲蓄的餘數關係		APC＋APS＝1 MPC＋MPS＝1	

Unit 8-4 影響消費的人口因素

——人口數和年齡結構，與人口經濟學、社會學的連結

以一家便利商店來說，一天營收約7萬元（來客次853人次乘上平均客單價82元）來客人次取決於人口數量，平均客單價取決於顧客購買能力（即人均總產值）。就近取譬喻，很貼切說明人口數目對經濟中支出面的影響，另一影響在於所得面（生產因素市場）的勞工。

一、人口經濟學的起源發展

(一)英文名詞：population economics 或 demographic economics。

(二)英國人馬爾薩斯（Thomas R. Malthus） 由右上表第二欄可見，馬爾薩斯可說是人口經濟學的源頭。

(三)在經濟學門中的：1969年由美國經濟學會出版的《經濟文獻期刊》（*Journal of Economic Literature*） 把經濟學分成19個分類，人口經濟學跟勞動經濟學擺一起，比較知名期刊有六種。

二、人口對經濟影響的實證研究

由右上角可見，人口因素對經濟成長實證論文較重要有兩篇，以南韓高麗大學經濟教授Jinill Kim對歐盟18國來說，2000年起，人口數停滯、老年化，每年拉低經濟成長率0.5個百分點以上。另有篇論文，論文引用次數368次以上，但1995年左右，時間較遠。

三、特寫：臺灣人口數量

(一)投入：結婚對數

・結婚對數：2000年到達高峰，之後便快速下跌。

・結婚率：1980年達高峰便下滑，突顯適婚人口主觀上「不婚」。

(二)轉換：生育年齡（15～49歲）婦女總生育率

婦女總生育率（total fertility rate, TFR） 表示一生所生子女數，需生2.01個小孩，才能維持人口數目不變，1984年2.015人，進入「少子化」階段。

(三)產出：新生兒數

・新生兒數：由1980年起，大幅減少，1984年是少子化元年。

・人口數：2020年1月起，臺灣人口2,360萬人達高峰，2月起人口衰退，每年少2萬人以上。

人口影響經濟重要實證論文摘要

時	1798年	2016年9月28日	2017年10月
地	英國	美國華盛頓特區	美國內布拉斯加州
人	馬爾薩斯 (Thomas R. Malthus, 1766~1834)，牧師，東印度公司學院	Jinill Kim, 南韓高麗大學教授，美國耶魯大學經濟博士	皮特森 (E. Wesley F. Peterson)，農業經濟系教授
事	《人口論》(*An Essay on the Principle of population*)	在*IFPD・Notes*期刊 “The Effect of Demographic Change on GDP Growth in OECD Economics”	在*SAGE*期刊 “The Role of Population in Economic Growth”
研究對象	英國	經濟暨合作組織18國	全球，尤其是歐盟、美國
研究期間	1600～1790年	1950～2015年	－
研究方法	圖表	複迴歸分析	相關分析、圖表
論文引用次數	--	--	42次

2020年臺灣人口數量

年	1960	1970	1980	1990	2000	2010	2020
一、結婚							
1.對象（萬）	8.36	10.87	17.51	14.29	18.16	13.88	13
2.結婚率（%）	0.788	0.75	0.989	0.705	0.819	0.6	0.58
二、婦女總生育率（%）	5.585	3.705	2.515	1.805	1.68	0.895	1.04
三、新生兒數（萬人）	41.94	39.4	41.39	33.56	30.53	16.69	16.5
四、人口數							
(1)萬人	1,067	1,458	1,770	2,028	2,218	2,316.2	2,356
(2)戶數（萬戶）	—	—	—	484	612.7	793.7	893
(3)=(1)/(2)每戶人數	—	—	—	4.19	3.62	2.92	2.638

資料來源：內政部統計年報＝戶政（戶籍人口資料）。

Unit 8-5 近景：各經濟成長階段的家庭消費率、成長率

——國民所得會計角度

以經濟成長階段五段來說，民間消費率（英文詳見下表）大抵是「U」字型，由高（70%） 往谷底（40%） 走，再逐漸上升到68%左右（美國情況）。中間主要干擾項是國內生產毛額支出面的投資，呈「倒U」型。以臺灣情況來說明。

一、農業社會：1976年以前，消費率56%以上

在農業社會中，大都分處於小農經濟，自給自足，少數多餘農產品賣到市場。因缺乏資本、技術工人，投資少，整個消費率很高，開發中國家70%以上。

二、起飛前準備階段：1976～1985年，消費率50%

1966年起，臺灣以農業扶植工業，農田轉成工廠用地，農民進工廠。

三、起飛階段：1986～2003年，消費率52%

此時，政府砸大錢做公共工程，以建全鐵公機（鐵路、公路、機場）、水電通訊，企業砸大錢「投資」，消費率相形變小。

四、邁向成熟階段：2004～2020年，消費率52~56%

在此階段，投資飢渴已過，投資率下滑至23%，消費率被抬高了。

五、大量消費階段：2021年以後，消費率55%以上

此時，因工業中的製造業只利高科技、重工業等，投資率低於20%，消費率再度被抬高。日本52%、德國51.4%。

六、名目vs.實質消費成長率

由右表下半部可見，（名目）消費成長率扣除物價上漲率後的實質消費成長率。

七、人口對消費率的影響

消除人口數量對消費成長的影響，較普遍作法有二：

- 計算每人平均消費金額。
- 實質消費成長率減人口成長率。

家庭消費的英文用詞

英文	主體
consumption-to-GDP ratio	世界銀行
final consumption expenditure (% of GDP)	同上
personal consumption expenditure / GDP	美國聯邦準備銀行
private consumption (% of GDP)	中國大陸

臺灣的民間消費—各經濟成長階段

年	1960	1975	1986	1994	2011	2021
經濟成長階段	農業 社會	起飛前 準備	起飛	發展	成熟	大量 消費
人均總產值（美元）	163	1,000 1976年 1,158	4,026	12,000 2004年 15,317	20,856	30,981
年	**1970**	**1980**	**1990**	**2000**	**2010**	**2020**
一、國民所得 (1)總產值（兆元） (2)民間消費（兆元） (3) = (2)／(1) 消費率（%）	 0.231 0.1294 56	 1.522 0.777 51.05	 4.474 2.341 52.32	 10.329 5.706 54.79	 14.06 7.481 54.51	 19.77 9.613 48.62
二、成長率（%） (1)經濟成長率 (2)消費成長率 ・人口成長率 （%） ・物價上漲（%） (3)實質消費成長率	 7.2 19.22 3.69	 8.04 8.386 1.80 2.94 5.64	 5.65 12.286 1.1169 4.12 9.13	 6.42 5.783 0.795 1.26 5.24	 10.63 2.092 0.273 0.97 3.76	 3.31 -2.75 -0.169 -0.23 -2.351

註：1981年以前，請查主計總處資料庫。

各國消費率資料來源

時	約落後1~2季
地	全球504家大學常用的資料庫
人	Global Economy.com，公司名稱the Global Economy。另外，CIA World Factbook
事	蒐尋「Consumption as percentage of GDP by countries: the latest data」，依國家英文字母順序排列，分3個期間：最近值（例如：2020,Q3）、三個月前、一年前。約80國，一般範圍45~80%，中位數60%。

Unit 8-6 影響家庭消費傾向的社會福利因素
——兼論臺灣消庭消費傾向、儲蓄傾向資料

你在報刊、網站上，較常看到討論一國家庭消費傾向、儲蓄傾向的高低，民間公司最有興趣的是財富管理業者，這包括銀行的財富管理部（各分行的財富管理科）、投資信託和投顧公司（俗稱共同基金公司）。本單元說明全球兩大類國家的儲蓄傾向，再拉個特寫鏡頭，說明臺灣的公務資料來源。

一、社會福利對家庭平均消費傾向的影響

福利國家（social welfare state），主要有二：

(一)減少家庭消費金額：這包括全民健康保險（降低醫療費用）、養兒育女津貼。

(二)確保失業、老年年金：包括失業保險、退休年金給付，此時家庭就有肩膀可以靠，儲蓄力低一點。

(三)福利國家家庭平均儲蓄傾向15%以下：歐盟13.3%、美國13.7%，羊毛出在羊身上，政府照顧人民，租稅收入來自所得、財富中、上家庭，租稅收入占總產值（即租稅負擔率，tax incidence ratio）20%以上。

(四)不是福利國家，家庭儲蓄傾向15%以上：中國大陸約20%、南韓6%、臺灣約14%，主因是房價所得比太高；日本12.23%，主因是退休金、國民年金可能不足以過基本生活。

消費率vs.家庭平均消費傾向：以臺灣為例

層級	總體	個體：家庭
中文	消費率	平均消費傾向
英文	consumption ratio	average propensity to consumption
公式	$\frac{\text{家庭消費}}{\text{總產值}}$	$\frac{\text{年消費}}{\text{年可支配所得}}$
2020年情況（消費傾向是2019年）	$\frac{\text{10.08兆元}}{\text{19.77兆元}}=51\%$	$\frac{\text{98.85萬元}}{\text{115.08萬元}}=86\%$

美臺家庭儲蓄率（年底）

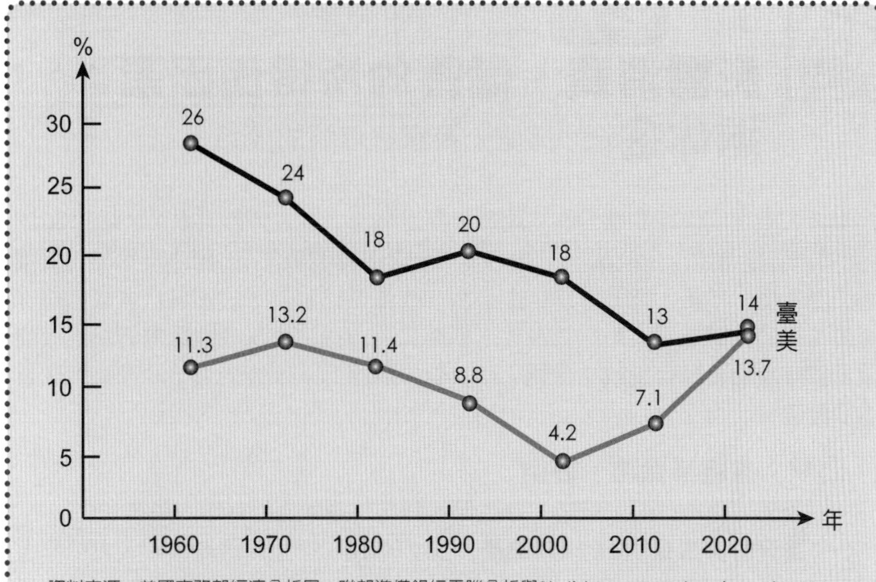

資料來源：美國商務部經濟分析局、聯邦準備銀行電腦分析與Statista, personal saving rate。
主計總處，國民所得統計電子書第17表。

臺灣歷年家庭消費傾向、儲蓄傾向的總體、個體資料

項　　目	1973	1980	1990	2000	2010	2019
1. 所得總額（萬元）*	–	–	–	82.76	106.11	144
2. 可支配所得（萬元）*	–	–	–	69.27	85.74	115.08
3. 消費支出*	–	–	–	57.06	74.81	98.85
4. 消費率 (%)*	76	82	80	82	87	86
5. 儲蓄率 (%)**	24	18	20	18	13	14
6. 住宅（坪數）**	22.5	26.4	33.9	40.4	43.1	45.1

*資料來源：國民所得統計摘要，第41頁，表17。
**資料來源：家庭收支調查，表1 家庭收支綜合結果。

Unit 8-7 影響消費、儲蓄的所得面因素：退休金——與個人及家庭理財的連結

影響人們在工作期間儲蓄的主因是「存退休金」（俗稱存老本），看了2018年7月臺灣軍公教退休年金改革，和2019年9月12日~2020年，法國政府第三次擬推動「延長勞工退休年齡、降低退休年金金額」改革，13日起，法國各行各業掀起「反年金改革」的大罷工，人數數百萬人，期間又長，往往成為各國國際新聞的頭條。本單元詳細說明臺灣人民越來越擔心成為日本所謂的「下流老人」，越來越注重存老本的投資。

一、問題：靠職業保險，會倒

由右下表可見，以勞工來說，勞工保險的老年退休給付有兩大問題：

(一)臺灣的勞工保險2026年破產：2017年起，勞工保險繳費收入大於年金支付20億元，本業已虧損，靠國庫預算支撐。但勞保（2018年）潛在負債9.7兆元，2020年中央政府預算2.1兆元，根本無力支撐太久。

(二)退休金金額只能過低水準生活：以勞保投保中位數的勞工，月領19,716元，比最低生活一人12,743元要多7,000元，但未考慮資本支出，而且只夠一人用。

二、 解決之道：自求多福

時：2018年6月25日

地：臺灣

人：趙少康，中國廣播公司董事長，TVBS「少康戰情室」節目主持人

事：1968年以後出生的勞工，好好自求多福，好好存錢（投資），不要去依靠勞保，那是沒什麼指望的（摘自TVBS新聞網）

弗蘭科・莫迪利安（Franco Modiglian）

年籍：1918～2003年，義大利羅馬市

經歷：1. 麻州理工學院，2. 卡內基梅隆大學等。

畢業學校：羅馬大學法學博士

重要論文：1966年在〈Social Research〉期刊論文 "The Life Cycle Hypothesis of Saving, the Demand for Wealth and the Supply of Capital", pp.160~217。

榮譽：1985年諾貝爾經濟學獎得主

臺灣的社會安全網

大、中分類	人數（萬人）	每月繳保費	每月請領
一、退休金 (一)受僱者 1.政府僱用 軍 公教 2.勞工 (1)所有勞工分成受僱、職業二細類 (2)勞工自提，2005年7月起 3.自僱者之一農民	依領金額排列 21 58 1,027 52 135	投保金額 × 費率 × 自付比率 受僱者「退休」後 以少校為例2,912元 -- 31,800元 × 13% × 20% = 827元 投資報酬率3.54% 每月工資6% 投資報酬率約2.9%	領退休金者 便不能加保國民年金 最低33,140元 最低36,152元 中位數約19,716元，詳下表，左述13%中有1個百分點是就業保險費率
(二)無工作者且25～65歲，2008年10月起	358	18,282元 × 9% × 60% = 987元	3,628元 左述18,282元，各縣市不同
小　　計	1,600		
二、健康保險	全民 2,360	10組48級，以一人為例：31,800元 × 4.69%×30% = 447元	投保金額 ＝最低生活費 × 1.5倍 ＝12,388元 × 1.5倍

臺灣人必須自行投資原因

項　　目	說　　明
一、社會保險不可靠	
(一) 勞工保險破產之虞	2019年1月勞動部公布報告，勞工保險預計2026年破產
(二) 金額不足	1.預估退休金收入約月領19,716元。勞動部勞工保險局公式：月投保金額 × 年資 × 1.55% = 31,800元 × 40年 × 1.55% = 19,716元 2.預估退休每月消費支出12,743元（不含耐久商品，包括汽車、家具等）。這是衛生福利部每年9月公布的老人狀況調查。
二、子女不可靠	由於平均子女數1人，且在低薪高房價情況下，自顧不暇。只有8%銀髮族表示，退休後要靠子女奉養（或貼補）。

Unit 8-8 影響儲蓄傾向因素的成本面：買屋——生活的運用

家庭支出最大項目是購屋，2020年第三季平均數目是1,060萬元，除以2019年平均家庭可支配所得115.18萬元，全臺灣約9.19倍。

一、問題：中港臺「房貸是家庭最重負擔」

(一)華人的理財信念：有土（或房）斯有財

由於華人普遍有「有土斯有財」的理財觀念，所以一心一意地想置產，由右表可見，1980年起「房屋自有率」由73.5%上升到85%（美國約65%），約只剩下低收入戶和單身年輕戶租屋。

(二)買房養房是80%家庭不可承受之重

由下表可見，2020年第三季臺灣家庭購屋的負擔壓力，如下：

・房價所得比9.19倍，房價相對高。

・房屋貸款還本還息負擔率36.76%，落在普通水準。

二、 解決之道

由右表可見，以2000~2019年來說，家庭可支配所得由69.27萬元上升66.13%到115.18萬元。房價上升240%，人兩隻腳，追不上錢。為了買房子，只好多向銀行借房屋貸款。

(一)平均房屋貸款餘額由2.65兆元升到7.9兆元。

(二)消費傾向由1990年80%上升到86%（詳見Unit 8-6）：還房貸的利息視為消費支出，所以消費率上升6個百分點。

(三) 1984年早已少子化：由表可見，1984年婦女總生育率2.015人，是少子女化元年。購屋負擔壓力2000年才變重，使少子女化雪上加霜。

$$\text{貸款負擔能力}=\frac{\text{年還本還息}}{\text{中位數家庭年收入}}$$

・貸款金額：屋款七成

・屋款：住宅價款中位數

・每月還款金額：貸款20年、年月平均利率、五大銀行貸款利率（2021年利率約1.5%）

家庭購置房屋的負擔壓力指標

負擔壓力	極低	低	普通	高	極高
一、房價所得比（倍）	price to income ratio (PIR)				
世界銀行的定義	2倍以下	2～3倍	3～5倍	5～10倍	10倍以上
二、房屋貸款負擔率*	21%以下	21～30%	31～40%	41～50%	51%以上
三、涵義（負擔能力）	極高	高	普通	低	極低

＊一般以貸款期間20年，貸款成數八成，在臺灣房貸利率約1.7%（固定利率）。

臺灣家庭的買房負擔

年	1980	1990	2000	2010	2020
一、總體					
1.總產值（兆元）	1.522	4.423	10.33	14.06	19.77
2.人口（萬人）	1,787	2,040	2,778	1,314.1	2,356
3.= (2) / (1)	8.5	21.68	46.56	60.76	83.85
4.家庭可支配所得（戶，萬元）**	23.31	52	89.14	88.94	115.18
5.自有房屋率 (%)	73.52	80.47	85.35	84.99	84.8
6.房屋規模（坪＝3.306平方公尺）	26.4	33.9	40.4	43.1	45
二、房屋負擔					
1.房價所得比（倍）	--	--	4.26	6.8	9.2
2.房屋貸款負擔率 (%)	--	--	22	28	36.76
3.房貸餘額（兆元）	--	--	2.651	5.11	7.9
4.總生育率*	2.515	1,805	1.7	0.89	1.07
5.新生兒（萬人）**	41.39	33.56	30.53	16.69	16.5
三、消費					
1.平均消費傾向(%)	76	80	82	87	8.6
2.平均儲蓄傾向(%)	20	20	18	13	14

＊資料來源：內政部內政統計年報，家庭收支調查，第23頁第3表。
＊＊資料來源：家庭收支調查，第17到18頁。

知識補充站

房價所得比（ratio of housing price to income）

$$=\frac{\text{中位數（成交）住宅價格}}{\text{中位數家庭可支配所得}}$$

Unit 8-9 特寫：住宅服務對總產值的貢獻

有許多人可能好奇，以臺灣來說，在計算總產值時，支出面的最大項家庭消費，893萬個家庭，有15%家庭租屋需付房租。那85%住在自有房屋的家庭該怎麼計算其住宅服務支出？以家庭消費支出來說，「食衣住行育樂其他」中，「住」占24%，這個數字便已把住在自己房子的家庭，假設屋主自己向自己租房子，假設付房租給自己。

一、設算房租計算方式

(一)單一自有住宅的設算房租（imputed rent）：由租屋市場的租金行情，去計算自有房屋服務（housing service）的金額，稱為「設算房租」，計算方式如下：

(二)英文imputed，在臺灣稱為「設算」：中文翻譯「設算」的全名是「假設計算」，依一個「假設」的市場行情去計算。

(三)全國的自有住宅設算房租：在計算全國自由住宅的設算房租時，有個快速計算方式，詳見右下表公式，這三個數字都是當年即時數字。

(四)在國民所得中，服務業中的「房地產住宅服務」：在臺灣，國民所得中的三級產業中，服務業中有一項「房地產及住宅服務業」（real estate and rental & leasing）。

・房屋銷售與出租業，占總產值1.34%。

・住宅服務業（ownership of dwellings），即設算房租，占總產值6.72%，這是主計總處創造的「虛擬」行業。

二、中國大陸的設算房租嚴重低估的原因

由右表第2、4欄比較，中國大陸住宅服務占總產值1.65%，只有美國（12.68%）的13%，這是因為中國大陸不採聯合國的國民所得制度。

(一)中國大陸對房價採取歷史成本：地方政府每年向屋主依公告現值徵收地價稅、房屋稅，公告現值比市價約低一成，但至少反映市場行情。基於穩健保守的考量，中國大陸政府對自有住宅採取初建好時成本，據以設算房租。在平均屋齡22年情況，且房價逐年攀高情況，歷史成本約只有市價的23%。

(二)財新傳媒採取市場租金法計算：由表第三欄可見，以市價法加上房租行情，得到住宅服務占總產之7.16%，比成本法1.65%高5.5個百分點。把這部分反應在總產值，可增加5.5個百分點。

美中在家庭消費中設算房租的差異原因

國家	中國大陸		美國
方法	成本會計法 (cost accounting method)	同右	市場房租法 (market rental method)
資料來源	國家統計局	財新傳媒 (Caixin)*	商務部經濟分析局
時	2016年	同左	2018年
單位	人民幣（兆元）	同左	美元（兆元）
(1)總產值	74.3586	同左	20.50
(2)住宅服務	1.227	5.33	2.6
(3)=(2)/(1)	1.65%	7.16%	12.68% 一般占12～13%

＊資料來源：Lin Jinbing（財新傳媒編輯），“Property plays bigger role in GDP than believed, study says”，2018.1.6。

家庭消費中住宅服務（即設算房租）作法

項　　目	說　　明
一、主計總處第三處產業關連科	・各縣市政府地政事務所 房屋建物樓地板面積 × 月租金（元／月）× 12個月 ＝市場行情房租 (imputed gross rent) 　－房屋成本（維護費用、修理成本、房屋保險） 　－房屋貸款的利息 ＝設算淨房租 (imputed net rent)
二、本書作法（2018年）*	家庭財富中房地產價值（市值）× 自有房屋比率 × 房屋出租投資報酬率（當年行情） ＝47兆元 × 85% × 3% ＝1.2兆元

＊資料來源：行政院主計總處，國富統計，表6 家庭部門資產結構。

Unit 8-10 家庭消費的形態 I：以消費目的、產品形態區分

各行各業花錢努力了解家庭消費目的、產品形態趨勢，以求「千金要買早知道」，本單元先說明這二者的定義。

一、依消費目的（by purpose）

由右上表第一欄可見，家庭消費依目的分，至少有八類，前七類可說是「食衣住行育樂」，第七類「餐廳與旅館」，可包括在「食」、「樂」（住旅館，75%以上原因為旅遊，其次是探親）。無法包括在前七項的，就放在「其他」，主要是金融服務支出，包括購屋、消費者貸款的利息，另外健康保險、意外險保費在列。

二、依產品形態區分（by types）

依產品形態分成兩大類。

(一)產品（products）：由右下表可見，依產品耐用期間、金額，可分為三中類。

(二)服務（services）：例如：上學繳學費、看病繳費、看電影，消費者沒拿到產品，只享受到相關服務。

二、消費目的與產品形態

由右上表，消費目的搭產品形態合著來看，就比較容易了解產品形態。

小博士解說　各國人口時鐘：以美國為例

時	2020年4月1日～12月，10年一次人口普查
地	美國馬里蘭州蘇特蘭德市
人	商務部人口普查局
事	以人口普查數字作基礎，考慮人口自然變化（出生率、死亡率）、移民等，每8秒出生一人、16秒死一人，47秒一人淨移民。

資料來源：整理自李梅，大紀元，2020年7月25日。

家庭消費目的與產品形態的對應

消費目的／產品形態	服務	消耗品	半耐久品	耐久品
一、食 1.食物 2.菸酒		 V V	 耐吃的食品	
二、衣 1.飾 2.衣		化妝品	衣服	珠寶
三、住 1.傢俱 2.家電		燈炮	瓷器、家飾、地毯	・家庭器具設備、空調 ・照明設備
四、行 1.交通 2.通訊	月資費	油		・廚房餐飲設備 ・汽車、機車
五、育 1.教育 2.醫療保健		藥		書 醫療設備
六、樂				・育樂器具設備(玩具)
七、餐廳與旅館	V	V		
八、其他	V			

家庭消費依產品形態區分 (by type)

中文	消耗品、非耐久品 (non-durable)	半耐久品 (semi-durable)	耐久品 (durable)
英文	soft goods		hard goods
可用期間	一次	1～3年	3年以上
金額	低	中	高

知識補充站

家庭耐久品消費的重要論文

時：2020年10月2日

地：美國

人：大師級（Master Class），由保羅・克魯曼（Paul Krugman）等大師執筆

事：在〈Business〉上的文章”Nondurable goods in Economics: Definition, nondurable vs. durable goods and impact on consumer behavior”，約6頁，3分鐘閱讀。

Unit 8-11 家庭消費的形態 II：國民所得會計角度

公司的業務部下的市場研究處，或行銷部下的市場洞察處，從國民所得年報中去了解家庭消費現況與趨勢。

- 表上半部是民間消費資料。
- 表下半部是占民間消費98%的家庭消費。

一、依消費目的區分

(一)2019年分析：「住」兩中類占消費22%，主要是房租（包括設算房租）占15%，跟「食」二中類相同。

(二)趨勢分析

- 下滑項目：食、衣、行（其中的交通）、教育。
- 持平項目：住、育（醫療保健）。
- 上升項目：雜項支出、餐廳及旅館，後者反映出家庭外食與旅遊風氣。

二、依產品形態區分

(一)產品vs.服務：會令人比較看清楚的是家庭花在「服務項目」大幅提高，已占消費50%以上。

(二)趨勢分析

- 下跌項目：耐久品。
- 持平項目：非耐久品、半耐久品，以消耗為主。
- 上升項目：服務。

小博士解說　各國／地區的恩格爾係數值

時	每年10月5日
地	美國華盛頓特區
人	美國農業部經濟研究局（Economic Research Service）
事	發布〈（1年前）各國／地區的恩格爾係數〉，美8.1%、英11.3%、臺灣17%、中24.1%。

家庭消費支出按消費目的、產品形態

單位：%

年	1970	1980	1990	2000	2010	2020
金額（兆元）	0.1293	0.777	2.34	5.076	7.48	9.613
一、依目的						
・食						
1.食品、飲料	45.62	38.12	14.54	12.26	13.23	13.84
2.菸草	4.68	2.83	3.39	2.33	2.54	2.58
・衣						
衣著鞋襪類	5.17	5.23	5.69	5.19	4.51	4.84
・住						
1.房地租、水費瓦斯及其他燃料	15.63	15.96	18.87	19.98	18.43	17.71
2.家庭器具及設備和家庭管理	4.82	5.37	4.06	4.63	4.97	4.98
・行						
1.交通	3.52	7.87	16.73	11.61	12.1	10.77
2.通訊	—	—	2.53	4.1	3.84	2.7
・育						
醫療保健	3.83	3.79	3.44	2.96	4.2	7.51
・樂						
教育	7.8	12.21	5.3	5.14	4.62	3.51
娛樂			6.13	8.47	8.6	
・其他						
雜項支出	8.91	9.21	13.78	16.7	15.1	17.65
・食與樂						
餐廳及旅館	—	—	5.55	6.73	7.85	10.02
二、依產品分						
1.耐久品	—	—	12.56	12.7	11.14	10.78
2.半耐久品	—	—	13.68	13.08	10.12	9.61
3.非耐久品	—	—	27.44	26.7	27	24.25
4.服務	—	—	46.38	52.49	51.74	55.36

資料來源：行政院主計總處，第17頁第6表 民間消費結構、第52頁第6表 家庭消費。

Unit 8-12 近景：家庭消費中的食物支出比重：恩格爾係數——以中國大陸為例

從消費形態中「食物支出比重」，可以推論一個國家的所得、生活水準。本單元以中國大陸為例，從1978到2018年40年間，歷經恩格爾法則的四階段，從「貧窮→溫暖→小康→相對富裕」。

一、恩格爾法則與係數

由右頁可見，德國的恩格爾在德國統一前的中薩克森王國擔任統計局局長時，在一份公務報告中，提出恩格爾係數。

(一)恩格爾係數隨家庭所得提高而降低：家庭的所得增加了，從「只夠餬口」到「三餐溫飽」，花在食物支出金額水漲船高，但比例卻降低。有更多錢可以花在娛樂、衣服等項目。

(二)本書在Y軸加上經濟成長階段。

二、恩格爾係數的政策涵義

(一)恩格爾係數的涵義：由右圖y軸可見，聯合國農糧組織（UNFAD）對恩格爾係數各級距的生活水準涵義，這是該組織每年年報，以了解各國的食物安全程度。

(二)美國政府「餵飽人民」：1929~1933年的美國經濟大蕭條，有數十萬人餓死，1939年5月16日，美國政府推出〈補充營養援助計畫〉（Supplemental Nutrition Association Program, SNAP）發食物券（food stamp）給低收入戶。2020年約4,300萬人（占美國人口13%），1人每月補助約126美元。

(三)全球各國的恩格爾係數：每年10月11日，美國農業部經濟研究局會公布去年各國的恩格爾係數，一般來說，工業國家都在20%以下，美國7%左右。。

(四)一國五個所得級距的恩格爾係數：一國政府官員在了解所得分配公平程度時，比較在乎的是最低20%所得家庭的恩格爾係數，臺灣算好，美國不佳。

三、中國大陸情況

本單元以中國大陸為對象舉例，有兩個原因，一是恩格爾係數從60%到27%只花了39年，很戲劇化；一是時效性較近。統計值分全國、城鎮與鄉村，本書以全國數字為主。

小博士解說　美國政府發放食物券的文章

時	2019年9月18日	人	黃芳誼
地	臺灣	事	在「臺灣新社會智庫」上的文章〈美國食物券政策與川普政府之變革〉，本文約11頁，參考文獻約5頁。

恩格爾法則

(Engel's Law 或 Engel's Law of Expenditures for Food)

時：1857年

地：德國東部的薩克森邦

人：恩格爾（Ernst Engel, 1821~1896），德國中薩克森王國的統計局局長（任期1854~1858年），德國國家統計局局長（任期1860~1880年）

事：在〈薩克森生產與消費的關係〉，對英、德、法、比利時153個家庭的支出行為研究

恩格爾係數 (Engel's Coefficient)

＝（年）支出中的食物支出／家庭（年）支出金額

恩格爾係數曲線：以中國大陸全國為例

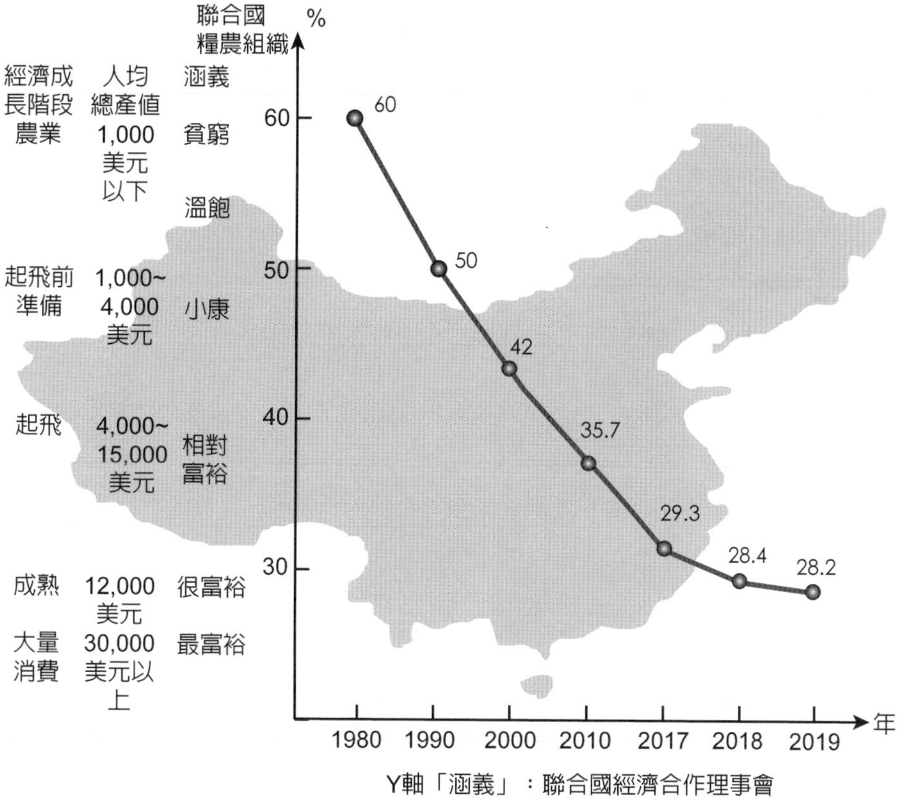

Y軸「涵義」：聯合國經濟合作理事會

資料來源：中國大陸國家統計局，國民經濟和社會發展統計年報，2020年3月15日。另，國家發改委，居民消費發展報告。

第 9 章

直接投資

章節體系架構▼

Unit 9-1 投資理論

公司為何會投資設廠？這個看似再簡單不過的問題，經濟學者有二派的解釋，詳見右表。總的來說，比較像瞎子摸象，由於著重的角度不同，說法也不同，但拼湊起來，卻是一隻象的全貌。

一、加速理論「只知其然，不知所以然」

由右表可知，一開始解釋公司直接投資的是小克拉克，他借用乘數定理、加速定理，提出投資的加速理論。

當然，他看到的只是結果，那今年投資大於折舊費用（即既有設備的攤提折舊費用），便是「淨投資」為主；反之亦然。為什麼呢？加速理論「沒說」。

二、托賓

凱恩斯學派的大將托賓，在1968年，為了說明貨幣政策的有效性，從單一公司角度切入，提出托賓Q比率（Tobin's Q）以解釋貨幣政策的有效性。當央行採取寬鬆貨幣政策時，股票市場受投資人青睞（因利率走低而物價可能走高），即股票有「抗物價上漲」效果（白話的說：股票報酬率大於物價上漲率），股價上漲。

公司看到設廠（或舊廠歷史成本的市價，即重置成本）成本不變，但公司股價走高，股價高於（每股）重置成本。公司從資產成本、售價（即股價）來看，覺得投資划算，便會進行投資。

三、新古典學派「說了等於沒說」

1963年，新古典學派的美國教授，1933年，喬根森（Dale Jorgenson）「老歌新唱」，把早期的邊際收入大於邊際成本，此一生產決策運用於公司的投資決策，只是稍加改變罷了。

這便是「財務管理」課程中的「正的財務槓桿」，即「借錢賺錢」。

豪爾與喬根森（Robert Hall & Dale Jorgenson, 1967）在前述論文基礎上，用數學推導，把邊際資金成本公式導出；如同第二章的可支配所得一樣，所得稅是減項；同樣的，由於利息費用可從稅前純利中扣除，即利息費用有抵稅的效用；白話來說，利息收入可減少稅前淨利；一如在申請個人綜合所得稅時，自用住宅房屋貸款利息每年最高可報30萬元的列舉扣除額。此稱為新古典學派投資理論（Neoclassical Investment theory）。

簡單的說，公司所得稅（臺灣稱營所稅）稅率降低，可降低公司資金成本，在其他（資金邊際收入）情況不變下，有助於提高公司投資意願，經濟、財稅學者非常喜歡研究租稅誘因對公司投資的影響，尤其是倡議「減稅拚經濟」的供給學派（Supply-side economists）。

公司直接投資的理論解釋

學派／項目	凱恩斯學派		新古典學派
	小克拉克	托賓	
1.時間	1923年	1968年	1963年
2.學者	小克拉克 (J. M. Clark, 1884~1963)	托賓 (James Tobin,1918~2002)	喬根森 （Dale Jorgenson,1933~）
3.主張	加速理論 (Accelerator Theory) $\triangle I = V \triangle E(Y)$ I：淨投資 V：加速係數 (Accelerator) E(Y)：預期產出 $\triangle E(Y)=E(Y_t - Y_{t-1})$, ( )內新增所得 1.當$\triangle E(Y)>0$ 則$\triangle I$（Net Investment，淨投資）>0 2.當$\triangle E(Y)<0$ 則$\triangle I<0$ 即$\triangle I<$折舊	1. Tobin's Q $=\frac{P}{RC}>1$ 或$P>RC$ 2.考量股票市場的影響 P：股價 （每股）重置成本（replacement cost, RC），即（資產重估增值－負債）／股數	$MR \geq MC$ MR指的是某一個專案投資案的報酬。 MC指的是邊際資金成本。 此即「財務管理」課程中常見的「正的財務槓桿」(positive financial leverage)。

從需求、供給面切入解決經濟衰退的兩法

時	1936年	1974年
地	英國倫敦市	美國伊利諾州芝加哥市
人	凱恩斯（John M. Keynes, 1883~1946）	拉弗（Arthur B. Laffer, 1940~），時任芝加哥大學教授
事	在《一般理論》書中強調當經濟衰退（非自願失業大）時，刺激需求（例如：政府支出）才能擺脫經濟蕭條。	供給學派經濟學（supply-side economics）較有名的是「拉弗曲線」（Laffer curve）偏重減稅，以擴大供給。

Unit 9-2 國內生產毛額支出面的投資
——以台積電的資產負債表資本支出為例

一個國家在國內生產毛額支出面的「（實體）投資」，代表三大經濟主體（家庭、公司、政府）為經濟成長所砸下的錢，當「新陳」大於「代謝」，代表經濟成長有「實體資源」撐著；反之，便是「吃老本」。

一、就近取譬：跟台積電相比較

就近取譬，比較容易了解國內生產毛額支出面中的「投資」。

(一)觀念

・台積電現金流量表中的投資活動流出。

・國內生產毛額支出面的投資。

(二)結構

由表可見，投資中的固定資本形成結構。

・台積電以機器設備支出占營收66.7%、智慧財產占6.88%為主。

・臺灣國內生產毛額支出面中，「投資」固定資本形成占比81%、智慧財產占19%。

二、全景：新陳代謝－支出面減所得面

(一)「新陳」率23.66%，大於「代謝」16.12%：單純分析投資率（即投資除以國內生產毛額）的高低，看不出名堂，一種方式是跨國比較；一種是套用人體的新陳代謝觀念，把投資中的固定資本形成率23.66%，比「代謝率」（國內生產毛額所得面中的固定資本消耗比率）16.12%大7%。進大於出。

(二)2021年，投資對經濟成長率的貢獻：由Unit 4-10右表可見經濟成長率3.83%，投資貢獻程度分成「固定資本形成」、「存貨變動」。

三、近景：投資占總產值比率

「實體」投資由兩大類組成：

(一)固定資本形成占總產值23.66%：固定資本形成分為兩中類，由右表中可看出台積電、臺灣投資結構。

・固定資產（fixed assets）：套用生活層面「食衣住行育樂」，把「機器設備」歸在「食」，可說是吃飯的工具。

・智慧財產：以國民所得會計來說，九成是研究發展費用，一成是電腦軟體，其他（礦藏採勘）微不足道。

(二)「存貨變動」占總產值0.29%：「存貨變動」占總產值比重是負值，代表年初到年底來說，存貨金額減少，這有點「去化存貨」的涵義。

2021年台積電跟臺灣實體投資比較

單位：兆元

項　　目	台積電公司財務報表	%	臺灣三方面	%
	損益表：營收 1.4	100	國內生產毛額 20.73	100
	現金流量表	37.5	二、支出面	32.09
1.固定資本形成	一、營業活動			
(1)食：機器設備	二、投資活動	66.7		32.23
(2)住		10.9		
・住宅房屋				10.04
・住宅房屋以外				20.19
・其他營建工程		3.4		7.9
(3)行：運輸工具		6.88		6.09
(4)其他		19		0.48
(5)育：智慧財產				23.07
2.存貨變動				-0.14
	損益表		四、所得面	
	折舊	28.36	固定資本消耗	15.68
	折舊	26.3		
	分攤	0.5		

2018~2021年台積電淨投資

單位：億元

	2018	2019	2020	2021 (F)*
一、損益表 ・營收	10,315	10,700	13,392	15,400
二、現金流量表				
(一) 投資活動	3,227	4,697.29	5,160	7,900
1. 固定資產	3,156	4,604	5,060	7,780
2. 無形資產	71	93.29	100	20
(二) 營業活動	2,925	2,868.72	3,591	4,129
1. 折舊費用	2,881	2,814	3,522	4,050
2. 攤銷費用	44	54.72	69	79
(一)－(二)淨投資	302	1,828.57	1,569	3,771

*資料來源：台積電法人說明會，2021年1月4日；2020年~2021年現金流量表項目，本書所估，依2019年比率。

Unit 9-3 熊彼得的創新理論

熊彼得（Joseph A. Schumpeter）以其對經濟史的精深造詣，把資本主義的動態規律濃縮，並且抽離成「企業家精神」、「創新」和「創造性破壞」這三個核心概念。

一、企業家精神

熊彼得把企業家視為經濟真正的主角，企業家致力於創新和生產手段的新統合，「創新」的「企業家精神」由此而造成的改變，是資本主義體系的進步機制，但是公司成功後的僵化和老舊，也注定了成功的企業被自己成功所打敗的命運。

二、創新

創新（innovation）反映在五大方面，即新產業組織的形成、新資源的開發、新生產方法的採行、新商品的創造，以及新市場的開闢等。

這是資本主義的核心機制，它所造成的是「循環軌道自發性而又不連續的變遷，它是均衡的擾亂，永遠的改變，並且移動既有的均衡狀態」，而這種均衡狀態的移動是景氣循環主因之一。

三、創造性破壞

熊彼得所指的「創造性產業」的條件非常嚴格，必須符合創新與占總產值夠大，像火車、汽車、電腦等產業才夠格。他所稱的「創造性破壞」（creative disruption）分成發明、創新，以及散播等三階段（參右圖），其中第二階段「創新」的五小項中的「突破性產業」，企業稱為「殺手級應用」（killer's application）。

小博士解說

2010~2019年全球十大殺手級手機App

排名	國家	公司	App
1	美	臉書	Facebook
2	美	同上	FB messenger
3	美	同上	WhatsApp messenger
4	美	同上	Instagram
5	美	Snap	SnapChat
6	美	微軟	Skype
7	中	字節	抖音（TikTok）
8	中	阿里巴巴	UC Browser
9	美	谷歌	YouTube
10	美	推特	Twitter

資料來源：美國App Annie，2019年12月。

熊彼得3階段創造性破壞

<table>
<tr><td rowspan="2">階段</td><td>I</td><td>II</td><td>III</td></tr>
<tr><td>發明</td><td>創新</td><td>散播</td></tr>
<tr><td>1. 詮釋</td><td>這偏重研發階段，其成果為專利、營業祕密等。</td><td>商品化</td><td>產業化，即跟隨著一窩蜂加入。</td></tr>
<tr><td>2. 說明</td><td>「發明」只是破壞性創新的必要條件，但先發明的不見得先贏，重要是第二階段的「商品化」能力，即把發明轉換成能賺錢的商品（Commodity），這隱含著大宗商品的意思。</td><td>①公司管理
→組織再造，使其更具生產效能，更加強其競爭力優勢。
②原料
→獲得原料或半製品的新來源。
③製程
→引進新的生產方法，而且將之商業化。
④產品
→引進新的產品或提升品質，例如2007年7月蘋果公司推出觸控螢幕手機 iPhone。
⑤市場
→開發新市場，例如華碩小筆電易 PC 進軍婦女、老人市場；另外「奧斯陸」手冊（Oslo Manual）再加上機械、策略兩項。</td><td>例如：2008年起觸控螢幕成為智慧型手機的基本配備。2010年蘋果公司推出平板電腦iPad，對手於2011年9月才跟上，市調機構iSuppli預估2015年平板電腦銷量（約2.42億臺），超越常規筆記型電腦。</td></tr>
</table>

熊彼得（Joseph A. Schumpeter）

知識補充站

生辰：1883~1950年

經歷：美國哈佛大學經濟系教授（1932~1949）、德國波昂大學（1926~1931）、奧地利財政部長（1919~1925）

學歷：奧地利維也納大學法學博士

著作：1942年〈資本主義、社會主義與民主〉，強調創造性破壞（creative destruction of capitalism）

Unit 9-4 羅斯托的經濟起飛理論——全球角度

羅斯托（Walt W. Rostow）的主要研究為經濟成長階段，偏重於政治經濟和經濟史，「起飛學說」（take off）是他自成體系的重要理論。「起飛」是指突破經濟的傳統停滯狀態，一旦順利起飛，經濟就可以自動持續成長，一如飛機使出最大能量起飛，以利隨之而來的順利巡航。在Unit 4-3中已說明全球193國結果。

一、X軸——生產形態

工業國家經濟成長階段依生產形態可以分成五個階段，一階段一階段往前演進，像歐美日等已處於「大量消費」的工業化國家階段，其中歐洲較早開發，1780年啟動的工業革命，帶領英德法從農業社會快速進入工業社會。

在經濟成長過程中，起飛階段是奠基在傳統社會上，而且需要經過開創前置階段。對缺乏效率的傳統營運方式或是不滿足於停滯，導致人們開始醞釀往其他領域發展，慢慢把資源累積在某一項目，過程中也許會出現制度的改革，最後由能夠帶動其他企業的主導角色，一鼓作氣，加足油門，把企業、政府推向啟動、起飛。

一般來說，在經濟起飛階段的經濟社會中，在政府投資的帶動下，投資率逐漸升高，等到邁入工業國家階段，由於國民所得提高的速度超過投資成長速度，因此投資率會漸呈下降。

長期來說，投資率會隨著經濟發展而有明確的規律性，經濟起飛階段偏高，經濟成熟階段則降至穩定水準。短期來說，投資率因景氣而波動，近年來資金全球化也明顯改變了投資率變化的規律性。

羅斯托的觀念中，制度改革和領先產業（leading sector）的建立，視各國國情而定，例如：半導體產業可以視為1980~2000年臺灣經濟起飛的主導角色，日本的金融改革政策無效源自於日本政治生態，這些都是他國難以介入的。

二、全球情況

1. 農業社會階段：到1972年人均總產值985美元。
2. 起飛前準備階段：1973~1988年1,178迄3,870美元。
3. 起飛階段：1990~2021年4,285~11,800美元。
4. 邁向成熟階段：2023年起12,100美元。

小博士解說

羅斯托（Walt Whiteman Rostow）

生辰：1916~2003年，俄羅斯人，15歲隨父母移民美國

經歷：美國總統詹森的國家安全顧問（1966.4.1~1969.1.20）

學歷：美國耶魯大學經濟博士

書：1960年在《經濟成長五階段》書中提出

全球國內生產毛額

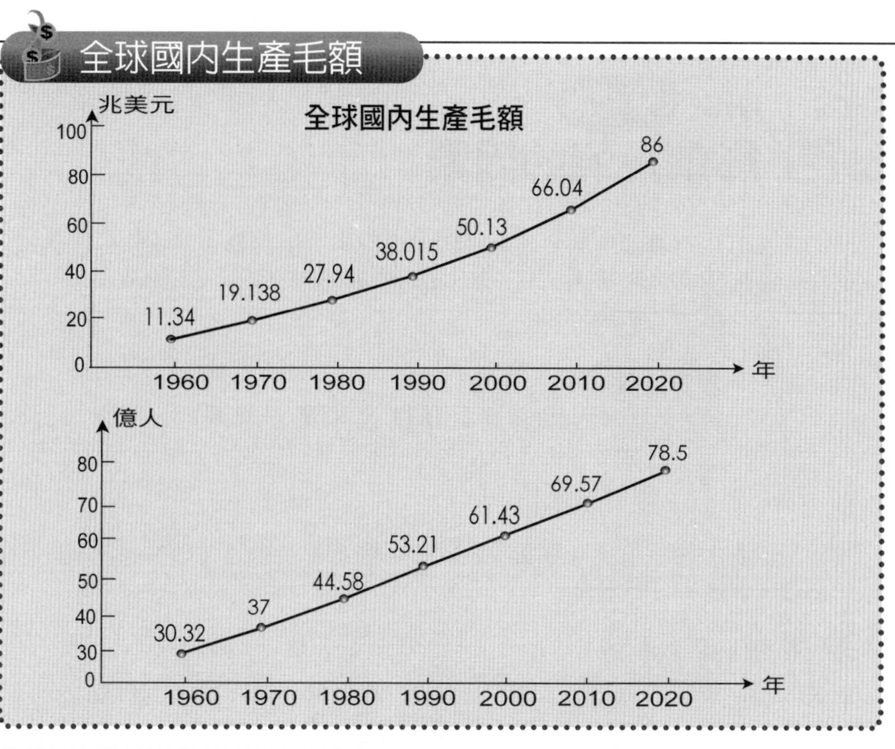

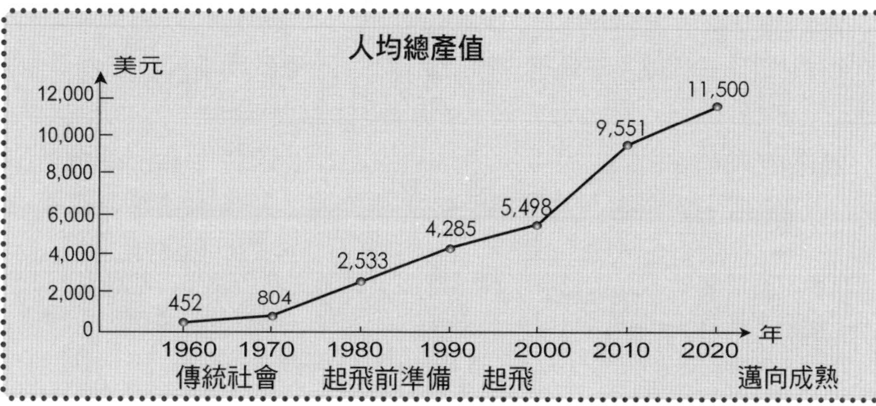

資料來源：整理自Worldmeters。

Unit 9-5 影響投資的因素

一如第二章中消費函數的隱函數一樣，經濟學者把影響企業投資的因素以隱函數方式，簡單以下列方式來說明影響投資的變數及其方向。

投資函數 ⟶ I = I（ Y , W , R ）

	Y	W	R
	所得	財富	利率
	＋	＋	－

這個隱函數太簡化了，為讓讀者能更為了解，我們以公司損益表為基礎，並將公式轉換成右圖，分門別類說明之。

一、目標—賺錢（淨利）

企業「將本求利」，套句俗語：「殺頭的生意有人做，賠錢生意沒人做」，這將本求利用專業術語來說，可看出「本」就是生產因素的價格，這是企業的成本，「利」就是淨利。

淨利是營收減掉成本的結果，即淨利（π）＝總營收（TR）－總成本（TC）。

二、營業收入

我們從右圖「營業收入」的來源，可見公司營業收入來自總需求（即第一章中的C+I+G+X）。為了簡化討論起見，只聚焦在總需求中的家庭消費（C）。

影響家庭消費的四大項目（所得、財富、物價、綜所稅率）已於第二章說明，本處只考慮其中三項「可支配所得」、「財富」，至於「物價」暫時視為「不變」。家庭「可支配所得」、「財富」越高，買的商品越多，公司樂於擴廠（即直接投資）以因應買氣。

三、成本費用

經濟學四種生產因素（有人加上「技術」成為五種），在公司損益表上各有相對應的成本（地租、薪資）、費用（即資金成本：利息）項目，至於「企業家精神」的報酬是「淨利」。

為了簡化起見，假設地租、薪資「不變」，只有「利率」的起伏會影響利息高低。在同樣貸款水準（例如：100億元），貸款利率由2%升至3%，年利息支出由2億元上升至3億元。

如果營收沒增加，利息增加等於淨利減少，因此，公司會少投資。所以對照上面公式來說，利率對「投資金額」是有負面影響的。

影響企業投資的因素

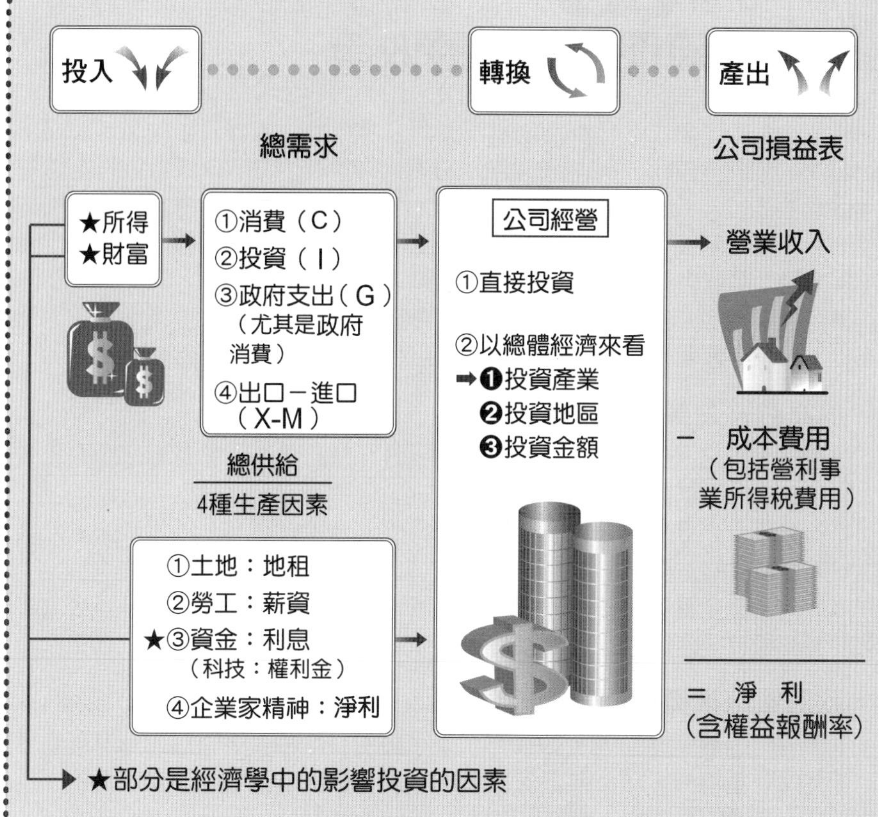

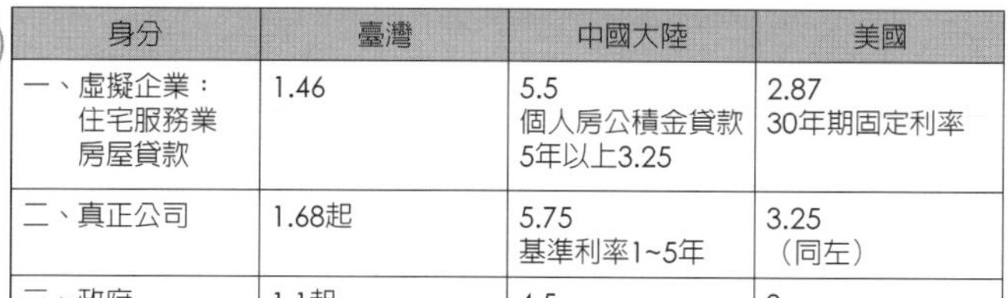

2020年起極低利率時，利率對投資的影響很有限 單位：%

身分	臺灣	中國大陸	美國
一、虛擬企業：住宅服務業房屋貸款	1.46	5.5 個人房公積金貸款5年以上3.25	2.87 30年期固定利率
二、真正公司	1.68起	5.75 基準利率1~5年	3.25 （同左）
三、政府	1.1起	4.5	3

Unit 9-6 政府促進投資的政策

典型的資本主義中，經濟活動起源於個人想發財、過好日子的私利（self-interest），隨之而有公司的形成，以便創造更大的獲利，沒有政府角色的空間。

但是熊彼得（Joseph A. Schumpeter）分析，經濟一直發展，會出現越來越多的新問題和新要求，都不是民間可以應付的，此時政府組織才會因需求而出現，以處理大部分對經濟成長的危機和干擾。

德國經濟學者Losch認為政府管理如同資金、勞工一樣，也是一項「固定生產因素」，政府管理的良窳會大幅影響其他生產因素的邊際生產力。

一、信心影響企業投資意願

總體經濟學之父凱恩斯指出，信心和機器設備的邊際效率是影響企業投資的兩大因素，其中又以信心（state of confidence）更為重要。

鄭板橋說：「欲養鳥莫如多種樹。」只要大環境吸引鳥，不需要去求鳥來，鳥也會成群結隊翩然而至。

因此，不論是延攬人才或吸引企業投資，打造一個具前瞻，而且適合人才、企業發展的環境，才是上上之策。

二、政府塑造投資環境

臺灣經濟的發展歷程中，1950年代為了吸引企業投資，李國鼎等財經官員提出的十九點財經措施，1966年設置加工出口區，1980年設置新竹科學園區，這些計畫創造了臺灣的經濟核心能力，使得外商來臺投資者絡繹於途。

在1966年代設置加工出口區後，十年間企業投資平均年成長率17%，加工出口區的經驗複製成功，吸引大批外商來臺投資竹科，更是迄今啟動臺灣經濟成長的引擎，進駐竹科的公司家數由1985年的59家增至2011年300家。

政府在「投資面」的天職是塑造優良的投資環境，以收「近悅遠來」雙重效果。

「近悅」指的是國內企業願意在臺灣設廠深耕，「遠來」是指外國公司願意來臺灣設廠。

至於公司想在哪一國直接投資時的考量因素，整理如右圖，可供各項評分（1~5分）之參考，便可作為「生產管理」或「國際企業管理」課程中廠址選擇評分表。由此可見，經濟學的實用性很高。

廣達集團董事長林百里曾以「金木水火土」五行來形容投資環境中的項目，主要集中在生產因素中的第一大類「土地」，簡單的說，全臺可說到處都是科學園區。「木」指的是人才，「金」指的是資金。

至於與投資有關因素的政府部會下的局司，站在公司經營角度，你要能分辨哪個投資事項，例如：設廠金額超越2.5億元以上的案子時，該找中央政府哪個部會，或是縣市政府哪個局處，最為妥當。

投資有關的因素與政府部門

項目	舉例	政府部門
1. 稅率與匯率		
①關稅 →	除了農產、汽車等進口關稅10%以上外，平均關稅稅率3%以下。	→ 財政部關務署
②營所稅 →	2018年起，由17%調升為20%，在全球中算低。	→ 財政部賦稅署
③匯率 →	匯率穩定，外匯交易自由。幣值水準相對穩定，且呈幣值低估，以利於出口。	→ 中央銀行外匯局
2. 生產因素	左述①自然資源是狹義的「基礎建設」（Infrastructure）廣義「基礎建設」包括基本建設、技術建設、科學建設、醫療與環境、教育。	
①自然資源		
★水 →	水 →	經濟部水利署
★電 →	火 →火力發電 →	經濟部能源署
★工業區（土地） →	土 →	經濟部資源經營管理司、產業發展局（原工業局）、產業園區管理局
★通訊 →	尤其是國際電話、網路 →	交通部電信總局
★交通 →	尤其是機場、港口 →	交通部民航局、港務局、航政司
②勞工 →	木 →人才 →	勞動部
★量★質		勞動部勞動力規劃司
③資金 →	金 →	金管會、中央銀行業務局
★貸款 →	→	金管會銀行局
★股票債券 →	→	金管會證券暨期貨管理局
4. 技術 ①技術開發 → ②技術保障 →	→	行政院科技會報、科技部 例如：科技部產學及園區業務司經濟部產業技術司 經濟部智慧財產局
5. 企業家精神 →	→	經濟部中小及新創企業署 文化部等

第 10 章

政府支出和租稅政策

章節體系架構 ▼

Unit 10-1 國內生產毛額的支出面——政府消費

Unit 10-2 政府拚經濟的源頭——美國經濟大蕭條

Unit 10-3 市場失靈

Unit 10-4 人民對政府在經濟中的期望

Unit 10-5 經濟政策的種類

Unit 10-6 財政政策 Part Ⅰ——政府支出

Unit 10-7 財政政策 Part Ⅱ——租稅政策

Unit 10-8 經濟政策的決策過程

Unit 10-9 經濟政策的組合

Unit 10-1 國內生產毛額的支出面——政府消費

政府支出在國內生產毛額支出面，分在兩大類：

・第二類投資中的「固定資本形成」中的政府投資。

・第三類政府最終消費，本單元說明。

一、全景：國內生產毛額支出面的政府消費

(一) 政府消費率14%：由右表第六欄可見，政府消費占國內生產毛額14%，福利國家門檻值20%。

(二) 租稅負擔率13% (tax burden rate)：政府收入三大項中租稅（直接、間接稅）占國民生產毛額約13%。

(三) 政府財政赤字占國內生產毛額1%。

二、近景：政府消費結構

政府支出有9項（下表中打*處），我們以擴增版一般均衡模型為架構，由右下表可見，政府消費結構：

(一) 國內生產毛額所得面占37.2%：表中「國防」占16.3%、這是生產因素第6項政府的基本功能。

(二) 國內生產毛額產出面占21.2%。

(三) 國內生產毛額支出面占41.6%：社會安全支出中，社會福利占25.9%。

2021年政府支出（不含特別預算）消費結構

單位：%

國內生產毛額	所得面：生產因素	產出面	支出面
9大類 (*)	一、自然資源 *社區發展與環境保護 1 二、勞工 教育、科學、文化 19.8 六、政府 *國防 16.3 *公共秩序與安全	一、產業結構 (一)農業 (二)工業 (三)服務業 *一般公共服務 9.5 *經濟事務 10.11 二、生產函數	食： *社會保障 25.9 *退休撫卹支出 6.8 *債務支出 5 *補助及其他支出 3.9
小計	37.2	21.2	41.6

註：因四捨五入緣故，會超過100%，以上表中保健項為調整項，原比重26.46。
資料來源：2021年中央政府總預算案簡明比較。

政府租稅負擔率、消費率：以2021年臺灣中央政府為例

單位：兆元

公司		中央政府	地方政府	合計	(1)總產值 20.02 占總產值比重
營收	(2)政府收入	2.045			租稅負擔率
	(a)租稅	1.6719	0.923	2.602	$=\frac{租稅收入}{總產值}$
	(b)其他	0.3731	--		
－營業成本	(3)政府支出	2.1615	0.6413	2.8028	$=\frac{2.6026}{20.02}$
＝營業淨利	(4) = (2) – (3)	-0.1165	--		＝13%
					另每人租稅
＋營業外收入		0.2681	--		$=\frac{租稅}{人口}$
－營業外支出	特別預算償債	0.08	--		$=\frac{2.6026}{2,354萬人}$
					政府消費率
					$=\frac{(3)}{(1)}$
					$=\frac{2.8028}{20.02}$

註：財政部的財政統計資料庫中「各級政府歲入歲出淨額」中是「一般預算」加特別預算。

Unit 10-2 政府拚經濟的源頭
——美國經濟大蕭條

寶華經濟研究院院長、董事長兼臺灣大學經濟系兼任教授梁國源非常強調，人們必須懂經濟史，因為歷史會一再重演。在此，且讓我們回顧一下1929～1932年的美國經濟大蕭條（great depression），因為總體經濟的經濟政策起源於此時；甚至2008年9月15日的全球金融海嘯（financial tsunami）、2020年新冠肺炎引發全球經濟衰退5.4%，我們跟之前的經濟大蕭條做一對比，因為知古才可以鑑今。

一、市場失靈

美國經濟隨著1929年10月底股市崩盤，陷入全面衰退。當各界一籌莫展時，共和黨籍總統胡佛（Herbert C. Hoover，1929~1933年任期）採取「提升關稅，保護國貨以救失業」措施。但是經濟狀況實在太惡化了，1,400萬人失業，四個大人中就有一個失業。公司倒閉、失業人士還不起房貸。1930年，銀行陸續倒閉。存款人一生儲蓄化為烏有，再加上失業，生活無著落，4萬人自殺。

二、錯誤救經濟的經濟政策

美國國會先通過提高關稅法案，胡佛總統眼看這是民意所趨，1930年6月只好簽署關稅法案（Tariff Act of 1930），採取提高（進口）關稅率至59%，「逼」得美國人必須愛用國貨，即減少進口，以造成進口替代效果。

三、德日掃到颱風尾

這種「以鄰為壑」（死道友，沒死貧道）的作法，逼得德日等出口大國損失大訂單（1890年起，美國已成為全國第一大經濟國）。一方面，以牙還牙，每個國家自私的結果是1931年，全球進入大蕭條。1927年，德國失業人口100萬人，到了1931年已飆到600萬人，失業率30%。執政黨苦無對策，國家社會主義黨（俗稱納粹黨）黨魁希特勒提出「麵包與工作」的口號，贏得1932年大選，成為德國總理，這是一個靠拚經濟鯉魚躍龍門的情形。日本由鷹派軍人取得政權。德日拚經濟的共同作法是侵略外國，掠奪外國資源（包括奴工），這是第二大戰的主因之一。

美國救濟方式錯誤，再加上漣漪效果，拖累全球，第二次大戰死亡人數逾5,000萬人，是人類有史以來，最慘烈的人禍。

四、走出寒冬

1933年美國政黨輪替，民主黨籍羅斯福總統（任期1933～1945年4月）上任，採取凱恩斯主張，即政府「拚經濟」方式，才逐漸走出經濟寒冬。

(一)增加政府支出：這主要是蓋水庫等擴大公共支出。

(二)軍事支出：從1939年起，美國透過「租借法案」，大量生產軍用品（含武器），以支援英國等盟邦，軍民工廠全線開工，幾乎充分就業。

1929~1932年經濟大蕭條的情況

單位：兆元

國民所得	美	英	法	德
一、投入面				
1. 失業率	25	--	--	30
二、產出面				
1. 工業產值	-46	-23	-24	-41
2. 批發價	-32	-33	-34	-29
三、支出面				
對外貿易	-70*	-60	-54	-61

1910~1960年美國失業率變化

古典學派

在凱恩斯之前的經濟學者，凱恩斯稱之為古典學派（Classical School），「古典」與「現代」是對應的，而「學派」（School）這個字是指「有同樣主張的人」。

Unit 10-3 市場失靈

從2020年1月起新冠肺炎肆虐，全球至少150萬人死於疫情所帶來的併發症，政府大力宣導民眾戴口罩、洗手、施打流感疫苗。本單元用這個生活例子，來說明有些人免疫力比較低，無法擋得住新冠肺炎。古典學派認為「市場機制」（market mechanism）會慢慢解決景氣蕭條等，但是凱恩斯認為「市場失靈」（market failure），必須透過政府拚經濟來救助。

一、古典學派——市場有長期自癒功能

在1929年之前，經濟學者相信市場機制長期會達到均衡。複雜的說法，卻可以透過生活中的例子來比喻，便很容易抓得住其精神。古典學派經濟學者比較像主張感冒不用看醫生的人，反正免疫力遲早會打敗細菌（或濾過性病毒），人體有自我治癒功能。同樣的，市場供過於求，以致許多公司虧損，只好裁員，致使經濟衰退。一旦景氣到谷底，存貨都因倒店而被大拍賣光了，但是總還有基本需求要繼續，於是必須補庫存，景氣就這樣逐漸復甦了。

二、經濟大蕭條代價慘重

1929~1932年的經濟大蕭條歷時四年，其併發症是德日的政治極端主義者執政，透過侵略他國以為自己衰敗而沒出路（無法出口美國）找生路，掀起了第二次世界大戰。經濟問題衍生全球政治、世界戰事。

三、凱恩斯認為政府該拚經濟

凱恩斯認為重大市場失靈時，政府要出手匡正。常見的市場失靈有下列兩種：

(一)景氣循環，尤其是經濟衰退：市場經濟過熱或「過冷」（即景氣衰退），而且要花數年，甚至十餘年才能恢復正軌，透過大有為政府「看得見的手」（visible hand），來修正市場經濟「看不見的手」（invisible hand）的缺陷。

(二)貧富懸殊：資本主義制度中，資方有錢有勢，常會剝削勞工（工時16小時，薪資低），以致造成貧富不均。其實民眾對政府在經濟成長、所得分配有強烈期望，因此政府在經濟、社會福利施政時，必然列為重點。

四、凱恩斯成為經濟大蕭條的救世主

胡佛總統拼經濟無功，因此無法連任，羅斯福（Franklin D. Roosevelt，任期1933~1945年，俗稱小羅斯福）總統接任。羅斯福總統採取英國經濟學者凱恩斯的主張，即「引水政策理論」，認為透過公共投資如同給乾涸的經濟注入活水，以帶動整體經濟成長。1933年，羅斯福總統推動「新政」（New Deal），受凱恩斯的影響很大。1934年凱恩斯訪美時，強調美國每月政府支出如果能由3億美元增至4億美元，經濟成長必將高達政府支出的3、4倍以上。凱恩斯理論成功帶領全球經濟走出1930年代的蕭條，也替政府介入市場失靈找到理論根據。

政府是否應干預經濟的正反兩面主張

狀況	自我治癒	藉助外力
1. 生活中的例子 感　冒	感冒藥大都是症狀療法，小感冒只要 2 個星期內，便可自癒。	當病情惡化之前，以及一些嚴重的流行感冒，還是應該及早就醫，否則併發症（肺炎等)有致死的可能。
2. 針對經濟衰退	古 典 學 派	凱恩斯，1934年
主　張	經濟體系中有一隻無形的手，去「喬」公司的投資、生產與家庭消費，長期供需會達到均衡。	政府須扮演「可見的手」，透過強大的外力，拉經濟一大把。
缺　點	1923年，凱恩斯批評古典學派說：「在長期，我們都死了。」（in the long time, we are all dead.)	新古典學派批評凱恩斯學派說：「政府經濟政策無效，甚至弄巧成拙。」 政府失靈

知識補充站

凱恩斯

有總體經濟學之父之稱的凱恩斯（John Maynard Keynes），其生平要事簡單介紹如下：

1.出生：1883.6.5～1946.4.21，英國劍橋。

2.曾任：英國財政部顧問、官員等，劍橋大學教授和講師。

3.學歷：英國劍橋大學數學系。

4.著作：1936年出版《就業、利息和貨幣的一般理論》（簡稱一般理論）。

5.榮譽：英國劍橋大學（榮譽）科學博士。

至於凱恩斯之後的主張自由市場主義的學者，稱為新古典學派（New Classical School）。其中有許多分支，例如：專門研究貨幣問題的貨幣學派（Monetary School），主要以芝加哥大學為主，所以此處有貨幣學派大本營之稱。

Unit 10-4 人民對政府在經濟中的期望

習慣成自然，人類是習慣的動物，自從羅斯福總統拚經濟以後，全球政府紛紛看齊。人民對政府角色的期待，逐漸由「小而美」調整到「大有為」。

一、政府干預經濟的分水嶺——從1929～1930年美國經濟大蕭條開始

搭飛機到了巴顏喀喇山上空，你會看到長江、黃河的分水嶺，經濟學最大的分水嶺，可用總體經濟學之父凱恩斯（John M. Keynes）1936年大作《一般理論》來分析。凱恩斯學派起源於1940年薩繆爾遜在美國麻州理工大學任教，所以此處有凱恩斯學派大本營之稱。

從此，凱恩斯開創了總體經濟學（macro economics），探討政府經濟政策等對總體經濟的影響，一如蘋果公司有智慧型手機掀起觸控螢幕的風潮。

二、經濟問題可以讓執政黨下臺

如果把國家比喻成公司，總統如同董事長、行政院長如同總經理，一旦虧損、裁員，一開始行政院長會因政策失當、執行不力而下臺；最後，總統會因治國無方、領導失策而被選民「換人做做看」。

在全球不景氣時，各國政府卯起來「拚經濟」、「搶救貧窮大作戰」，幾乎已成潮流。這麼拚命，因為保護的正是執政者的工作、前途。

2020年7月15日～12月31日，臺灣政府對每位國民發放三倍券，交1,000元可取得3,000元消費券，政府的支出460億元，在1.5倍乘數下，約690億元消費，占總產值0.36%，經濟成長率增加0.1%。

經濟政策主要在匡正經濟的「過猶不及」，我們以下表開車案例來比喻，維持車速於安全速率，不要過快或過慢，才是最為適當的方法。

景氣狀況	景氣過熱	景氣衰退（甚至蕭條）
1. 病狀	物價狂飆（大於4%）	物價下滑（下跌2%以上） 失業率大於5%
2. 病因	需求過多或成本推動	國內民間需求（消費與投資）不足
3. 經濟政策方向	緊縮性，以引導經濟「軟著陸」（Soft Landing）	寬鬆
4. 以開車比喻	減速	加速
(1)油門	腳鬆油門	腳踩油門，加油
(2)煞車	慢踩煞車	鬆掉煞車

政府經濟目標與經濟政策

負責部會	政策與工具	中介目標	政府經濟政策目標	民眾期望	
1. 中央銀行	貨幣政策		**①經濟成長** $\dot{y}=3\%$ 保五（中國大陸俗稱保增長），經濟成長率5%以上。	①經濟成長率→希望荷包滿滿，有「免於匱乏」自由。	經濟
2. 經濟部、交通部等	財政政策之政府支出				
3. 勞動部等	同上	①勞動人口比重 ②勞動參與率	② $\dot{u}<4\%$ 失業率低於4%時，政府要做到「壯有所用」。	②失業率→希望有「免於（失業）恐慌」的自由。	
4. 中央銀行	貨幣政策 M*	貨幣供給（例如M_2）成長率目標區間	③ $\dot{p}<2\%$ 消費者物價指數漲幅低於2%	③物價穩定→中國大陸俗稱穩物價，不希望出現「什麼都漲，只有薪水沒漲」情況。	
5. 財政部	租稅政策 T*	①直接稅與間接稅比重 ②租稅收入中薪資所得稅的比重	**所得分配** ①大島係數≦6.2倍 ②吉尼係數≦0.4	不要出現貧富懸殊的情況： ①劫富。 ②濟貧→做到「老有所終，幼有所養」。	所得分配
6. 衛生福利部	社會福利政策以2021年為例，社會福利支出占中央政府支出（歲出）2.1615兆元的25.9%，主要作用在於「扶弱濟貧」。	①人口結構→尤其是老年人口占人口比重 ②扶養比→可再細分為「扶幼比」與「扶老比」			

Unit 10-5 經濟政策的種類

從2007年6月美國發生次級房貸風暴，再來是2008年9月15日金融海嘯引發全球景氣衰退，各國經濟體質都面臨崩盤危機，政府紛紛扮演經濟體系的「醫生」，頻頻下藥，那時各國政府的經濟政策幾乎成為電視與報章媒體的重大新聞。

本單元將詳細說明經濟政策（economic policy）的種類及其適用時機，同時以寬鬆經濟政策為例，而緊縮型經濟政策則同理可推。

一、貨幣政策

貨幣政策（monetary policy，簡寫M*）是指中央銀行透過貨幣政策工具，以影響貸款利率，進而影響消費、投資，甚至匯率（影響出進口）。

貨幣政策是由中央銀行負責。中央銀行名義上雖是獨立機構，且其總裁有任期保障，但一般皆會跟行政院採取同步作法。

本單元要介紹的寬鬆型貨幣政策，其適用時機乃是在貸款利率3%以上時，即利率還有調降空間，如此調降利率才有大用武之地。一旦利率處於零利率區（像日本，存款利率0.05%，貸款利率往上加1.2個百分點），利率降無可降，凱恩斯稱之為「流動性陷阱」（liquidity trap），此時貨幣政策效果有限。

二、財政政策

政府的財政政策（fiscal policy，fisc是拉丁字，表示國庫，fiscal是形容詞），包括下列兩方面：

(一)政府支出（government expenditure，簡寫G*）：類似汽車油門，當消費、投資等需求不足，政府多花點錢，即擴大政府支出，以補國內民間需求的不足。反之，同理可推，不另說明。

(二)租稅政策（tax policy，簡寫T*）：類似汽車煞車，駕駛把煞車放鬆一些，汽車就稍微往前進一些，放越多，汽車就跑越快。當消費、投資等需求不足，政府降稅，向民間少收點稅，家庭可支配所得就提高了（等於少繳稅的部分），會多消費；企業的稅後淨利也因少繳營所稅而提高了，自然會多投資、多僱用勞工。

「減稅」在財政學上的專有名詞稱為「稅式支出」，簡單的說，即財政部對你減稅100元，本質上是「給」你100元。

而寬鬆租稅政策有效期間有兩種，分述如下：

1.一次性：2020年4月，為了因應新冠肺炎疫情，導致4,000萬人失業，美國國會通過史上最大經濟刺激案等。

2.持續性：例如：降低營所稅、個人綜合所得稅率，在臺灣的發揮空間有限。由於臺灣稅率很低，以租稅負擔率（稅收／GDP）來說，2021年，臺灣為13%，可說是全球稅收最少的國家，政府每年舉債4,600億元才夠推動政務。

寬鬆經濟政策種類與適用時機

適用時機＼經濟政策	財政政策（F*）		貨幣政策（M*）包括匯率政策（e*）
	租稅政策（T*）	政府支出（G*）	
1. 主管部會	財政部	經濟部、交通部等	中央銀行
2. 資金可行性	沒有「拿錢出來」的問題。	有舉債上限限制，當逼近上限時，政府已無多少籌碼可用，不要說是救經濟，連發薪水、繳電費都有問題。	中央銀行可以透過數量型貨幣政策工具（俗稱印鈔票），沒有「資金可行性問題」。
3. 時效性 ①規劃 ❶認知	★財政政策的發起點→行政院 ★租稅政策方案擬定→財政部 ★政府支出方案的擬定 →經濟部、交通部、國土資源部		中央銀行可以獨立運作，政策工具可以分批，以避免踩錯油門。
3. 時效性 ①規劃 ❷決策	中 一年以上，減稅（例如調降稅率）需要立法院通過。	中 一年以上，新預算要等到每年12月底前立法院通過，但可採取追加預算方式。	快 三個月一次理監事會議，甚至可開臨時會。
3. 時效性 ②執行	中 一年以內，今年通過減稅，要等一年後申報今年稅時，才有可能退稅。	中 一年左右，從公開招標、決標等約需一年才會動工。	快 貨幣政策可劍及履及，宣布後，銀行利率立刻會變動。
3. 時效性 ③控制 ↓政策目標達成	快 以減稅來說，家庭甚至會先估算可少繳多少稅，在減稅前便先支出。	快 公共支出錢一花下去，第一波效果會出來，後續有加速效果。	慢、中 貨幣政策主要刺激家庭消費與企業投資，至少6個月才會生效。因此央行往往會超前部署。
4. 後遺症	①債留子孫。 ②所得分配惡化、貧富懸殊，因高所得家庭少繳稅，可支配所得增加。	當舉債拚經濟時，可能會債留子孫。	熱錢流入，連帶引發股市、房市泡沫。

Unit 10-6 財政政策 Part I——政府支出

財政政策有兩種，一是「政府支出」，以寬鬆性財政政策來說，便是「擴大政府支出」，這主要是由經濟部、交通部等部門負責「花錢」。

一、政府支出導論

政府支出分成資本支出、經常支出，跟家庭消費、公司固定資本形成相比，便可發現大同小異，只是主體是政府。

二、政府支出的衡量標準

許多工業國家為了避免中央政府支出浮濫，以致政府破產，因此法律對政府舉債有上限。以臺灣來說，共有當年（流量）、累計（存量）兩個標準，分述如下。

(一)流量管制：這跟人們的小額信貸上限一樣，以2021年為例，舉債2,015億元，占政府支出2.1615兆元的19.32%，如果加上特別預算2,681億元，合計4,596億元，占政府支出比率21.1%。。

(二)總量管制：以2021年為例，政府累計負債高達6.1337兆元，占前三年（2018~2020年）國內生產毛額（GDP）32.6%，上限是40.6%，即5.637兆元，還有1.5兆元的舉債空間。簡單的說，在總量方面，政府舉債尚未達到頂點，但這不包括特別預算。

三.擴大公共建設

財政政策中「擴大政府支出」是指政府為了救經濟而額外的支出，例行性支出不算在內，而主要的政府支出都是用在鋪橋造路的基礎建設上。

四.亂花錢vs.拚建設

擴大公共建設是否對經濟成長有貢獻，取決於錢花到哪裡。要是蓋蚊子館，那效果低，要是做「十大建設」（1970年代），那麼經濟體質可以脫胎換骨。

臺灣政府公共債務三種定義

2021年臺灣政府的1年期以上公共債務 單位：兆元

期間	1年以上負債（非自償性）	未來（潛在）
一、中央政府	6.1337	1. 勞工保險 9.1 軍公教 8.49
二、地方政府	1	2. 健康保險 3. 國營事業 4. 非營業基金

資料來源：監察院審計「部中央政府總決算審核報告」，每年7月29日；立法院預算中心，每年9月20日。

中央政府舉債上限的2道標準

規範	說明	以2021年為例
1. 總量管制	法源→公共債務法 $\frac{\text{中央政府債務}}{\text{前3年平均GDP}} \leqq 40.6\%$ 2021年，中央政府（1年期以上）債務6.1337兆元	①以2011年為例，此數字約35.356%。 ②2021年為 $\frac{6.1337\text{兆元}}{18.815\text{兆元}}$ $=32.6\% < 40\%$
2. 流量管制	法源→預算法 $\frac{\text{當年舉債金額}}{\text{當年政府支出}} \leqq 15\%$	$\frac{0.2015\text{兆元}}{2.1615\text{兆元}} = 9.32\% \leqq 15\%$

以2021年年底人均公共債務來說，6.1337兆元除以2,356萬人，每人**平均背負債務**26.05萬元。

財政政策Part I——政府支出

會計屬性	跟兩者類比		政府支出性質	預算名稱（以2021年為例）
	家庭消費	公司投資		
1. 資產負債表上的「資產」	耐久品支出	固定資本形成	資本支出又稱「政府投資」，跟公司的「固定資本形成」一樣，具有乘數效果，且可誘導企業連結投資，這跟第二章的家庭消費中的耐久品支出較類似。	經濟發展出，2,539億元，其中八成用在公共建設，占歲出11.7%，是第四大項目。 至於公共建設主要是指交通部交通建設。
2. 損益表上的成本、費用	①非耐久品支出 ②服務支出	—	經常支出，又稱政府消費。	①社會福利→5,594億元，占歲出25.9%，是第一大項目。 ②教科文支出→4,290億元，占歲出19.9%，是第二大項目。

Unit 10-7 財政政策 PartII——租稅政策

租稅收入是政府的主要（占8成以上）收入，一如公司的營業收入。而租稅有基本、經濟兩種功能，各有其不同的影響作用。

一、租稅的基本功能

財政部收國稅、地方政府的地方稅，最基本的功能是支應政府支出，尤其是例行性支出（主要是人事費用），例如：付給公立學校老師與公務員薪水。

二、租稅政策的經濟政策功能

鹽可用於調味，但食用得宜，還可以控制血壓，以高血壓患者來說，飲食則宜少鹽。同樣的，財政部的租稅政策有兩種互斥的經濟功能。當財政部減稅，例如：降低個人綜合所得稅，由於其稅率是累進的（分級， 5～40%），因此高所得家庭（詳見第七章，指800萬家庭中所得最高的那2成）受益最大；而低所得家庭（指800萬家庭中，所得墊底的那2成）未達繳稅水準，反而沒享受到減稅的好處。

(一)政府租稅收入：政府分中央、地方兩個層級，2021年中央政府的稅收1.6719兆元，2020年約1.65兆元。中央政府的稅收可分為直接稅、間接稅，直接稅是收到本人，例如：個人所得稅；間接稅的繳稅人（例如：公司）還可以轉嫁給商品買方負擔。因此，直接稅比較有「劫富濟貧」中的「劫富」功能，因為「冤有頭，債有主」，明確知道是向誰抽到稅。以2021年為例，直接稅占稅收68.3%，比率算高，超過50%；如此，租稅的所得分配功能，才會彰顯。

(二)所得稅率對所得分配的影響：臺灣跟幾個國家相比，就個體（公司、家庭）、總體來說，臺灣是個低稅率國家。但所得分配的大島指數6.09倍，可說難能可貴。

1.個體：由於臺灣採取兩稅合一（以鴻海精密創辦人郭台銘為例，鴻海盈餘繳營所稅稅率20%，分配給郭台銘的股利，郭台銘只要再繳20%的稅，合計40%），以全國平均綜合所得稅率來說，2018年平均稅率3.91%。

2.總體（國家）水準：租稅收入除以國內生產毛額稱為租稅負擔率，2021年臺灣為12%。白話的說，全國國內生產毛額100元，其中有13元被政府抽稅抽走，個體留下87元。一般來說，租稅負擔率20%的國家，才比較有能力把社會福利做好。

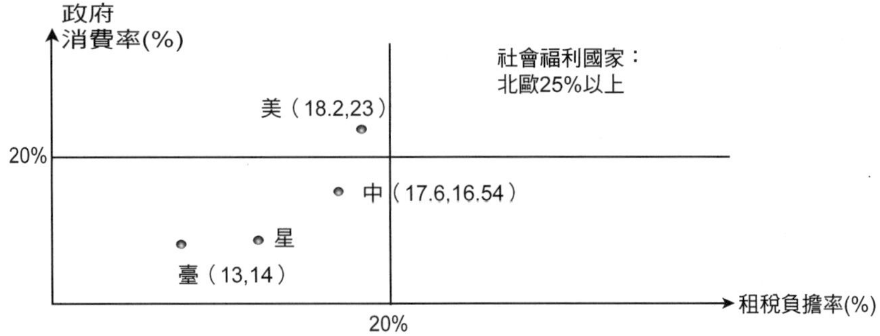

2019年政府稅收2.4兆元的成分

公司損益表	中央政府	億元	地方政府	億元
*稅種 *營收單位	中央稅 國稅局		地方稅 地方稅務局（稅捐處）	
	1. 關稅	1,224		
	2. 營業稅	4,051	依生活項目區分	
	(1)商品 (2)金融業		1. 食 2. 衣	
	(1a)貨物稅	1,756	3. 行：牌照稅	656
營業外淨利	(1b)特種貨物及勞務稅		4. 育： 5. 樂：娛樂稅	
(一)持有	(1c)菸酒稅	680	6. 其他：	
	(1d)健康福利捐 --		1. 住（田賦免徵） 2. 地價稅	
(二)交易	1. 證券交易稅 期貨交易稅	912	3. 房屋稅	810
	2. 遺產稅 贈與稅		1. 土地增值稅 2. 契稅、印花稅	1,011
淨利 1. 公司	營利事業所得稅	6,453		
2. 個人	（個人）綜合所得稅	4,977		
小計		16,733		7,267

資料來源：財政部入口網，稅務簡介。

Unit 10-8 經濟政策的決策過程

我們已在前文說明經濟政策的種類，如同煮菜，這些都是食材，送到廚師手上切煮，以端出一道道美食佳餚，本單元繼續就經濟政策的決策，予以介紹說明。

一、政策方案起草

大學班上有專責分工，例如：公關、康樂、學藝、總務，而行政院下職有專司，各種經濟目標，至少皆有一個部門來起草經濟政策方案與經過核准後執行。

「牽一髮而動全身」這句俚語，貼切形容經濟政策的本質。由於貨幣政策由中央銀行擬定和執行，因此本段只討論財政政策。

二、協調以得到配套

以擴張型財政政策中的擴大公共建設為例，用錢跟給錢的部會（即財政部）立場是不同的，財政部必須考慮資金來源，即公共債務的上限。

(一)國家發展委員會：國家發展委員會的前身是行政院經建會與研考會，主要職責在把各部所提出的草案，統籌整理成一個配套計畫。開會時，各部派出政務次長說明其方案。

(二)院本部的幕僚：國發會版的草案送交行政院院本部，由該管幕僚（例如：第六處）負責批註，針對無法達成共識的部分，由政務委員、行政院祕書長，甚至副院長，進行協調。一般會有歧異的地方，大都在於花錢單位，即經濟部等要的太多，給錢單位——財政部，卻力有未逮。

三、決策

每週四行政院開院會，經濟政策計畫提交院會討論、通過，行政院院長負責中央政府施政成敗，因此院長是經濟政策在行政部門的決策者。一般來說，由於之前已協調過，所以提至院會只是程序問題。

四、立法院

當遇有預算案、租稅變更案時，行政院必須把預算案送交立法院通過。所以，立法院才是經濟政策的決策單位。

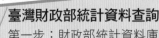

小博士解說

臺灣財政部統計資料查詢

第一步：財政部統計資料庫。

第二步：貿易、財政、地方財政統計查詢，三選一，點選「財政」。

第三步：出現八個選項「各級政府歲入歲出淨額」⋯賦稅指標。

第四步：賦稅指標，分成含、不含社會安全捐。

臺灣中央政府財政政策決策流程

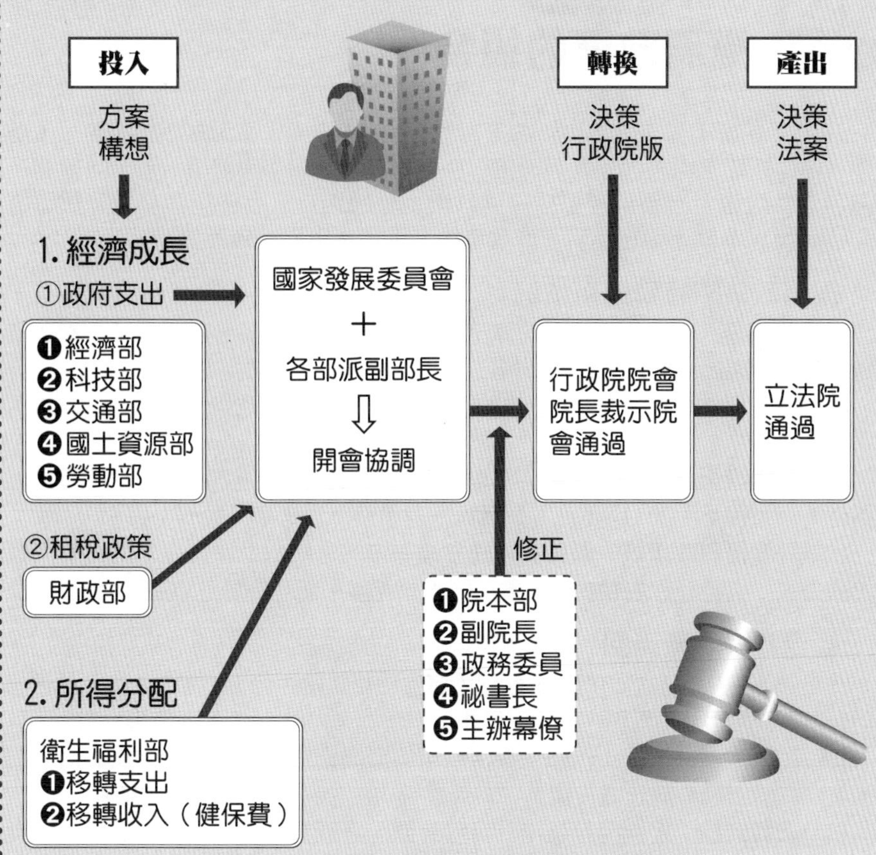

社會安全捐：2018年臺灣情況

大分類	中分類	依產業	2017年	%
一、就業	(一)有工作	1. 農：農民	--	
		2. 工：勞工	2,982	53.39
		3. 服務業	2,238	
		・軍公教	1,771	2.39
		・私校	1,054	其他8.8
	(二)沒工作	國民年金	271	
二、健康保險			52	35.42
			29	
			4,010	
1.16兆元			11,322	100

資料來源：財政部統計處，每年1月30日，「社會安全捐統計」。

Unit 10-9 經濟政策的組合

2003年韓劇「大長今」中，女主角徐長今花100天，每天採一種蔬菜，了解其特性，進而知道煮出來後，此菜適用於什麼情況（例如：藥膳用途）。同樣的，政策起草者、決策者必須了解每種經濟政策工具的性質，就像廚師必須了解每道菜的菜性一樣。本單元即在說明經濟政策的適用性、影響幅度及其時效性。

一、經濟政策的特殊適用情況

「兵來將擋，水來土掩」這句俚語，貼切說明各種理論，甚至各種經濟政策皆有適用時機，因此不能以「缺點」稱之，因為「缺點」通常指的是後遺症。

我們以「平均所得分配」的經濟政策來說，最適配的政策有兩種，茲簡單扼要說明如下：

(一)租稅政策適用於「劫富」：最直接方式便是對富人加稅，2011年8月，美國稱之為富人稅；而2011年6月，臺灣實施奢侈稅，也是富人稅的一種。

(二)社會福利政策以「濟貧」：社會福利中的急難救助金，是幫助貧窮家庭最直接的方式。但是社會福利政策不屬於經濟學範圍，而是屬於社會工作系的範圍。

二、經濟政策涵蓋範圍

「殺雞焉用牛刀」這句俚語，貼切描寫應該視問題的大小，來決定工具的種類。我們針對經濟政策適用地區、對象（例如：產業）、力道，可分為下列兩種情況：

(一)微調：微調政策（例如：貨幣政策的公開市場操作）比較像癌症治療的標靶治療，只針對腫瘤病灶處投藥，只殺死癌細胞，頂多傷及少數正常細胞。

(二)宏觀調控：宏觀調控是指針對大範圍、多產業等實施的緊縮政策，以貨幣政策來說，最有名的是存款準備率。

三、經濟政策的時效性

美國跟臺灣「時差」（time lag）12小時，這是生活中常見的時差，經濟政策有三階段時差，即規劃、執行與產出，分述如下：

(一)規劃時差：通常會產生認知（問題）時差（recognition lag）與決策時差（decision lag），即認知與決策慢半拍的情況。

(二)執行時差：以擴大公共建設來說，關鍵在於工程發包與土地徵收。

(三)產出時差：產出效果出現時差時，可能是基層官員的怠惰、環境因素，以致公共工程進度牛步化。

這「時差」跟治病一樣，很少「藥到病除」，總得花一些時間，病人才會痊癒。

政府知道經濟政策有其時間落後性，因此會採取配套措施，其中貨幣政策只要中央銀行便可單獨執行，所以貨幣政策比較像打針，以求時效快一些；且可防微杜漸，先下手為強的中國大陸稱為「預先調控」（簡稱預調）。至於財政政策比較像藥丸、點滴，需要一段時間才能產生藥效。

經濟政策涵蓋地區與對象

範圍 地區、產業		局部	全部
1. 中國大陸用詞		微調	宏觀調控
2. 以癌症治療為例		標靶治療	鈷60等放射線治療
3. 經濟政策	①貨幣政策	選擇性信用管制類工具，例如2010年~2011年5月，針對特定地區（主要是臺北市、新北市）房貸，降低貸款成數。	價格、數量兩種貨幣政策。
	②財政政策 ❶政府支出	針對救營建業，最常見的是「首次購屋優惠貸款」，由政府針對200萬元貸款額度內，補貼1/4貸款利率。	2020年7月15日~2020年12月31日，發放每人3,000元三倍券，政府支出460億元。
	②財政政策 ❷租稅政策	★2010年調整綜所稅級距，中所得級距調降，高所得部分（28%調到30%）調高。 ★2011年6月起，針對3,000萬元以上住宅的短線交易，課徵「奢侈稅」。	例如2018年起，全面調高公司營所稅率由17%至20%。

經濟政策的時效性

管理活動	經濟學	說　明
1. 規劃	①認知（問題）時差（Recognition Lag）	經濟政策規劃時，涉及兩項活動，即認知、決策，皆可能發生慢半拍，甚至慢好幾拍的情況。
	②決策（Decision Lag）	財政政策涉及人民的荷包，因此必須經過立法院通過。
2. 執行	執行時差	以擴大公共建設來說，執行時差最長，關鍵在於工程發包（有時一年內發包四次，但都流標）與土地徵收（往往碰到居民抗爭）。
3. 控制	效果出現時差	基層官員的怠惰、環境因素，以致公共工程進度牛步化，難怪各國人民常有「政策總是來得太晚太猛」的感嘆。

第 11 章

國際貿易：出口與進口

章節體系架構 

Unit 11-1 國際貿易相關觀念與資料

把一個國家當成一家公司，出口值便是一家公司的外銷金額，進口值便是原物料、機器設備等。這樣的說法，臺灣有八成的人會表示贊同。本單元即介紹跟國際貿易有關的四個觀念和資料來源。

一、國際貿易的四個觀念

(一)出口：出口（Export）這個字很好記，「Port」指港口，例如：機場（Airport）；「Ex」指離開。連起來說，也就是把商品從港口運到國外，便是出口。

(二)進口：同理，進口（Import）便是國外商品運到臺灣的港口。

(三)出超：「出」口「超」過進口，稱為「出超」，學術上稱為貿易「順差」或「盈餘」（Trade Surplus）。反之，入超又稱為貿易赤字（Trade Deficit），這是美國1960年代以來的情況。

(四)貿易總值：出口額加進口額，即出進口金額，稱為貿易總值或對外貿易。

二、外貿的標的物

從出口來說，標的物可分為兩種，說明如下：

(一)商品：這是最主要的出口項目，占出口金額83%以上，在海港、機場，會看到一貨櫃、一貨櫃的商品出口到歐美，賺進外國人的錢。

(二)勞務：出口勞務包括船運（例如：長榮海運）、空運（例如：長榮空運）、外國觀光客來臺灣觀光的消費（例如：晶華飯店客房房租收入），與技術權利金（例如：台積電授權給中國的中芯國際）收入等。以2019年觀光為例：

400億元＝ 8,132億元（臺灣人民1,700萬人次海外觀光支出）−4,132億元（外國遊客來臺觀光）。

外國人（含中國大陸客）來臺消費，1,100萬人次，支出4,132億元，這算是臺灣的「勞務出口」。但是臺灣人出國人次更多、花的錢更多，因此從觀光勞務來說，臺灣是入超的。

三、資料來源

有關國際貿易有三個相近的公務統計，依照景氣的時間性可分為三類，由三個部的統計處所提供。

(一)外銷接單是領先指標：經濟部統計處以問卷方式，每月詢問各大公司接到多少出口訂單，不過，出口訂單約有一半是在海外生產。

(二)出口金額是同時指標：財政部關稅總局掌管港口、機場海關，每十天公布出口、進口數字，可作為景氣的同時指標。

(三)結匯金額是落後指標：中央銀行經濟研究處每月公布公司出口外匯收入、進口外匯支出數字，可作為景氣的落後指標。

2021年臺灣國際貿易

單位：億美元

公司損益表	(1)商品	(2)服務	(3) = (1) + (2)
營收： 出口 營業成本： 進口	(a)3,854.57 (b)3,344.77	(a)721.43 (b)525.23	4,576 3,870
淨利	(1a) – (1b) 商品出超 （commodity trade surplus） 510	(2a) – (2b) 服務貿易入超 （service trade surplus） 196.2	出超 （trade surplus） 706

資料來源：財政部統計處，每年1月30日，「社會安全捐統計」。

各項外貿數字的用途和資料來源

時間性	領先指標	同時指標	落後指標
1. 名稱	外銷訂單（Export Order Received）	出口額（Export）、進口（Import）後面加上海關(Customs)一字	結匯金額 出口外匯收入 （Foreign Exchange Proceeds）
2. 統計編製單位	經濟部統計處 外銷訂單統計速報	財政部統計處 1.進出口貿易統計月報 2.進出口統計五大項14個表	中央銀行外匯 銀行進出口外匯收支統計速報
3. 公布時間	每月21日	1.每月8日 2.每月25日	每月10日

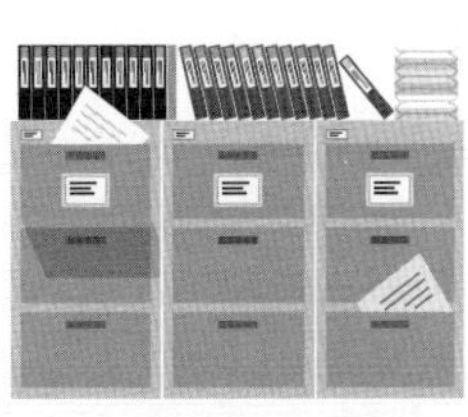

Unit 11-2 國際貿易對經濟成長的重要性
——以2021年為例

臺灣、中國等經濟都有個特色，即外需導向型，因此政府的經濟政策大都是「出口掛帥」。這些都是形容詞，本單元從兩種方式來說明國際貿易對一國經濟的重要性，可能更貼切實際，也容易了解。

一、四種依存度

空氣、水、食物對人的生命何者較重要？在一般情況，三天不喝水會死亡，十二天沒進食會死亡，但四分鐘缺氧，人即會死亡。

同樣的，想衡量出口、進口、出超（出口減進口）與出進口，這四種國際貿易觀念對經濟的重要性，每個「字」再加上「依存度」（dependence ratio）便得到某某依存度。以2021年的數字帶入公式，便可得到具體數字，幾年內大同小異。

(一)出超依存度：一國的「出超」很像一家公司的淨利，也就是淨賺國外多少錢。由右表可知，出超占總產值只有13.507%，由於比重低，縱使出超成長10%，但對「經濟成長率」的貢獻，可說「人微言輕」。但不能這樣來看。正確作法是，要看出口公司（例如：電子業）的「產業關聯表」，了解產業向後連結，會連帶帶動上游（原料、元件）、中游（模組）的生產。

有些人用出超占總產值比重來分析其對總產值的貢獻，或出超對經濟成長率的貢獻。這麼做比較直接了當與簡單，但事實沒這麼單純。

(二)外貿依存度：外貿（即對外貿易）依存度約為102.79%，一般以此數字來說明出口、進口對一國經濟的重要性。但是漏了考量究竟是得利或是「受害」，即出超或是入超。

二、大陸型vs.海洋型經濟

如果你在臺北市找了入城的橋，早上站在橋頭一看，幾乎大部分車流都是從新北市各區（板橋、三重、永和、新店等），進臺北市上班。由此可見，臺北市才是新北市人民的所得主要來源。光在板橋區或新店區區內，是看不出區內經濟的源頭。同樣的，依一國自給自足程度，可以二分法來說明。

(一)大陸型經濟：「大陸」指的是「新大陸」中的「大陸」，全球200個國家中，領土夠大，足以不假外求的只有兩國，即美國與印度（在地理上，印度有印度次大陸之稱）。

(二)海洋型經濟：其餘國家，不管領土再大（例如：蘇俄、加拿大）、人口再多（中國大陸14.1億人），都像海島一樣，必須經由海洋進出口，賺海外的錢。歐元區經濟最大國德國，主要賺歐元區的錢；亞洲日本與中國大陸，主要賺歐美的錢。

臺灣從以前到現在，經濟活力的源頭一向都是出口，300年前到1950年代，靠農產品（稻米）、茶、樟腦；1950~1970年代，靠輕工業產品（紡織品、鞋、傘）；1980年代以來，靠石化產品（油、人造纖維、塑膠、原料）、電子零組件。

2021年預估臺灣國際貿易

項目	商品金額		商品與服務比重(公式)	經濟成長率(%)	貢獻
	兆元	%			
(1)總產值	20.73	100		4.64	100
(2)出口	12.054				
(3)出口依存度（Export Dependence Ratio）= (2) / (1)		$\frac{12.054}{20.73}$ =58.147	$\frac{出口值}{國內生產毛額}$	—	—
(4)進口	9				
(5)進口依存度（Import Dependence Ratio）= (4) / (1)		$\frac{9.254}{20.73}$ =44.64	$\frac{進口值}{國內生產毛額}$	—	—
(6)出超 = (3) – (4)	2.8				
(7)出超依存度（Trade Surplus Dependence Ratio）=(6) / (1)		$\frac{2.8}{20.73}$ =13.507	$\frac{出超值}{國內生產毛額}$	44	
(8)國際貿易 = (2) + (4)	21.308				
(9)外貿依存度（Trade Dependence Ratio）= (8) / (1)		$\frac{21.308}{20.73}$ =102.79	$\frac{出口+進口}{國內生產毛額}$	—	—

Unit 11-3 國與國間為何會進行貿易

你有沒有注意到生活中的東西來自全球？且讓我們一起來逐項檢視。

1.食：牛肉來自美澳。
2.衣：百貨公司優衣庫（Uniqlo）是日本公司，佐拉（Zara）是西班牙印地紡集團（Inditex）旗下品牌。
3.住：冰箱、洗衣機、電視機，主要都是日、韓產品。
4.行：手機iPhone是美國蘋果公司，和泰汽車賣的豐田、凌志是日本豐田汽車的產品。
5.育：教美語的大都是外國人。
6.樂：第四臺中的HBO、電影院中主要都是外國片（占77%，類似美國片）。

一、人類歷史就是一部貿易史

為什麼人們會在國際間買賣東西？原因是「互通有無」，這在幾萬年前，人類就如此，我家的東西換你家的其他東西。

跨國交易，只是國內貿易的延伸。從漢朝到明朝，中國出口紙製品、瓷器，進口歐、中東各國的香料等。

二、國際貿易理論

經濟學是社會科學，學問的發展九成以上是歸納出來的，也就是理論的本身在於解釋複雜的經濟事實。國與國之間通商（現代所稱的國際貿易）已有數萬年歷史，而經濟學者所提出的國際貿易理論也不過二百多年的歷史。

我們要解釋各國出口、進口哪些商品，依時間順序有兩種理論，即絕對優勢法則與比較優勢法則。跟手機等產品一樣，愈新的理論，優點較多。

至於比較優勢法則中的「優勢」主要來源，便是「生產因素稟賦理論」。

三、均一價

各國間互通有無的結果，「奇貨可居」的現象漸不存在，會出現下列兩種現象：

(一)商品市場：商品市場中的商品互通有無，出口國的商品（以臺灣的鳳梨為例）在國內的價格會上漲，進口國（以日本為例）商品價格會下跌，逐漸趨向一致，稱為商品價格均一化。

(二)生產因素市場：以勞動市場為例，各國薪水越來越趨一致，1995年以來，歐、美、日、臺灣的薪資原地踏步，中國大陸等逐漸上漲，此稱為「因素價格均等定理」（Factor Price Equalization Theorem, FPE）。

國際貿易理論

理論名稱	絕對優勢法則（Law of Absolute Advantage）	比較優勢法則（Law of Comparative Advantage）	（生產）因素稟賦理論（Factor Endowment Theorem）	新貿易理論（New Trade Theory）
時間	1776年	1817年	1900~1940年 1977年歐林因此獲得諾貝爾經濟學獎	1990年 2008年克魯曼獲得諾貝爾經濟學獎
國家	英國	英國	瑞典	英國
學者	亞當・史密斯（Adam Smith, 1723~1790）	李嘉圖（David Ricardo, 1772~1823），又稱李嘉圖模型（Ricardian Model），強調國際分工。	黑克夏和歐林（E.F. Heckscher & D. Ohlin, 1899~1979）所以簡稱黑克夏-歐林模型（Heckscher-Ohlin Model或H-O模型）。	保羅・克魯曼（Paul Krugman, 1953~）等
主要內容舉例	①比較偏重贏者通吃。 ②臺灣勞工生產力比美國高，美國資本生產力比臺灣高，則各自專工。 ③然而一旦美國樣樣比臺灣拿手，則會出現一面倒的情況，即美國出口至臺灣，臺灣貿易方面只能「挨打」。	①只有一種生產因素，勞動人口。 ②重點在生產力。 ③臺灣在所有商品皆比美國貴，但是臺灣在勞動生產力方面比機器生產力高，則臺灣應專注於勞力密集產業，美國宜專注於資本密集產業。	①「靠山吃山，靠水吃水」這句俚語，貼切描述此理論。 ②廣土眾民的中國大陸、印度，人工便宜，所以適合勞力密集產業。 ③阿拉伯國家油藏豐富，適合石化產業。 ④貿易的結果是「因素價格均等定理」。 （The Factor-Price Equalization Theorem, FPE）。	①貿易的結果造成各國都市化稅度提高，形成「新經濟地理」。 ②足以解釋產業內貿易，例如美國進口豐田汽車，也出口通用汽車等到日本，即允許產品的異質性。 ③貿易的結果有助於強化或達到規模經濟。

新貿易理論是「國際貿易與企業管理」、「產業經濟」等系或學程的顯學，因全球經濟的整合，此理論能解釋許多新現象。

- 貿易集團（Trading Bloc）的興起，包括歐盟、北美貿易協定與東協十加三。
- 工廠區域選擇，例如：核心地區或周邊地區。
- 政府貿易政策，例如：課徵進口、出口關稅。

Unit 11-4 出口地區

出口商品與出口地區是息息相關的，深受地緣（影響運費，例如：德國在歐元區比較吃得開，因近水樓臺先得月）、科技水準影響，在衡量一個國家的出口地理範圍時，有兩個角度。

一、出口國家集中度

簡單的說，臺灣的出口主要反映出臺灣在全球的產業分工，由於欠缺廉價勞工，因此耗勞力的成品組裝於1990年代透過西進設廠，移到中國大陸生產。

由2000年起，臺灣最大出口地區，由美國（23.42%）改為「大陸及香港」（24.44%），從此之後，此消彼長，到了2021年，臺灣對中國大陸出口依存度已達46.4%；簡單來說，臺灣貨有4成5出口到「中國大陸及香港」。出口到香港，大都是轉手到中國大陸，所以兩地合併計算。

由比重還看不出中國大陸市場的重要性，2011年臺灣貿易順差266.9億美元，但對中國大陸就出超787.7億美元，若沒有中國大陸市場的貢獻，臺灣一定會出現入超的窘狀。

(一)臺灣最大出口地區是中國大陸及香港——這只是表象

1978年中國大陸改革開始後，兩岸貿易啟動，1990年大幅成長，2001年10月中國、2002年臺灣加入世貿組織，呈現高達35%的成長。

(二)臺灣透過中國大陸間接出口——中國大陸賺美國錢，臺灣賺中國大陸錢

中國從臺灣進口電子元件與模組和設備，再加工（組裝為成品，典型例子是iPhone、iPad）出口美、歐等國，2021年中國大陸對美貿易出超高達4,800億美元。臺灣對美、日出口金額下降，轉為對中國大陸出口上游原料和零件，同期間大陸電子產品對美、日出口增加，足以顯示「三角貿易」（歐美下單，臺灣接單，中國大陸出口）對兩岸的利益。

二、在進口國的進口市占率

站在進口國（此例為中國大陸）來看各出口國的市占率，及各年的市占率值的趨勢分析，可以看出搶地盤的地盤大小變化。

由趨勢來看，南韓、東協在中國大陸進口市場是大贏家，分述如下。

(一)臺灣重要性降低：臺灣在中國大陸的進口市占率逐年下降，2008年占12.9%，數一數二，2010年只剩8.3%，主因是中國大陸在地生產以部分取代從臺灣進口的工業品（例如：主機板、IC晶片）。在此情況下，臺資公司在2001年起，逐漸以在中國大陸設廠，取代從臺灣出口，這也是臺灣出口在中國大陸進口市場市占率逐年降低的原因。2012年，臺灣的出口值停滯，面臨嚴峻挑戰。2021年，此比率升至8.64%，主要是2020年美國卡住美國晶片公司（例如：高適）供貨給華為、中芯國際，中資公司轉單給聯發科、台積電。

(二)南韓不動如山：南韓的光學產品（液晶面板）、塑膠製品及有機化學在中國大陸進口市占率第一，臺灣只有人纖市占率居冠，而電機產品、光學製品及有機化學品名列第二。

出口國家兩個相關觀念

角度	公　式	說　明
1. 出口國角度之出口國家	①以洲為單位 $= \frac{\text{出口至某（例如：歐）洲金額}}{\text{某年臺灣出口金額}}$ ②以國為單位 $= \frac{\text{臺灣出口到大陸金額}}{\text{臺灣出口金額}}$ $= \frac{1,788\text{ 億美元}}{3,854.57\text{ 億美元}} = 46.4\%$	以出口（地區）依存度來說 ❶主要在衡量臺灣商品主要賣到哪裡。 ❷在國際市場，誰是臺灣的大主顧。
2. 進口國角度之出口國市占率	$= \frac{\text{臺灣出口至該國金額}}{\text{進口國進口金額}}$ $= \frac{1,788\text{ 億美元}}{20,700\text{ 億美元}} = 8.64\%$	以臺灣最大出口國中國大陸為例，臺灣出口商品占中國大陸進口值的市占率越高，代表中國大陸越需要臺灣商品。

全球國際貿易的供應鏈

投入	轉換	組裝	產出
 農 礦 ・金屬 ・石化能源（原油、天然氣） 工業原料 	零件、組件 南韓 臺灣 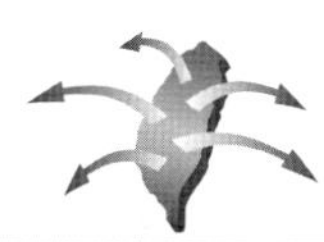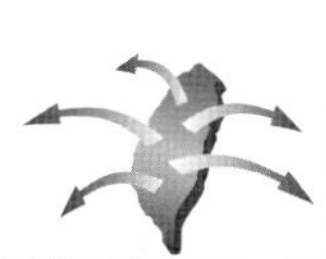	印尼、越南、印度、墨西哥、中國大陸 尼德蘭	一、消費品 1. 食 2. 衣 3. 住 4. 行 ・汽車 ・手機 5. 育：電腦 6. 樂：消費性電子 二、資本：機器設備

Unit 11-5 出口商品與形態

出口商品與出口地區反映出一國在全球經濟的分工，像德國出口汽車，義大利、法國以精品為主，美國以飛機、尖端工業機器設備為主，日本以汽車、家電為主。

可惜，多數國家的科技水準沒有工業國家優秀，只能在全球產業鏈中占有一席之地。簡單來說，上游（農工原料）主要是拉丁美洲、澳洲、東協等農工國家擔任；中游主要是臺、韓等新興工業國，出口面板、晶片等工業零組件；下游（產品組裝）主要是中國大陸、印度、孟加拉、墨西哥等人口大國，扮演產品組裝工作，賺點打工錢。

一、出口形態

臺灣在技術水準比日本低，因此從日本進口機器、原料，最具代表性的是生產手機、筆電電池用的電池芯，主要由三洋公司供應，由臺灣的新普、順達加工生產，再送到中國大陸工廠負責「後段組裝」。

2000年以後，隨著臺資公司在中國大陸設廠布局完成，由中國大陸的工廠負責組裝（例如：2000年起的液晶面板之後段模組）較划算。因此，由臺灣的公司生產電子模組，再運到中國大陸沿海的臺灣加工廠組裝等方式，皆統稱為「臺灣接單，中國大陸出口」，屬於臺灣公司的間接出口，又稱為三角貿易。

二、出口商品

把臺灣當成一家公司，從2020年出進口狀況，可大約了解臺灣國際貿易的狀況。開門見山的一語道破臺灣商品貿易的本質：「從日本進口原料機器以加工，把電子模組出口到中國大陸組裝成商品（如iPhone、iPad），然後出口到歐美。」

三、臺灣出口的危機

臺灣以出口電子模組給中國大陸為主，但從2000年起，基於中國大陸的外商降低成本考量，中上游公司紛紛到中國大陸設廠，中國大陸政府也順勢往此方向成長，主要是成立晶圓代工（像中芯國際）、面板（像華星、京東方等十餘家）。中國大陸進入第二次進口替代（import substitution）階段，被替代的主要是臺資公司。「日、臺、中」垂直分工的產業鏈關係逐漸式微改變，中國大陸往中游「垂直整合」，壓迫到臺灣公司生存空間。

四、進口商品及地區結構

(一)進口商品結構：進口消費品占進口值12.9%（其中汽車占3.87%），87%的進口都是資本設備（占17.7%）和農工原料（占68.2%，其中原油占4.95%），可見臺灣的進口大都是為了加工（尤其是加工後出口）。

(二)進口地區結構：來自美國的出口占比快速降低，而來自日本出口小幅成長，日本是臺灣主要進口國，占臺灣進口的二成；臺灣缺乏3C電子產品的關鍵零件（像數位相機的CCD組件），只好向日本的公司進口，因此造成臺灣對日貿易的巨額逆差。

2020年臺灣出口商品與區域

	中間產品		最終產品	
	中間產品	其他	資本品	消費品
一、出口 (1)億美元 (2)占比重*	77.1	0.6	13.5	8.8
二、進口 (1)億美元 (2)占比重*	農工原料 68.2	1.2	17.7	12.9

資料來源：財政部統計處進出口統計，2020年1~8月數字。

2020年臺灣出口商品與區域結構

HS二位碼	商品	%	洲／區域／國／地	%
	中分類		一、亞洲	70.9
85	電機設備及其零件	50.2	(一)東亞	56.3
84	機械用品及其零件	13.9	中國大陸	31.6
39	塑膠及藥製品	5.3	香港	14.8
90	光學等精密儀器	4.9	日本	5.8
87	汽機車及其零件	2.8	南韓	4.1
73	鋼鐵製品	2.1	(二)東南亞	14.6
29	有機化學品	2	新加坡	5.4
	銅及其製品	1.4	越南	3.1
	礦物燃料	1.4	馬來西亞	2.6
			菲律賓	1.5
			(三)南亞	
			印度	0.6
			二、美洲	14.9
			(一)北美	
			美國	14.9
			三、歐洲	4.7
			四、其他	9.5

資料來源：同上表，表2、3。

Unit 11-6 政府的貿易政策

1960～1980年代，媒體曾以「出口掛帥」來形容臺灣經濟的驅動力量。迄今，出口仍扮演舉足輕重的角色，因此除了美國經濟政策（財政政策和貨幣政策）外，政府還有貿易政策（trade policy），以達到「促出口，抑進口」的目的。

由於消費者採購商品時會考慮「價、量、質、時」四個因素，因此政府透過貿易政策工具以落實貿易政策。

一、價格類工具

在世貿組織自由貿易架構下，價格類工具可發揮空間漸窄，常見的有下列兩種。

(一)出口貸款與保險以「促進口」：為了「促出口」，對加工出口所需進口原料大都不課進口關稅，只有少數例外。常見促進出口措施為成立輸出入銀行，針對出口機器設備提供出口保險，以免整廠輸出貨款拿不回來；另外針對外國進口公司提供貸款。

(二)進口關稅以「抑進口」：為了「促出口」，所以針對出口商品不會課徵出口關稅；為了「抑進口」，對一些進口商品會課徵「進口關稅」（簡稱關稅）。世界各國大都已加入世界貿易組織（WTO），因此平均（進口）關稅稅率大都降至5%以下。因此，越來越難以關稅作為貿易政策工具，否則便不符合入會（世界貿易組織）資格，入會後一般資格審查，四年一次。受制於世貿組織的規定，進口關稅項目有所限制，以各國來說，主要是農產品，以保護國內農業；臺灣另外加上汽車業，進口關稅稅率17.5%，再乘上貨物稅（35%），進口汽車售價比原產國（例如：美國）高六成以上。

二、數量類工具

出口「配額」（quota）或進口配額的配額制，最不符合自由貿易的公平競爭原則，因此最不被世貿組織允許。所以有些國家把配額搭上關稅，稱為關稅配額（但本質上是配額式關稅）。2011年起，只剩少數農產品進口時還用，影響金額極低。

三、產品品質類工具

以產品品質不符合本國的健康安全標準為由，禁止外國產品進口，是「非關稅的貿易障礙」。臺灣以美國曾有狂牛症案例為由，禁止帶骨的美國牛排（例如：丁骨牛排、脊椎）進口；美國豬肉因含有瘦肉精，因此也限制進口。2020年8月28日，臺灣政府宣布2021年起，允許合格萊克多巴胺的美國豬肉進口，以遞出橄欖枝，盼簽定美臺自由貿易協定。

貿易政策工具

工具＼貿易	促進出口	壓抑進口
1. 價→①匯率 ②關稅	出口退稅	進口關稅
2. 量→配額		進口配額，在臺灣主要是針對韓國商品。
3. 質→農產品		①俗稱「非」關稅貿易障礙。 ②最常見的為宣布外國為疫區，因此限制其農產品出口到臺灣。
4. 時	①推動「品牌臺灣計畫」。 ②藉由建立品牌，創造高附加價值後，才能擺脫代工低毛益率的命運。	

產品「時髦」

主要是指自創品牌，2013年經濟部產業發展署推出「臺灣品牌耀飛計畫」，到全球打「臺灣製」品牌。政府有個長遠目標，即以「臺灣製造」（MIT）為國家品牌，發揮「母雞帶小雞」的效果，希望以「MIT」為品牌的出口值達520億元。

全球供應鏈重組 (global supply chain restructuring)

原　因	公司對策
1. 2018年7月~2020年美中貿易戰。 2. 2020年1月新冠肺炎疫情。	1. 撤離中國大陸 ・零組件 ・組裝 2. 在地生產 ・因國際人員移動困難

Unit 11-7 世界貿易組織——兼論自由貿易協定

貿易自由化的新聞最常見的是，兩國正洽談或簽訂自由貿易協定；簡單的說，便是把「進口關稅在三年（或五年）內降到零」。

一、貿易自由化的背景

面對1929年10月股市崩跌、生產停滯、經濟蕭條，美國人天真地認為如果能使美國人都消費本國產品，經濟就可以快速復甦，於是美國國會通過了斯穆特—哈里關稅法（Smoot-Hawley Tariff Act），把農產品的關稅升至49%，一般商品調升至38%。此法案如意算盤是，美國這麼做可以提振內需（美國人多買美國貨），但卻忽略了當美國調高關稅、損及各國出口利益時，各國紛紛採取反制手段，於是1930年代初期，各國關稅壁壘高築，保護主義瀰漫全球，連帶美國貨出口也重挫。美國經濟沒有因斯穆特—哈里關稅法案得到振興，反而更加惡化，失業人數由1930年10月463萬人一路升至1933年10月1,400萬人。

各國自私自利的政策把原僅是美國的經濟衰退，推升至世界大蕭條，德、日等出口大國日子最難過。

在領教過以鄰為壑的後果後，美、英、法、中等23國於1947年在瑞士日內瓦召開會議，簽署關稅暨貿易總協定（GATT），致力於消除保護主義，削除關稅，以創造互利的自由貿易環境。

二、自由貿易的地理範圍

臺灣對其他國的貿易、投資自由化進程，由右圖得知，僅得「2分」等級，可見仍有加強的空間。

貿易自由（free trade）包括撤除價格（主要是關稅、補貼）、數量（主要是出口、進口配額），以及品質等貿易障礙，以利商品在國與國間自由流通。

(一)兩國間自由貿易協定

1.兩國簽訂的自由貿易協定（Free Trade Agreement, FTA），基本上包括關稅逐年減至零與直接投資時，彼此享有國民待遇這兩方面協定。

2.自由貿易區：兩國簽訂自由貿易協定後，此地區稱為自由貿易區域（Free Trade Zone）。

(二)區域貿易協定：俗稱區域經濟整合，即同一個地區的三國（以上）簽署貿易協定稱為「區域貿易協定」（Regional Trade Agreement），最有名的有三個如下：

1.歐盟區，起源至1950年代，逐漸加入，2002年起有19個國家採取共同貨幣歐元（Euro Dollar），2012年時有27國。

2.北美貿易自由協定（North America Free Trade Agreement, NAFTA），包括加拿大、美國和墨西哥，於1994年生效。2020年7月1日，小改款，稱為美墨加協定。

3.東協＋N，於2010年生效。

此外，我們常會看到協定（agreement）與協議（arrangement）這兩個用語，其實是有差異的。「協定」是指邦交國間簽的契約；「協議」則指無邦交國間簽的契約。

貿易自由化2代機制

年代／內容	1948年	1995年
1. 性質	關稅暨貿易總協定（GATT）（世界貿易組織的前身）	世界貿易組織（World Trade Organization, WTO）
2. 地點	瑞士日內瓦	瑞士日內瓦
3. 參與者	締約方（Contracting Parts）	會員國 ①2001年12月，中國加入。 ②2002年1月，臺灣加入。
4. 後續	八個回合多邊貿易談判	約150國

亞洲為主的三大區域自由貿易協定

年	2014年起	2018年12月20日	最快2020年
一、主導國	中國大陸	日本	東南亞國家協會（ASEAN）
會員國	亞洲基礎設施投資銀行，97個國家和地區。	11國 亞洲：東亞的日本、東南亞10國 大洋洲：紐、澳 美洲：加、墨、智利、秘魯	16國 亞洲：中、日、韓 東南亞：10國 南亞：印度 大洋洲：紐、澳
二、協定	一帶一路政策（One Belt One Road Economic Policy） 1.投資協定 2.自由貿易協定	跨太平洋夥伴全面進步協定（Comprehensive and Progressive Agreement for Trans-Pacific Partnership, CPTPP）	區域全面經濟夥伴關係協定（Regional Comprehensive Economic Partnership, RCEP）

附錄：2010、2019年全球商品出口、進口金額

單位：兆美元

排名	國家／地區	2010年		排名	2019年	
		出口	進口		出口	進口
1	中	1.578	1.396	1	2.499	2.077
2	美	1.278	1.969	2	1.646	2.568
3	德	1.259	1.055	3	1.489	1.234
4	日	1.77	0.694	5	0.706	0.721
5	尼德蘭	0.574	0.516	4	0.709	0.636
6	南韓	0.466	0.425	7	0.542	0.503
7	香港	0.401	0.411	8	0.535	0.578
8	法	0.524	0.611	6	0.57	0.651
9	義大利	0.447	0.487	9	0.533	0.474
10	英	0.416	0.591	10	0.469	0.692
11	比利時	0.408	0.391	13	0.445	0.426
12	加拿大	0.387	0.403	12	0.447	0.464
14	新加坡	0.352	0.311	15	0.391	0.359
15	阿聯酋	0.214	0.256	20	0.28	0.262
17	臺灣	0.278	0.35	17	0.329	0.286
18	印度	0.226	0.35	18	0.324	0.484
	全球	15.301	15.511		18.886	19.226

資料來源：世界貿易組織資訊網，2020年4月8日。

第 12 章

消費者需求行為

章節體系架構 

Unit 12-1 消費者行為

整個經濟學中的消費行為，本質上可說只是心理學「動機→黑箱→行為」的一種運用。而經濟學比現代心理學早興起，可見經濟學者對人行為的精細觀察，對人性的精準體會，因此也是社會科學的一支，而社會科學便是以人為研究對象。

一、效用

經濟學者對人性有深入的觀察，認為人的一生是來享受的，也就是追求「效用極大化」。

(一)效用的意義：效用是指消費者購買且享用消費品所得到的好處或帶給他（或她）的滿足程度，消費者設定效用的單位，以及該單位的衡量標準以測量效用的大小，因此可利用效用概念來分析消費者的預算分配問題。經濟學者用「效用」（utility）來衡量人「爽」的程度，及時行「樂」、「歡喜」就好、「High」到最高點等俚語對人們滿足的形容雖然不同，但是我們大都能體會到這種「好情緒」。

(二)效用的來源（或消費的動機）：經濟學者比較不分析消費行為的動機，但心理學者將其二分法如下。

1.本性：「食色，性也」，人類吃飯是為了滿足口腹之慾、住房子是為了避風雨，有三種行為是人的本性，即飢餓時要吃、作愛的需求、睏了就要睡。

2.學習到的：衣、行、樂等方面的需求往往是學來的，2011年8月一票人排隊看「那年一起追的女孩」電影，原因可能是你的同學朋友都看過了。

二、資源有限

孟子曾有「魚與熊掌，不能兼得」的困擾，主要便是錢有限，只能買其中一個，但各有偏好，以致拿不定主意，這也是許多人買菜、購物時所面臨的困擾。但是有錢並無法完全解決問題，因為「胃就那麼大」，只能吃條魚或熊掌。因此人們消費時必須「精挑細選」的主因，有下列兩個限制。

(一)預算限制：即買東西的錢有限，詳見Unit 12-2。

(二)時間限制：縱使是億萬富翁可以整櫃衣服都買，但是億萬富翁常「有錢就沒閒」，也受消費時間限制，因此消費時也面臨「三選一」的抉擇。碰到不花錢的事，人們也同樣會面臨抉擇問題，這是因為時間有限（每個人一天都只有24小時）。同學邀你晚上去看電影，但你明天要交作業。有些人硬撐，凌晨熬夜趕作業，但第二天身體就很累，也傷肝。

三、偏好

需要資源的投入，才能滿足人的慾望，食物飲料是資源、土地建材是資源、電影拍攝製作也需要資源。由於人的慾望無窮，但是經濟資源有限，所以在「耗用資源滿足慾望」的過程中，必須要有取捨，而人的偏好正是決定取捨的基準。

消費者追求效用極大化的過程

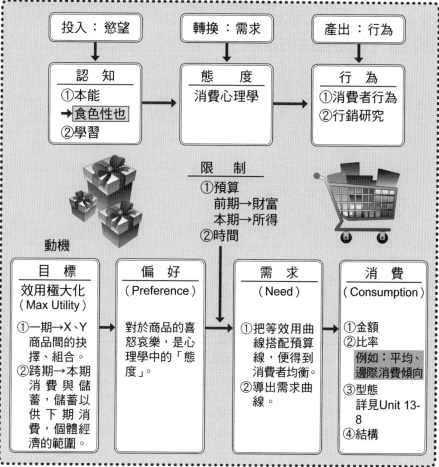

投入：慾望	轉換：需求	產出：行為
認知 ①本能 →食色性也 ②學習	態度 消費心理學	行為 ①消費者行為 ②行銷研究

認知 → 態度 → 行為

動機

限制
①預算
前期→財富
本期→所得
②時間

目標	偏好	需求	消費
效用極大化（Max Utility） ①一期→X、Y商品間的抉擇、組合。 ②跨期→本期消費與儲蓄，儲蓄以供下期消費，個體經濟的範圍。	（Preference） 對於商品的喜怒哀樂，是心理學中的「態度」。	（Need） ①把等效用曲線搭配預算線，便得到消費者均衡。 ②導出需求曲線。	（Consumption） ①金額 ②比率 例如：平均、邊際消費傾向 ③型態 詳見Unit 13-8 ④結構

目標 → 偏好 → 需求 → 消費（限制 → 需求）

知識補充站

你的偏好決定你的花錢方式

「人之不同各如其面」，每個人對於怎麼花錢的看法，往往不同。愛玩的人有了一筆大錢以後，就出國旅行；有人買大螢幕電視；愛美的女人可能就買日本服裝設計師三宅一生的華服，把自己打扮得美美的。

每一位消費者基於其個人的學習成長經驗，截至目前，已逐漸形成一種消費的偏好習性和結構。隨著時間的經過、經驗知識的累積，偏好結構（Preference Structure）往往也會深刻。因此，根據消費者個人現有的生活狀況和其偏好結構，假設消費者能夠清楚了解所有商品組合對其效用的貢獻。例如：有錢的家庭跟貧窮家庭中的兩位消費者，由於其生活狀況不一致，前者已有齊全的家電用品，而後者還沒有；因此可以想見，兩者對家電用品的偏好順位，將有很大不同。

Unit 12-2 從需要到需求

19世紀經濟學的領域，看電影是為情緒愉悅，不論是吃飯、住宿、看電影等都是消費行為。消費的目的就是為了要滿足慾望，飽口腹、避風雨、愉悅情緒等都是人類的慾望。消費可以讓人更舒服、更幸福，通俗點地說「更爽」，消費者「花錢」消費，所帶來效用的提升。

一、需求

2002年，有支公益彩券的廣告，父子坐火車，唸小學的兒子看到車窗外的東西，屢屢雀躍喊「房子」，做父親的陶醉式的回答：「喜歡嗎？爸爸買給你。」兒子又叫「車子」，父親還是用同樣的101句來回答。他心中的前提是中了彩券頭獎，車子、房子都是小事一樁。

「人類因夢想而偉大」，這句廣告詞中的「夢想」，可說是「需求」（desire）的貼切描述。至於「人心不足蛇吞象」則誇張地形容人想要買的東西無拘無束。

跟前面單元相比，「需求」跟「偏好」可說是同義字。

二、可支配所得

「想」買車子、房子，這些念頭都是需要，是人慾望的一部分。但是如果沒有錢支持，這些都只是春秋大夢罷了！

「一文錢逼死英雄好漢」、「有錢就有膽」，這些俚語皆說明錢的重要，在經濟社會中，瑞典國寶ABBA合唱團在「Money Money, Money」一首歌中闡揚了一個簡單的常識「No Money, No Talk」（沒錢免談）。

此處以893萬個家庭中的平均數來說，年所得143.27萬元，扣掉稅費後，「實拿」133.19萬元，這就是「可支配所得」。

三、需求

「有錢就是大爺」，有錢作後盾的需要便是需求（Need），限於經費有限，我們的「需要」往往是七折八扣。

四、消費

把「需要」化成行動，例如：上「PAZZO、lativ」網購T恤或到7-11買關東煮，這就是消費。

(一)消費：消費（consumption）就是「花錢買享受」，這個你我天天屢做不厭的事，消費是過程、工具，目的是滿足人的效用。做白日夢不用花錢，所以不算消費。

(二)人事物：消費者的消費問題（consumption problems）是指消費者怎麼把有限的所得、財富，用於最適商品組合的購買與享用上，以得到最大滿足程度的問題。簡單地說，這便是「把錢花在刀口上」的消費者均衡。

由公司損益表來看家庭可支配所得

公司	2019年		
	國民所得（兆元）		827萬戶（萬元）
營收	受僱人員報酬	8.706	98.56
	財產及企業所得收入淨額	3.672	41.57
－營業成本	勞保費	－	－
	健保費	－	－
＝營業淨利			
＋營業外收入	移轉收入	2.021	22.88
－營業外支出	移轉支出	2.288	25.9
＝稅前淨利		12.111	137.11

知識補充站

個體經濟學

第十二～十六章是本書的個體經濟學（Micro-Economics）部分，這很容易了解。

1.個體包括二種人，即家庭、企業。其在市場的角色如下：

· 商品市場：公司是賣方，家庭是買方，針對機器設備，公司也是買方。

· 生產因素中的勞動市場：公司是買方（僱工）、家庭中的成員之一是賣方（就業）。

2.經濟學

家庭在有限預算下，尋求效用極大的消費者均衡；公司在有限資源下，尋求淨利極大的公司均衡。

Unit 12-3 商品的分類

前面提到「慾望無窮，預算有限」，「預算」指的是財富、所得與時間。「錢」主要的用途便是「買東西」。依照東西要不要花錢等標準，可以把商品分成大中小細四分類。

一、大分類：依要不要花錢區分

商品的大分類是依商品是否須花錢才能取得來區分，分述如下。

(一)免費品：這是指人們可免費取得的商品，最常見的是量販店試吃或街上工讀生發的小贈品。而政府蓋的公園大都是公用品（public goods，俗稱公共財），甚至準公用品（quasi public goods，俗稱準公用財），誰都能免費使用，沒繳稅的人也能。

(二)有償品：大部分商品都需花錢才能買得到，因此稱為「有償品」或經濟品。

二、分類：依買方身分區分

商品的中分類是依買方身分區分。同樣的筆電，由兩種人買走，名稱便不相同。

(一)消費品：由家庭（你家、我家、他家）買筆電，用來上網查資料、玩遊戲、收發電子郵件等，消費者買的商品稱為消費品（consumption goods）。消費者對商品的需求稱為直接需求（direct demand）或最終需求（final demand）。

(二)工業品：統一企業買筆電給員工使用，此時筆電可說是最終產品中的資本品（capital goods），業務代表用筆電來辦公，例如：收發客戶的電子郵件訂單，上網查詢庫存以決定是否要接客戶訂單。此時「資本品」便是會計學稱的「生財器具」或「機器設備」。因此公司對於商品的需求是間接需求（indirect demand）或稱衍生需求（derived demand）。

三、小分類：依使用年限區分

家庭買商品可套用會計學把公司資產二分法，也依使用年限加上金額分成兩項。

(一)耐久品：可用一年以上且超過一定金額（例如：4,000元）者稱為耐久品（durable goods），家庭設備（例如：家電）便是實例。襪子、湯匙和碗可以使用一年以上，但金額低，所以歸類在非耐久品。

(二)非耐久品：非耐久品（nondurable goods），又稱為消耗品（perishable goods），像買利樂包飲料，喝完就沒有了。搭「捷運」是購買運輸「服務」，服務一定是非耐久品，用過就完了，不能儲存再拿來使用。

四、細分類：依買方人數區分

商品細分的標準較少見，通常是依購買人數來區分如下。

(一)個別需求：你家、我家買飲料，這屬於個別需求（individual demand）。

(二)市場需求：全臺893萬個家庭一年買瓶罐飲料470億元，這稱為市場需求（market demand）。

商品需求4分類

分類層級	說明		
1. 要不要花錢買	①不要 免費品	②要 經濟品或有償品	
2. 買方身分	①企業	②企業、家庭	
2-1 依國際貿易對商品的分類	初級產品　中間品	最終產品	
	零件與組件　半成品	資本品	消費品
2-1 經濟學的用詞	間接需求或衍生需求 公司購料生產出產品的目的是想賺別家公司或消費者的錢	直接需求	買來用的
3. 使用年限	①消耗品	②耐久品	❶非耐久品 ❷耐久品
4. 買方人數	①市場需求 ②個別需求	①市場需求 ②個別需求	

1. 初級產品（Primary Product）：指的是農礦（例如：原油、金屬等）未經加工的產品。

2. 中間產品（Intermediate Goods）：指組成最終產品的一些工業品，包含兩中類：
①元件與組件：這是指機器設備維修所需的零件與組件。
②半成品：這是生活中所稱的電子「零組件」。

3. 最終產品（Final Product）：依買方不同，分成兩類：
①資本品（Capital Goods）：指的是企業買的機器設備。
②消費品（Consumer Goods）：指的是家庭買來用的商品。

參考會計學把公司資產二分法，超過一定金額的資產應依稅法年限攤提折舊費用，稱為使用資產的代價；消耗品支出（例如原子筆等文具）則屬費用。

知識補充站

是誰買走了？

我們左文提到商品的中分類標準是誰買走了，這是依買方身分來二分法，我們也很詳細說明同樣的筆電由誰買走是當作消費品或工業品使用，所以重點不是那些東西是什麼，而是由誰買走的。再舉一個例子：媽媽買麵粉、豬肉在家做包子當點心，這麵粉、豬肉稱為「消費品」。鼎泰豐每天買一噸麵粉和豬肉做包子在店內賣，這麵粉跟豬肉屬於「工業品」或稱為「生產品」（production goods）。公司買生產品來生產，是為了做出商品去賣，好賺錢。因此公司對於商品的需求是間接需求。

Unit 12-4 個人需求曲線

把每個人買飲料、咖啡的偏好列出來，可以列出等效用曲線，進而說明邊際效用、邊際法則和導出需求曲線，本書為簡化起見，直接以個人需求曲線分析。但這樣作法得具備一些數學程度。為了讓讀者易懂，我們跳過比較難的部分，直接以需求曲線說明。

一、需求曲線——邊際效用遞減法則

右圖是一位大學生的飲料需求曲線，在夏天時渴得很，進去統一超商買飲料，他的意願如下。

(一)買第一瓶飲料時：他願意花35元買300cc飲料，以解「燃眉之渴」，這瓶飲料可以給他90分「滿意程度」（註：效用的通俗用詞）。

(二)買第二瓶飲料時：他願意花25元，這是因為喝了第一瓶飲料，不那麼渴了。這是第二瓶飲料給他帶來60分效用（utility）。

(三)買第三瓶飲料時：他願意花15元，因為還有一點渴，這第三瓶飲料給他帶來20分效用。

二.邊際效用遞減

由右圖可見到喝第一、二、三瓶飲料帶來的「滿意程度」，可得到下列結果。

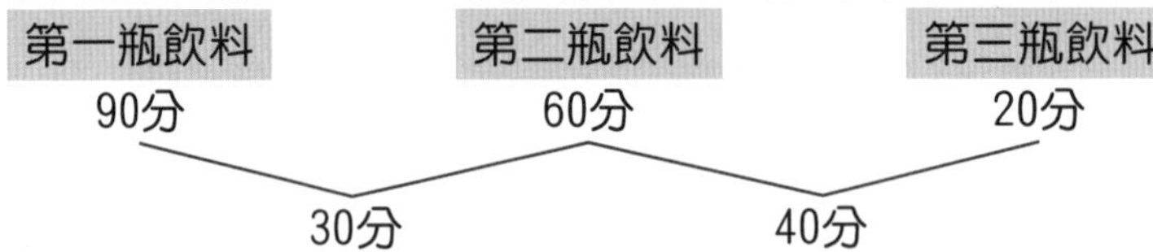

或（60－90）÷90＝－50%或（20－60）÷60＝－66.7%，這就是「邊際」效用遞減。

(一)邊際：指的是每「多」出一單位，例如：由第一瓶到第二瓶；喝了兩瓶，再喝第三瓶。

(二)效用：指的是滿意程度，每個人的滿意程度不同，無法人跟人之間比較，例如：你喝第一瓶飲料給90分，別人給100分，但不能說別人100分的滿意程度比你的90分高。

(三)遞減：由上述例子可見，第二瓶飲料帶來的效用只有60分，比第一瓶飲料少30分；第三瓶飲料更慘，帶來的效用只有20分，比第二瓶少40分。這是水準值，換算成百分比（幅度）更驚人，第二瓶飲料的效用比第一瓶飲料少50%，第三瓶飲料的效用比第二瓶飲料少66.7%。

三、消費者淨利

人們買商品第一原則是一定不吃虧，也就是不買貴了，即心中要有賺到的感覺。以右圖來說，不管你買幾瓶飲料，統一超商的售價都是15元，那你買飲料時心中覺得賺到的那部分稱為「消費者淨利」（consumer surplus，俗稱消費者剩餘），說明如右。

一個人的需求曲線

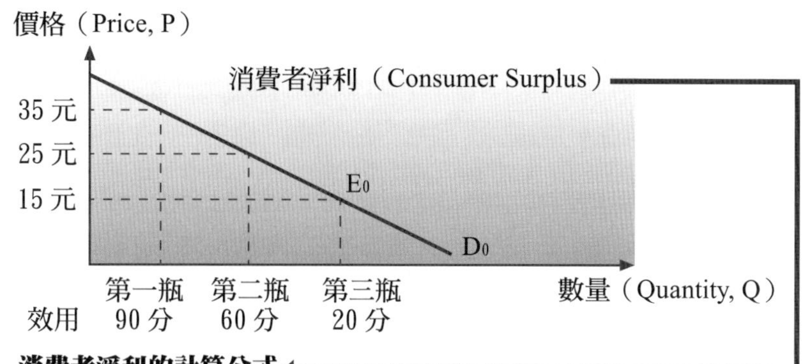

消費者淨利的計算公式

消費者淨利（Consumer Surplus）＝認知的價值（Perceived Value）－價格（Price）

1. 買第一瓶飲料

   20 元＝35 元－15 元

2. 買三瓶飲料

此時消費者盈餘如下：

30 元＝(35 元＋25 元＋15 元)－(15 元 ×3)

由上圖可見，人對某商品的需求有其上限：

1. 饜足點（satiation point）：大部分商品都會給人帶來正效用，但是超過你的接受程度，以飲料來說，瞬間喝第四瓶飲料（加總四瓶 1,200cc），可能會讓你「難以下嚥」，甚至深以為苦。由於人有饜足點（或滿足點），所以不會出現「來者不拒」、「多多益善」的情況，也可解釋有些人為何「喜新厭舊」，甚至有些人有「七年之癢」。
2. 促銷點：統一超商知道你有邊際效用遞減的心理，所以往往推出「第二瓶打七五折」的價格促銷，以誘使你在多享用「消費者淨利」情況下，一次買兩瓶。

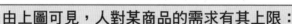

供給需求曲線的發明者

1. **發明者：**馬歇爾（Alfred Marshall）
2. **年代：**1842 年 7 月 26 日~1924 年 7 月 13 日
3. **國家：**英國克拉芬市
4. **學歷：**英國劍橋大學數學系
5. **經歷：**英國劍橋大學經濟學教授
6. **著作：**1890 年出版《經濟學原理》
7. **榮譽：**英國劍橋學派的創始人
8. **貢獻：**經濟學獨立成一門課（之前名稱為政治經濟學），並獨立成系。

Unit 12-5 破解供需曲線圖——以需求曲線為例

有些人對經濟學大量使用圖形，一開始便沒弄懂，之後碰到其他圖形，就只能死背。經濟學中最常碰到的是座標圖，尤其是供需分析，本單元以需求曲線為例，仔細分析，你會發現弄懂了以後，就不用再背了。

買方的消費意願反映在需求曲線上，賣方的供給意願反映在供給曲線上。就教學技巧來說，只要講一邊，會比同時講需求曲線、供給曲線更容易懂。你可以依照右圖畫出供給需求曲線，依上述來依樣畫葫蘆。

一、商品市場情況

從右圖可見，畫圖的順序是先畫出座標圖，標示出兩軸，再畫需求曲線（D_0曲線），標上P_0、$P_{0,A}$、Q_0、$Q_{0,A}$等點與虛線。

(一)座標圖：經濟學上的圖，9成以上都是座標圖，這在國中已教過，許多公司的業績圖都是座標圖，各行各業都在用。

(二)X軸（橫軸）：X軸代表商品成交「數量」（Quantity，簡寫成Q），你可以在X軸尾寫「數量」或「Q」，此例代表一週買幾斤雞肉。

(三)Y軸（縱軸）：Y軸代表商品成交「價格」（Price，簡寫成P），你可以在Y軸尾端寫上「價格」（指的是單價），或「P」，此例代表雞肉一斤幾元（即元／斤）。

(四)需求曲線：圖中需求曲線有三種說法，由難到易排列如下。

1.數學說法——負斜率的直線：需求曲線在數學上的性質是條「負斜率」的直線，問題是有些人搞不懂為什麼是斜率。

2.地圖說法——西北東南走向：另一種替代的背法是以地圖來舉例，D_0呈現「西北東南」走向，但是有些人不知道「西北」、「東南」在哪裡，以時鐘或手錶來說，可用10點（西邊）、4點（東邊）鐘方向來比喻。

3.自然學習法——畫了以後就知道：直覺、自然的學習法很容易上手又不容易忘，要是你無法確定D_0是不是需求曲線，你可以畫出E_0（接著拉線到Y軸得到P_0點，拉直線到X軸得到Q_0點）、$E_{0,A}$（拉線到Y軸得到$P_{0,A}$點，拉直線到X軸得到$Q_{0,A}$點），本圖還有以雞肉為例的具體數字。

E_0是雞肉一斤100元，數量1斤。

$E_{0,A}$是雞肉一斤90元，數量1.05斤。

符合「跌價量增」的一定是需求曲線，人心如此，價格下跌，便宜多買點。

二、舉一反三

求學，如果能「舉一反三」，大抵可說「由懂到通」。反之，我們則藉「舉三」讓你可以過度學習，更加掌握住座標圖——需求。

右圖包括兩種生產因素、一個商品市場中的「服務」商品，以旅館住宿為例，可依上述說明詮釋。

需求曲線實例：A消費者

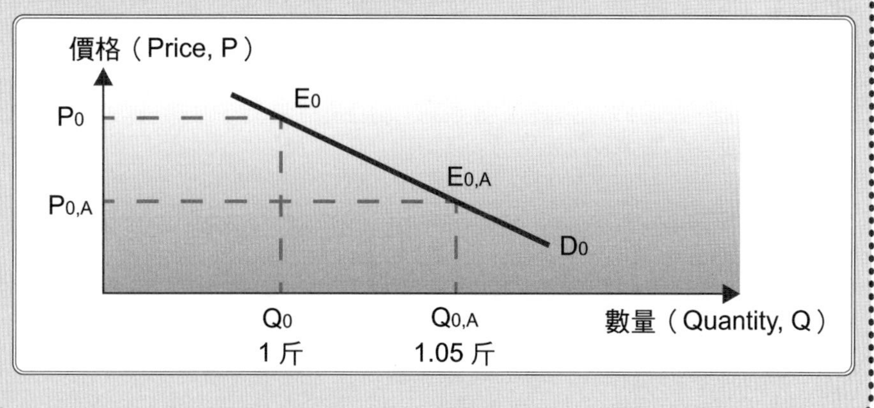

3個市場的需求曲線

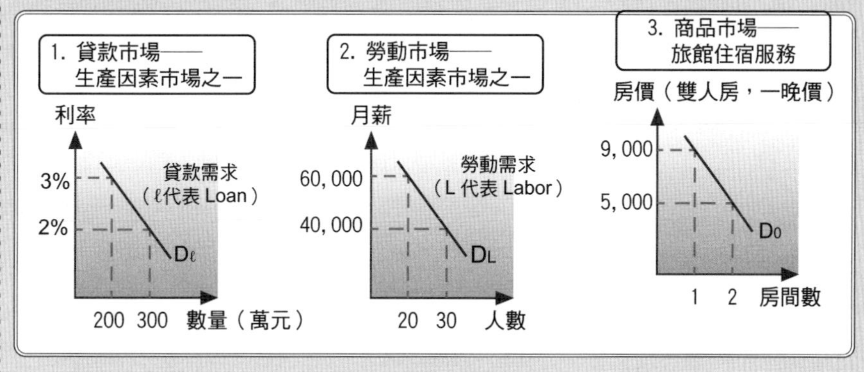

知識補充站

市場（Market）

市場是指「交易的地方」，有實際地方的零售市場之一是傳統市場，或稱菜市場，有早市與黃昏市場之分。

在經濟學中的一般均衡分析中，把市場一分為二。

1.商品市場

這是指最終產品市場，尤其常指其中的消費品市場。

2.生產因素市場

五種生產因素皆有其市場，像上圖中勞動市場、貸款市場，至於原物料，工業品則可說是「自然資源」，歸屬在「土地」市場，詳見Unit 15-2。

Unit 12-6 需求曲線的變動

由右圖「投入」欄中可見，影響「需求」的有七種因素，但是仔細分析，七種因素可分為兩類，套用「需求移動」、「需求量變動」來分析。

一、所得變動的影響——需求(曲線)移動

造成需求曲線往右移動的因素有二，可以簡記為「所得乘上平均消費傾向」。

(一)所得效果：當你家裡的所得增加（正向變動），錢包內的錢變多了，以其中一部分來改善生活，俗稱「吃好一點」，此稱為「所得效果」（income effect）。為了簡單說明起見，本書不說明所得減少（負向變動）。

1.需求（demand）：指在其他情況不變下，某一特定期間內，消費者在各種不同的價格下，所願意且能購買的各種不同數量。

2.需求移動（demand curve shift）：假設2021年經濟邁向繁榮，所得比去年（2020）增加不少（例如：個人平均年薪變成74萬元），你家變凱了。在雞肉價格1斤100元情況，每週買肉由1斤增加到1.5斤；這主要是所得效果。這種價格不變，因為所得增加而造成需求曲線由D_0向右移動至D_1，稱為需求移動（demand shift）。一般來說，所得效果大於價格效果，所以在本例中，所得效果（1斤到1.5斤）、價格效果（1斤到1.1斤）用具體數字來舉例，而且兩個圖畫在一起，那就易懂易記！

經濟學使用「期」這個觀念，區分供需曲線，0期代表上一期（有時寫成t-1期）；1期代表本期（有時寫成t期），D_0便是上期需求曲線；D_1便是本期需求曲線。為了口語化起見，本書把「期」改成「年」。

(二)生活水準：生活水準是偏好的實際表現，同樣年所得，有些家庭花得多（即平均消費傾向高），有些家庭花得少。

二、價格變動的影響——需求量變動

當商品價格下跌（負向變動），你家所得沒變，但更有購買力買多一些商品，此時你家的所得看似「變大了」，此稱為「價格效果」（price effect）。為了簡單說明起見，本書不說價格上漲（正向變動）情況，你由右圖便可看出。

(一)需求量（quantity demand）：這是指在其他情況不變的情形下，某一特定期間內，消費者在某一價格下，所願意且能購買的數量。

(二)沿著需求曲線移動（move along the curve）：假設2020年在雞肉1斤100元時，你家一週買1斤雞肉，當雞肉降價，1斤只剩90元時，你家可能一週買1.1斤雞肉。這是由於你父母沒有調薪，所得固定（例如：個人平均年薪61萬元），所以只能沿著D_0需求曲線，靠價格來決定需求量，所以均衡點由E_0到$E_{0,A}$，稱為「沿著需求曲線移動」，這主要是價格效果的影響。

包括價格，共有五個因素影響「需求量變動」，其他四項在Unit 13-1說明。

所得、價格變動對需求曲線的影響

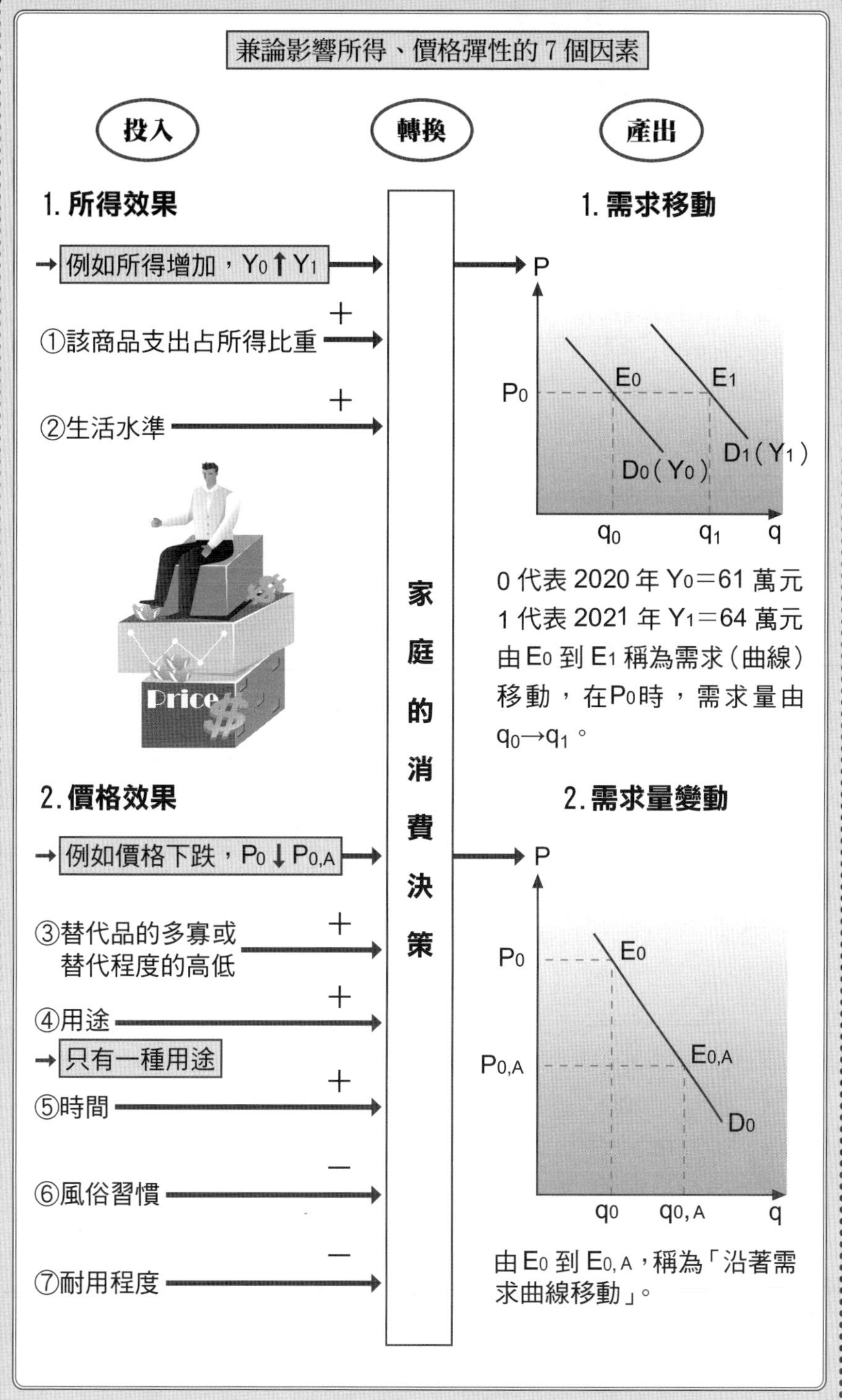
兼論影響所得、價格彈性的 7 個因素
投入
轉換
產出
1. 所得效果
例如所得增加，Y0↑Y1
①該商品支出占所得比重 +
②生活水準 +
Price
2. 價格效果
例如價格下跌，P0↓P0,A
③替代品的多寡或替代程度的高低 +
④用途 +
只有一種用途
⑤時間 +
⑥風俗習慣 −
⑦耐用程度 −
家庭的消費決策
1. 需求移動
P
E0
E1
P0
D0(Y0)
D1(Y1)
q0
q1
q
0 代表 2020 年 Y0＝61 萬元
1 代表 2021 年 Y1＝64 萬元
由 E0 到 E1 稱為需求（曲線）移動，在P0時，需求量由 q0→q1。
2. 需求量變動
P
P0
E0
P0,A
E0,A
D0
q0
q0, A
q
由 E0 到 E0, A，稱為「沿著需求曲線移動」。

Unit 12-7 市場需求曲線

市場需求曲線（market demand curve）是由所有消費者個別的需求曲線，進行水平橫向加總而成。如右圖所示，如果市場上有兩位消費者時，在價格P_1下，其需求分別為q_1和q_2；那麼，市場的需求量就等於Q_1（$=q_1+q_2$）。因此，依此類推，就可以在各種價格下，得到對應的市場需求量，也就可以求出市場需求曲線。

一、市場需求曲線說明

(一)水平加總：把個人需求量相加以求出市場需求量的作圖法，稱為水平加總（horizontal aggregation）。例如：右圖中，價格為P_1時，A、B兩人的需求量分別是q_1、q_2，市場總需求量即為$Q_1=q_1+q_2$。

(二)不平滑：由於A、B兩人組成的需求曲線在縱軸交點處P_2分別有拗折，所以當我們做水平加總的時候，所得到的市場需求曲線也會有對應的拗折點。這種拗折是因為我們只畫了兩個人的水平加總所致，如果社會（例如：一個社區）上有2,000人，把這2,000人的需求水平加總，由於加總的數字非常多，相對來說，每位消費者需求曲線的拗折就微不足道，社會的需求曲線也就會相當平滑，不會彎來彎去。

(三)人數越多，曲線越往右移：由於市場需求曲線是個人需求曲線的水平加總，所以加總的人數越多，市場的需求量越大，市場需求曲線就會越往右移動。

二、函數和圖示

把個人和市場的需求多比較幾遍，大概會得到下列結論。

(一)個人是小我：每個人是「小我」，是整個市場的一部分，所以個人需求函數（individual demand function）全部以英文小寫字母表示。

整個市場是「大我」，所以市場需求函數（market demand function）全部以英文大寫字母表示。

(二)圖示：需求曲線只是把顯函數的需求函數明確畫出來罷了，也就是「圖示」，以圖表示！

小博士解說

需求、供給「曲線」

需求曲線（demand curve），供給曲線（supply curve）的交集是「曲線」（curve），這個字明明是曲線，可是你在任何書看到的需求曲線和供給曲線都是直線。只能說，畫成直線只是為了圖個方便。

一般來說，任何人（家庭、公司甚至政府）是看不到市場需求曲線、供給曲線的，因為影響因素太複雜了，而且任一買方也沒有「自知之明」或顯示出其偏好（在任一價位，表達出需求量）。因此，需求、供給曲線大抵只是教學時假設狀況的討論。

消費者個別需求曲線VS.市場需求曲線

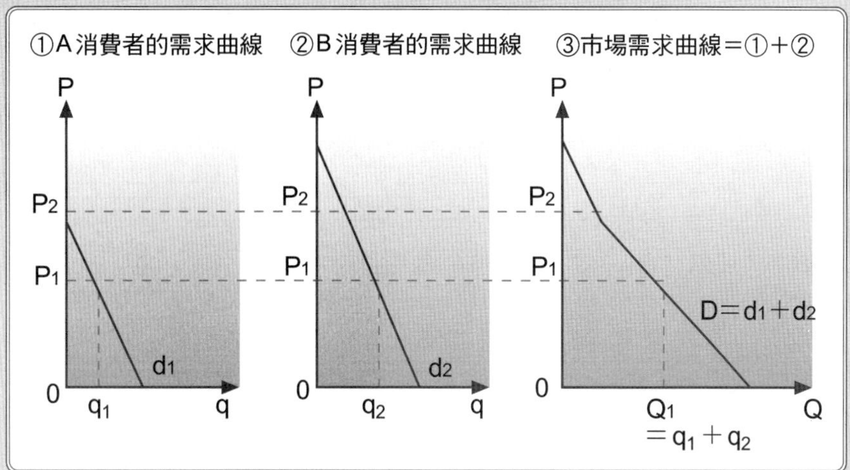

個人和市場的需求

範圍	需求函數	需求曲線
市場	市場需求函數→I代表所得 Q_X^D =F（P_X｜P_Y,I,R,……）	市場需求曲線 （Market Demand Curve）
個人	個人需求函數 ↳X代表X商品，Y代表Y商品 q_x^d =f(P_X｜P_Y,I,R,……)	個人需求曲線 （Individual Demand Curve）

臺灣酒精以外包裝飲料、飲料店產值

單位：億元

大分類	中分類	2017年	2018年	2019年
一、手搖飲料		939	962	1,000
二、瓶罐飲料		479.74	410.85	469.09
(一)水	包裝水	35.35	34.07	34.02
	運動飲料	28.08	27.58	25.53
(二)茶、咖啡	茶	165.41	162.77	163.19
	咖啡	53.94	55.25	57.56
(三)碳酸		50.83	51.32	51.79
(四)蘋果汁		58.58	58.53	58.35
(五)其他		87.55	81.33	78.65

資料來源：經濟部統計處，2020年4月26日。

第13章

消費的供給與需求

章節體系架構 

Unit 13-1 消費者均衡

消費者限於「預算」（即所得、財富）、「時間」（包括人生苦短），但是什麼都想「吃」、什麼都想「玩」，也就是慾望無窮。消費都只能在有限資源下，追求效用極大化。為了讓「此生無悔」，消費者常採取的決策準則，本單元依序說明之。

一、買一個商品時的決策準則——不吃虧

前面章節已經說明消費者消費時一定要有賺頭（即消費者淨利），被商店老闆詐騙（商品被掉包）則另當別論。

(一)消費者心中滿足：消費者淨利表示消費者可以經由市場交易獲得淨利益（表示比實際支出多出來的部分），也表示其效用水準的提升。在均衡分析下，消費者淨利和公司淨利的存在，說明了經濟社會之所以提倡市場交易活動而放棄自給自足的理由。

經濟學可說是管理學之母，消費者淨利這觀念可運用於行銷學、工業工程等，舉一個例子便可以一目了然。

假設你花300元買一件T恤，你覺得值700元，也就是最多你願意花700元來買。

由右圖消費者的理性消費決策準則來看，三種學科的用詞雖然不同，其實只是名異實同。

(二)N個人時：以上是由消費者個別的需求曲線來說明消費者淨利的觀念，至於所有消費者的消費者淨利，也可以比照由市場需求曲線來加以呈現，道理是一樣的。

二、價值價格比

從多款同類商品中挑一個，這是最常見的消費決策，決策準則是「價值價格比」（value / price ratio），連股票投資時挑股票也一樣。

以購買2,000cc汽車為例，為了便於比較，以同一家公司（例如：和泰汽車銷售日本豐田的臺製冠美麗汽車）的三個車款來分析，且後續使用成本（油耗、牌照稅、燃料稅）皆一樣，但90~95萬元對消費者財力沒差。差別只剩售價和消費者認知價值，說明如下。

(一)決策：此時消費者會買B車款，因為「價值價格比」1.3倍，白話地說，花1元，帶來1.3元的價值；其次是A車款1.25倍；最後是C車款1.2倍。

(二)性能價格比：許多電腦公司銷售筆電時強調「性能價格比」（簡稱性價比），但不容易算出具體數字。汽車比較容易算出。茲舉例列示如右圖，並說明如下。

假設B車款的性價比是2.1，白話地說，1萬元買到2.1匹馬力；其次是C車款2匹馬力；最後是A車款2.088匹馬力。

兩種分析方式的結果都一樣，你不會買A車款，只因為它最便宜（68萬元），因為它「最不划算」。

消費者的理性消費決策準則

項目	經濟學觀念	說明與舉例
每多買一個產品 1. 單一產品時	1. 邊際效用遞減法則（Law of Diminishing Marginal Utility） 2. 消費者淨利（Consumer Surplus） ＝消費者認知價值（Perceived Value）－產品售價	消費者絕不做吃虧的事，也就是「不買貴了」。 ＝700 元－300元 ＝400 元
2. 兩個以上商品比較時 ①行銷學、投資學 ②工業工程、成本會計等課程	邊際替代率遞減法則（Law of Diminishing Marginal Rate of Substitution） 價值／價格比（Value / Price Ratio）＝價值／價格 效益成本分析（Cost Benefit Analysis）＝效益／價格	錢要用在刀口上 600 元／300 元＝2×（即 2 倍） 600 元／300 元＝2×

價值價格比的情況

基準：2,000cc 汽車

準則＼車款	A	B	C	價值行銷
1. 價值價格比				假設 A、B、C 三家汽車公司，B 汽車公司的行銷術語會採用「價值價格比」，即用一定錢買到價值最高的汽車，此稱為「價值行銷」（Value Marketing）。而不會去跟 A 汽車公司拼價格，汽車價位往往隱含品質訊息，便宜要便宜得有道理，因為消費者往往認為「一分錢一分貨」。
①價值（萬元）→消費者認知價值	112.5	120.9	114	
②價格（萬元）	90	93	95	
③價值價格比＝①／②	1.25	1.3	1.2	
2. 性價比→性能價格比				
①馬力	187.92	195.3	190	
②售價（萬元）	90	93	95	
③性價比＝①／②	2.088 馬力／萬元	2.10 馬力／萬元	2 馬力／萬元	

Unit 13-2 從多個商品中決定消費行為

消費者要如何從多個同類商品中挑選一個商品呢？消費者的決策準則通常是以價值與價格比最高者依序選擇。

一、邊際替代率遞減法則

換成兩個截然不同商品的抉擇也是一樣，例如：你有2小時、300元，你可以決定看電影或在附近遊樂場玩電動玩具，決策準則也是「價值價格比」。

只是此時邊際效用遞減法則又出現了，假設你先選擇看電影，第二次還是看電影（第二部電影），第三次消費時，選遊樂場。這是因為連看了兩場電影後，看電影的邊際效用降低，到了看第三部電影時已低於遊樂場。

很多商品間彼此有部分替代程度，但隨著多消費X商品，能替代Y商品的程度越低，這稱為（商品間）邊際替代率遞減法則（law of diminishing marginal rate of substitution）。

二、消費者均衡

在消費者以追求效用最大化作為其消費行為目標，而且知道消費者的偏好結構和其預算限制式；那麼，將存在或可以找得到最適的商品組合，合乎預算限制式要求下，使消費者效用的最大化，這就是消費者均衡（consumer's equilibrium）。

在這情況下，消費者最後將選取令其效用水準最大化的商品組合；如此，消費者才沒有再調整其商品購買組合的意願和行動，有如處於穩定平衡狀況一樣。

就消費者個人來說，如何在其偏好結構下，把消費預算用在刀口上，使其滿足程度達到最高點，獲得最大的效用水準，這是消費者行為研究的基本假設，也是最基本的選擇問題。

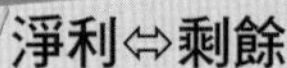

淨利⇔剩餘

在本書中，把Consumer's Surplus或Producer's Surplus中的Surplus意譯為「淨利」，而不直譯為「剩餘」。

Producer's Surplus也意譯為「公司淨利」，而不直譯為「生產者剩餘」，因生產者(Producer)是供給方、賣方，消費者是買方。在經濟學中，商品皆是由公司生產，所以Producer意譯為公司。

公司經營賺到錢，稱為公司淨利。同樣的，消費者買東西，覺得「有賺到的感覺」，稱為「消費者淨利」。

消費者的決策

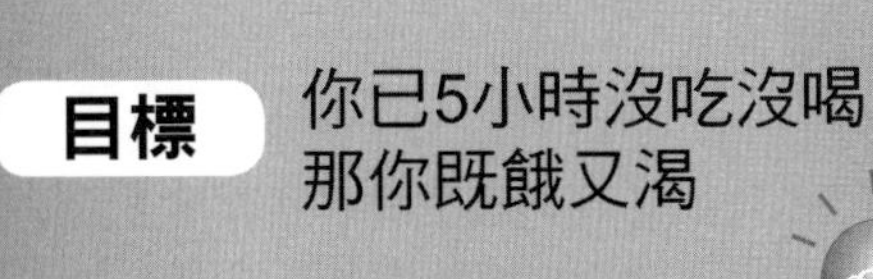

目標 你已5小時沒吃沒喝
那你既餓又渴

限制 你只有40元

消費方案（Alternatives）

你的效用	備選方案	優缺點
160	A.花20元買麵包，稍解「餓」，花20元買350c.c.飲料，稍解渴。	有點餓 有點渴
120	B.花40元買二瓶350c.c.飲料，喝個過癮。	仍會餓
100	C.花40元買二個麵包，吃到飽。	仍會渴

決策準則

你應該會選A方案，三個方案同樣都支出40元，但A方案「既解渴又止餓」，有雙重效果，所以帶來160個效用，是效用值最高的方案。
「把錢花在刀口上」，是指平均每一元所帶來的（邊際）效用最大。此例是40元，由小看大，400元、40,000元，甚至400萬元情況也一樣，備選方案變多了、複雜了些，但決策準則一樣。

Unit 13-3 彈性定義

前文曾提到有四個因素影響人們的消費金額，有兩個正面影響因素，即所得與財富，兩個負面影響因素，即稅率與價格。同時也說明所得（財富也一樣）、價格對家庭需求曲線的影響。但在本單元要先說明「彈性」這個觀念。

一、有關「彈性」這個詞

彈性是個體經濟學中很重要的觀念，跟生產、消費的邊際替代率是相似的觀念，所以不能不懂。因此我們將盡可能的深入淺出，如此一來，經濟學反而更有趣味，「數學味」不那麼重。

專業始終來自生活，彈性這個字是從生活用語借用過來的，簡單說明如下。

(一)Elasticity：名詞，中文翻譯為彈力、彈性、伸縮力、伸縮自如。

(二)彈性：例如：彈性橡皮、彈性疲乏，生活中常見的彈性情況，詳見右上圖。

二、彈性的高低

有些橡皮筋彈性很強，拉開後可以彈很遠；有些橡皮筋彈性很差，鬆垮垮的。同樣的，需求曲線依其形狀，可分為完全無彈性、缺乏彈性、單一彈性、高彈性，以及完全彈性等五種情況（詳見右下圖），把難懂部分說明如下。

(一)完全無彈性：鹽（及其衍生物——醬油）是生活必需品，添加在食物中有調味功能，且鹽是人體中電解質主要來源。因此你在商店買鹽時，一斤60元甚至600元，你都必須買，人們對鹽的價格彈性可說「完全無彈性」。

(二)完全彈性：你去夜市逛街，碰到可選擇的項目太多了，一旦肉包從15元漲到20元，其他商品沒漲，很多人大概不會考慮肉包，轉而買其他吃的，此時對肉包的價格彈性可說「完全彈性」。

小博士解說

彈性的英文代號

經濟學的英文簡寫在個經中略有差異，以彈性為例說明。

1.彈性：各書對彈性的英文代號如下：

E（Elasticity），但此容易跟均衡點E搞混。

ε（希臘字）

η（希臘字）

2.下標（或足標）

E_P價格彈性

E_I所得彈性，在個經中，I代表所得（Income），不用Y的原因是Y用以代表Y商品，相對於X商品。

生活中常見的彈性

常見彈性種類	球	皮膚
①高度	1 公尺 ⟷	用指尖按下皮膚。
②反彈	0.8 公尺 ⟷	指尖拿開後，皮膚反彈的速度和程度。
③彈性係數（Elasticity Coefficient）=②／①	0.8 彈性尚可 ⟷	有腳水腫的人，皮膚彈性最差。

彈性5種情況

情況	完全無彈性（Perfectly Inelastic）	缺乏彈性（Inelastic）	單一彈性（Unitary Elasticity）	高彈性（Elastic）	完全彈性（Perfectly Elastic）
① E_p 價格彈性	$=0$	$0<E_p<1$	$E_p=1$	$1<E_p<\infty$	$E_p=\infty$
② 需求曲線斜率	∞	>1	1	>0	$=0$
③ 個人需求曲線為例	P D 0 Q_0 Q 價格多高，消費者也必須買。	P D 0 Q	P 30 10 0 10 30 Q 需求曲線是雙曲線，需求彈性＝1。	P D 0 Q	P P D 0 Q

知識補充站

價格彈性對公司的涵義

了解消費者的價格彈性，對公司經營意義很大，在左述內文中已說明一些，本處再補充。

1. **價格彈性低時：**公司漲價，消費者買的量不會減少多少，公司收入會增加，盈餘一樣水漲船高。蘋果公司的產品定價大抵如此，因為有一票蘋果迷「再貴也買」。
2. **價格彈性大時：**公司宜採薄利多銷方式，透過低價，多賣一些，要是抬高價，一定會嚇退一堆顧客。

Unit 13-4 商品對彈性種類——兼論所得彈性

了解彈性必須花不少時間，但這些努力很值得，因為在行銷學中，公司利用消費者所得、價格彈性，決定商品售價。因此，我們可以依此兩種彈性把商品分類。

一、彈性的計算方式

消費行為中的彈性有所得彈性、價格彈性兩種，把兩個相似觀念、公式、數字、例子等整理成右圖，透過比較，就很容易舉一反三地了解。

(一)「簡易」計算方式：「簡易」（經濟學的計算較複雜）計算方式，舉個例子來說，你上次考試80分，本次88分，進步了8分（或88－80／80，進步10%）。右圖數字例子也是這樣算的。

(二)「彈性」的本意：經濟學中的本意是「X因素變動（或單方向的說——增加）1%，Y因素變動多少」。

二、彈性的種類

市場的參與者分為買賣雙方，也就是供需。因此，彈性可分為供給、需求彈性兩種。造成彈性改變的常見因素有所得、價格兩種，因此我們在右圖說明所得、價格兩種彈性，共可分為四種情況，一般教科書比較少討論供給的所得彈性。

三、商品所得彈性

需求的所得彈性（income elasticity of demand）是在商品本身的價格，以及其他相關商品價格等因素均不變的前提下，當消費者的所得平均變動1%時，造成商品需求量變動百分比值的大小。

關於需求變動百分比及所得變動百分比的計算，仍以所得變動前跟變動後的平均需求水準及平均所得水準為依據。由決定需求價格彈性大小的因素中，就其跟所得效果有關的因素來了解所得彈性大小的決定因素。

(一)該商品的購買支出占所得的比率：一種商品的購買支出占所得比率的大小，跟所得彈性並沒有直接關聯，如果隨著所得增加，這比率仍然持平，甚至有所上升，那表示其所得彈性接近1。如果此比率上升，表示所得彈性大於1；不過，如果這比率降低，則表示其所得彈性小於1。

如果一商品的支出占所得的比率很高時，則這一商品價格的變化對於消費者實質所得的影響將比較顯著。因此，這類商品價格改變而引起的所得效果較大，所以其價格彈性較高；例如：日常用品中的衛生紙跟原子筆，或食品中肉類和米飯，兩者中前者的價格彈性皆比後者來得大。

(二)生活水準的高低：對於一種商品是否為劣等品或正常品，以及一種正常品的必需性或非必需性的看法，在生活水準比較高地區的消費者，跟在生活水準比較低或比較落後地區的人們不同。

所得、價格彈性種類與實例

種類	簡易計算公式	數字例子
1. 所得彈性	$E_I = \dfrac{\dfrac{\triangle Q}{Q_{t-1}}}{\dfrac{\triangle I}{I_{t-1}}}$ 符號意義 △：唸成 delta，有變動量意義。 I_{t-1}：t-1 期所得 $\triangle I = I_t - I_{t-1}$ $\triangle Q = Q_t - Q_{t-1}$	$7X = \dfrac{\dfrac{1.07-1}{1}}{\dfrac{40,400-40,000}{40,000}}$ 月薪調整從 40,000 元調到 40,400 元，或加薪 1% 買雞肉從一週1斤，增至1.07斤或多買7%。 涵義 所得增加1個百分點，多買7個百分點。
2. 價格需求彈性	①X 商品價格 $E_P = \dfrac{\dfrac{\triangle Q}{Q_{t-1}}}{\dfrac{\triangle P}{P_{t-1}}}$ 符號意義 P_{t-1}：代表t-1期價格 $\triangle P = P_t - P_{t-1}$	雞肉降價，從1斤100元降到99元，或降價1%。 涵義 價格彈跳5倍，價格下降1個百分點，多買了5個百分點。
	②交叉價格彈性 $E_{PX} = \dfrac{\dfrac{\triangle Y}{Q_{y,t-1}}}{\dfrac{\triangle P_X}{P_{X,t-1}}}$	雞肉降價，但豬肉價格不變，因此家庭會少買豬肉。

彈性2種類

變動原因 \ 市場參與者	需求彈性	供給彈性
1. 所得彈性	需求的所得彈性 (Income Elasticity of Demand)	－
2. 價格彈性 (Price Elasticity)	需求的價格彈性 (Price Elasticity of Demand)	供給的價格彈性 (Price Elasticity of Supply)
①直接彈性	同上	同上
②交叉彈性 (Cross Elasticity)	需求的交叉彈性 (Cross Elasticity of Demand)	供給的交叉彈性 (Cross Elasticity of Supply)

知識補充站

高生活水準vs.低生活水準

高生活水準地區的消費者或許已經把有些商品歸為劣等品了，但是在低生活水準地區的人還把這些商品視為正常品；而有些商品（例如：冷氣機）在高生活水準地區已經是必需品了，在低生活水準地區還當成奢侈品。

在高生活水準地區（例如：臺北市信義計畫區）被認為是劣等品，其價格變動所引起的所得效果剛好相反，則其在此一地區的價格彈性將比在被認為是正常品地區低。在高水準地區被視為必需品的商品，其價格變動所引起的所得效果較小，則其在此一地區的價格彈性也比在被認為是奢侈品的地區低。

Unit 13-5 商品的性質

依據所得彈性、價格彈性可以把商品分成幾類，這對銷售商品的公司有很大意義（例如：商品定價）。在右圖中，先將商品名稱列出，至少可看出劣等品、季芬品、奢侈品，以及炫耀品的觀念是不同的。

一、所得彈性

生活水準的高低跟商品的所得彈性大小也沒有必然關係，而主要是看該商品在消費者心目中是屬於哪種性質的商品而定。

(一)$E_I<0$，劣等品：所得增加，但對某商品的需求卻減少，這類商品稱為劣等品。

(二)$E_I>0$，正常品：所得彈性大於零的商品稱為正常品，又可分為兩種情況，即$0<E_I<1$，必需品（necessities）；$E_I>1$，奢侈品（luxury goods 或非必需品）。

二、商品價格彈性分類─替代效果

價格越低，需求量是增是減，可分為下列兩種情況，說明如下。

(一)$E_P<0$，符合需求法則：X商品價格下跌（單向「變動」）會造成替代效果，例如：雞肉降價會引發消費者多買雞肉，甚至少買其他肉類（例如：豬肉）的替代效果。

(二)$E_P>0$，不符合需求法則：有些商品不符合需求法則，分為下列兩中類。

1. $0<E_P<1$，季芬品（Giffen goods）：當商品價格上漲，對季芬品的需求量竟然增加，這情況在1854年由英國經濟學者季芬（Robert Giffen，1837~1910）發現，商品是主食馬鈴薯。

2. $E_P>1$，炫耀品（conspicuous goods）：商品價格漲多，但需求量卻增加更多，有這性質的商品稱為炫耀品。常見的是精品中的包包，明明一個鱷魚包單價從2萬元漲到4萬元，但很多人卻由原買一個而變成買三個（三個款式），主要心理是向別人炫耀「我買得起，而你買不起」。

三、需求的交叉彈性

需求的交叉（價格）彈性（cross elasticity of demand）是在X商品的價格（以P_X表示）和消費者所得等因素均不變的前提下，當一項其他商品價格（以P_Y表示）平均變動1%時，造成X商品需求量（以Q_X表示）變動百分比值的大小。

(一)替代品（substitutes）：當X商品是Y商品的替代品時，Y商品價格的提高（或降低），將引起X商品需求量的增加（或減少）；即P_Y跟Q_X 的變動是同方向的，E_{XY}大於零。例如：2021年1月牛肉價格大漲，雞肉因消費者換購，所以雞肉價格也上漲。

(二)無關品（independent goods）：當P_X的變動，不至於引起Y商品需求量的變動時，X商品跟Y商品無關，此時E_{XY}等於零。

(三)互補品（complements）：當X商品跟Y商品互補時，P_X跟Q_Y的變動是反方向，可以推知此一情況的E_{XY}小於零，像汽車跟汽油就是互補品。

用2種需求彈性把商品分類

彈性值 / 彈性來源	E＜0	E＝0	0＜E＜1	E＞1
1. 所得彈性 商品名稱→ ★I代表所得 ★Y代表Y商品	$E_I<0$ 劣等品 (Inferior Goods) I↑，D↓ ①有錢以後，不騎機車，改買汽車，機車是劣等品。 ②有錢以後，不喝米酒，改喝洋酒。		$0<E_I<1$ 正常品 (Normal Goods) I↑，D↑ 必需品 (Necessities) $0<\triangle D<\triangle I$	$E_I>1$ 奢侈品 (Luxury Goods) $\triangle D<\triangle I$
2. 價格彈性	$E_P<0$		不符合需求法則兩種情況 $0<E_P<1$	$E_P>0$
①直接彈性 商品名稱→	P↑，D↓ 符合需求法則 (Law of Demand)		季芬品 (Giffen Goods) P↑，D↑	炫耀品 (Conspicuous Goods) P↑，D↑ 主要是彰顯社會地位的名牌服飾、手錶、汽車。
②交叉彈性 X、Y 兩種商品	$E_{XY}<0$ 互補品 (Complements) 汽油VS.汽車	$E_{XY}=0$ 無關品 (Independent Goods) 牛肉&汽車		$E_{XY}>0$ 替代品 (Substitutes) 牛肉VS.豬肉

知識補充站

品⇔財（⇔代表互斥）

在第一章中，你可能已發現我們稱「工業品」、「最終產品」，在本章中，我們又稱劣等「品」、正常「品」等，其他書都稱為正常「財」。在本處說明，我們對用詞、譯詞抱持著「與時俱進」的想法。

首先先說明「goods」這個字，源自「good」形容詞，即「好的」，goods的意思是指人期望的好東西，簡稱「東西」。
在1860年代左右，清朝翻譯英國的經濟學等書，套用春秋戰國時的古詞「財貨」，這包括財富、貨品，於是在normal goods時譯為正常財。
本書把goods譯為商品，normal goods譯為正常商品，可簡稱正常品，其餘類推。

Unit 13-6 市場均衡

消費者面對的市場價格（商品售價）是市場供給、需求共同決定的，消費者（需求端）、公司（供給端）都只是其中一分子，被迫接受價格，只決定數量。

市場供給需求圖是許多學生的罩門，我們發現把圖形畫在一起，以鳥瞰方式，一次看清楚樹林全貌，便不會「因木失林」了。

在右圖中，我們採取分解動作，即一次只談一條曲線。

一、需求量增加VS.需求增加

乍看本段的標題，只有一字之差，但卻是兩件事，說明如下。

(一)「需求量」增加是指同一條需求曲線：在2021年時，商品價格降低（從100元／斤降到90元／斤），從原來買1斤雞肉變成買1.1斤雞肉。

(二)「需求」是指兩條需求曲線：從2020年（去年）到2021年（今年），每人所得增加（從71萬元到74萬元），有錢吃更多肉，需求增加，從原來買1斤雞肉變成買1.5斤雞肉。

二、供給量VS.供給

同理，右圖的供給量變動與供給變動情況，你也可以依照上述方式來推論。

三、單期市場均衡

考慮到單期時的市場均衡，這涉及下列三個觀念，說明如下。

(一)期：經濟學中的「期」，指的是足以造成顯著改變所需期間，這並不是日曆上所指的一個月或一年。但口語中很少說「上期」、「本期」，因此我們改為「去年」、「今年」。

(二)市場均衡：市場均衡（market equilibrium）是指買賣雙方在商品價格、數量取得一致，以賣方（公司）來說，想賣的商品都如意出售，沒有滯銷。就買方角度，在均衡價格下，也買到想買的量。在均衡點E_0時，產生下列情況：

1.均衡價（格）P_0，此例是100元／斤。

2.均衡（數）量q_0，此例是雞肉1斤。

(三)市場失衡：路邊的鹽酥雞攤每天都會面臨「供不應求」、「供需相等」和「供過於求」的三種情況之一。

(四)失衡的調整：下列二種失衡的情況，調查方式如下：

1.供過於求：以「供過於求」來說，只有兩種處理方式：一是降價出售，以出清存貨；二是作為存貨，下期再賣。

2.供不應求：當長期處於供不應求，且有利可圖時，現有公司會擴產，潛在進入者會見獵心喜，心動而行動，加入此行業。站在需求端，也會另謀替代之道。

需求與供給曲線及均衡

「去年」說明	去年（T_0，以2020年為例）	今年（T_1，以2021年為例）	「今年」說明
1. 需求量變動 沿著同一需求曲線移動 ①P_0（100元／斤）→$P_{0,A}$（90元／斤） ②E_0（P_0，q_0）→$E_{0,A}$（$P_{0,A}$，$q_{0,A}$）	① 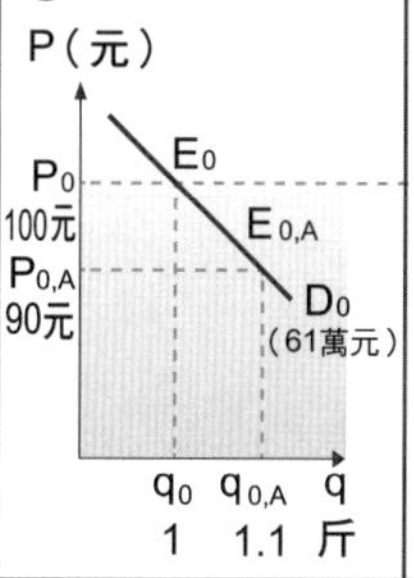 P（元）；P_0 100元；$P_{0,A}$ 90元；E_0；$E_{0,A}$；D_0（61萬元）；q_0 1；$q_{0,A}$ 1.1；q 斤	② P（元）；P_0；E_0；E_1；D_1（64萬元）；D_0（61萬元）；q_0 1；q_1 1.5；q 斤 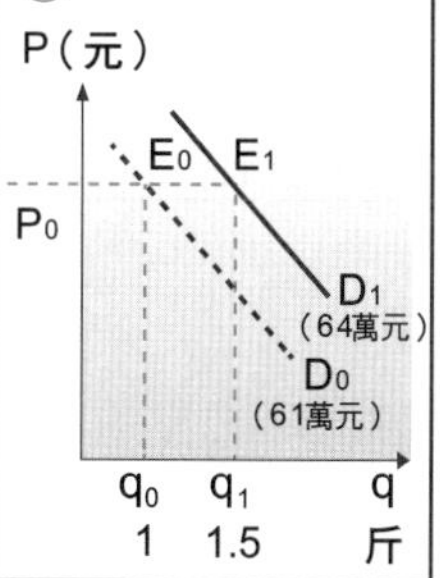	1. 需求移動 需求曲線 D_0↘D_1 P_0時，E_0（P_0，q_0）→E_1（P_0，q_1） $q_1 > q_0$
2. 供給量變動 沿著同一供給曲線移動 落 由右圖可見，當價格下跌10元（100跌到90元），公司願意生產產量減少（q_0→$q_{0,B}$）如下。 ①E_0→$E_{0,B}$ ②P_0→$P_{0,B}$ ③q_0→$q_{0,B}$	① 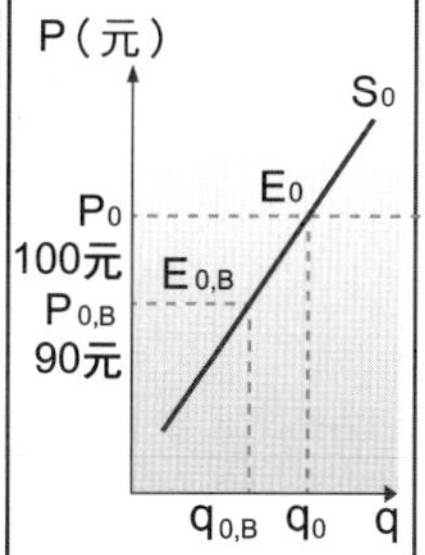 P（元）；S_0；P_0 100元；E_0；$E_{0,B}$；$P_{0,B}$ 90元；$q_{0,B}$；q_0；q	② P（元）；S_0；S_1；E_0；E_1；q_0；q_1；q 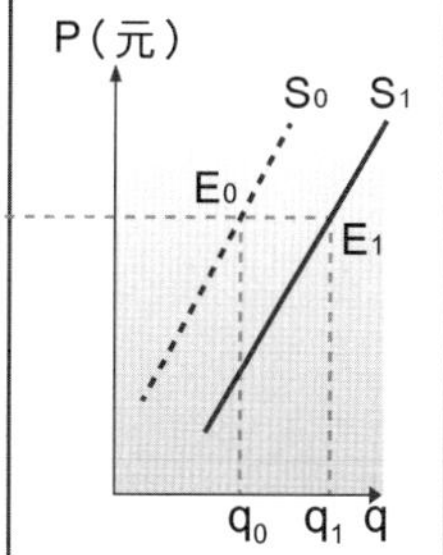	2. 供給移動 供給曲線移動 S_0↗S_1 由左圖可見，在P_0（價格不變時），由於公司產能增加（S_0↗S_1），因此願意生產更多量q_0↗q_1。
3. 均衡狀況 供需曲線交叉點 ①均衡點E_0 ②均衡價P_0 ③均衡量q_0	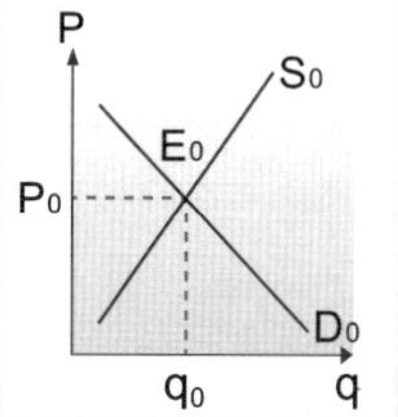 P；S_0；E_0；P_0；D_0；q_0；q	S_0→S_1、D_0↗D_1，造成的新均衡（E_1），詳見Unit13-7。	

知識補充站

季芬品

英國學者季芬在1946～1954年針對愛爾蘭進行研究，主食是劣等品馬鈴薯，一旦碰到馬鈴薯病害而減產，供不應求，馬鈴薯價格漲，但人們對馬鈴薯的需求量卻增加，有違需求法則。（題外話：愛爾蘭飢荒，造成200萬人的移民潮，主要是移往美國。）

由Unit13-5右表可見，季芬品、炫耀品都是「價格↑，需求量↑」，但背後原因不同。

Unit 13-7 兩期的市場均衡

當時間經過，即跨期（例如：兩期），供給移動或需求移動，都會造成均衡點移動。在本單元右圖中，我們採Unit 13-6的作法，一次只變動一條曲線，最後再同時變動。

一、只考慮需求移動

右圖一只考慮需求曲線往右移動，至於往左移動，則同理可推。

二、只考慮供給移動

右圖二只考慮供給曲線往右移動，至於往左移動，則同理可推。

三、從上期到本期

右圖同時考量供給、需求移動的一種狀況，時間是從上期到本期。

四、少即是多

右圖中的情況只是六種可能情況下的一種，以此例來說，需求增加10%、供給增加20%，結果是可能供過於求，公司只好削價求售。由右圖可見情況如下：

(一)價格下跌：P_0↘P_1。

(二)數量增價：q_0↗q_1。

(三)均衡點移動：E_0→E_1。

其他五種情況，你可以慢慢畫出，依右圖第二欄的作法，一定能自圓其說。我們只畫出一種情況的原因是「簡單就是美」。反之，當把六種情況都畫出來，甚至以前面單元的方式一次呈現六種情況，看似一網打盡，但可能使情況變得更複雜、更不易懂，反而是弄巧成拙。

小博士解說

少即是多（Less is more）

日本豐田汽車公司從2008年起，成為全球銷量最大的汽車公司，豐田式管理在1980年代時成為生產管理方面的顯學。

在員工訓練時，豐田公司堅持「教得少才記得住」（less is more）的原則。以人工噴漆訓練為例，你可從第四臺「國家地理頻道」之「製造的原理」或「探索頻道」上「生產線上」節目看到。豐田的講師講三遍，示範三遍給學員看，每位學員再試做三次給講師看，其他學員在旁觀看。

一個簡單的拿著噴槍噴漆動作，就花了1小時，看似訓練方式缺乏效率，但是教得少，員工記得住，不會跟其他課程搞混，「教得少反而教得多」。本書採取此原則，只講一邊，另一邊同理可推。

供需均衡的跨年分析

去年	今年	說明

P
S0
E1,A
P1,A
E0
P0
D1
D0
q0
q1,A
q

圖一　只考慮需求移動

期　間	去年	今年
①供　需	S_0	$D_0 \nearrow D_1$
②均衡點	E_0	$E_0 \nearrow E_{1,A}$
③均衡價	P_0	$P_0 \nearrow P_{1,A}$
④均衡量	q_0	$q_0 \nearrow q_{1,A}$

S0
S1
P0
E0
P1,B
E1,B
D0
q0
q1,B
q

圖二　只考慮供給移動

期　間	去年	今年
①供　需	D_0	$S_0 \searrow S_1$
②均衡點	E_0	$E_0 \searrow E_{1,B}$
③均衡價	P_0	$P_0 \searrow P_{1,B}$
④均衡量	q_0	$q_0 \nearrow q_{1,B}$

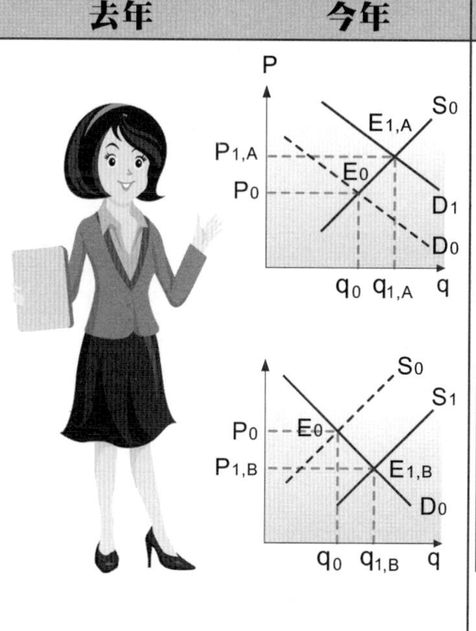

P
S0
E0
P0
D0
q0
q
P
S0
S1
P0
E0
P1
E1
D0
D1
q0
q1
q

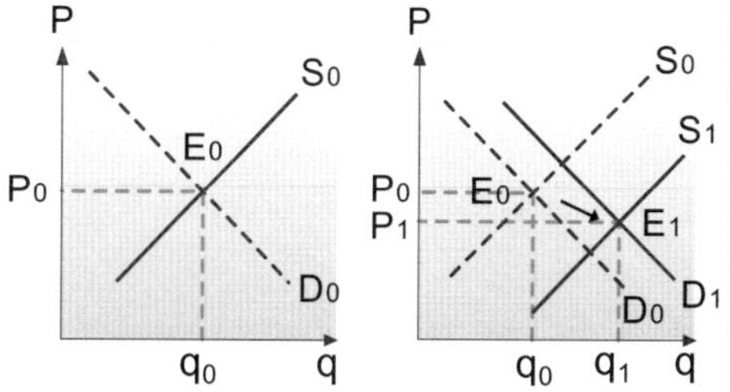

圖三　從去年到今年的變化

→當需求、供給移動

期　間	去年	今年
①供　需	D_0,S_0	D_1,S_1
②均衡點	E_0	$E_0 \searrow E_1$
③均衡價	P_0	$P_0 \searrow P_1$
④均衡量	q_0	$q_0 \nearrow q_1$

知識補充站

2021年原油價格68美元

了解供需，便可預測商品價格，以2021年的原油價格為例，每桶約68美元，主因是供給不變，但需求比2020年大幅增加。

1.供給

石油出口國（以沙烏地阿拉伯石油為主）對原油出口量維持不變，每日約1,800萬桶。

2.需求

全球第一、二大原油進口國美國、中國大陸占全球原油進口量50%，這二國經濟成長率皆弱，美國保三(7%)、中國大陸保八(8.5%)，人民所得成長多，物價在2%左右，人民能省則省。以行來說，能少開車就少開車，全球汽油需求成長率不到3%，且每季往上修。

Unit 13-8 家庭消費形態

在第二章中，站在總體經濟角度來看消費在總需求的角色，在本單元中，我們從單一家庭的消費著手，看看代表性的小康家庭怎樣過生活。右表數字只到2019年，與2015年數字相比有小改變。

一、小康家庭的生活

右圖家庭消費形態，反映出家庭的生活形態，簡單地說，「食衣住行育樂」中呈現比重上升的主要有「醫療保健」，2019年占家庭支出16.01%；另外，額外多出一項「餐廳及旅館」也突顯人們在外面吃飯、住旅館等「旅遊」的重視。先說明右圖家庭消費形態的資料來源，再以食為例，讓讀者更容易明白。

(一)樣本——調查對象：這是主計總處每年進行一次的家庭調查而得的，對象是13,000~16,500個家庭，約占家庭戶數（875萬戶）的0.2%。

(二)2019年消費支出：2019年國內經濟小幅成長，帶動就業與薪資小幅增加，低所得家庭受益較大，薪資報酬成長5.8%，使得所得分配狀況改善，家庭平均每戶消費支出90萬元。

(三)消費結構：在一般的家庭消費支出結構上，大致可以分為食物類和非食物類等兩大項目，這兩項都屬於正常品；隨著經濟發展，家庭的實質所得提高以後，通常會增加這兩種商品的購買。不過，這兩種商品購買量的成長速度（或百分比）卻有不同；其中，食物類購買金額的成長速度通常比實質所得的成長速度來得小。

二、最基本的家庭支出─食

食是家庭支出的第一項、最基本的，說明如下。

(一)民以食為天：人活著就吃，正確的說，唯有吃東西，人們才不會餓死。因此，家庭支出第一項目一定是買吃的，以維持家人活著。所以俗語說：「開門七件事：柴米油鹽醬醋茶」，指的正是食物類支出。

(二)影響消費兩大因素

1.所得效果：在原偏好結構下，所得增加將提高對於食物類的購買量。

2.偏好效果：由於對食物類喜好程度的降低，將減少對於食物類的購買，這是消費者偏好結構的改變。一加一減的結果彙總於右圖。

(三)恩格爾係數：即食物類支出隨所得增加而提高，而該項支出占所得的比率卻隨所得的增加而降低，此一普遍反映出家庭消費支出的行為表現，稱為家庭消費定律或恩格爾（Ernst Engel, 1821~1896年，德國統計學者）法則（Engel's Law）；食物類支出占所得的比率，稱為恩格爾係數（Engel's coefficient）。

(四)恩格爾係數的歷史演變：由恩格爾係數大可看出一個國家的人均所得。人均所得500美元以下的國家，人們至少把所得的一半花在吃飯，粗茶淡飯只求不餓。當人均所得到中低所得國家水準，恩格爾係數約30%，已到溫飽階段。到人均所得15,000美元以上，人們從溫飽想更上一層樓到「吃好」，美食開始流行。

家庭消費支出按消費形態

年		1980	2000	2010	2015	2019
分類	合計	100	100	100	100	100
食	食品、飲料及菸草	40.4	24.2	16.64	15.88	15.21
衣	衣著鞋襪類	7.0	3.8	3.23	2.96	2.8
住	房地租、水費瓦斯及其他燃料	23.7	25.2	24.57	24.64	23.62
	家庭器具及設備和家庭管理	4.6	4.0	2.48	2.45	2.61
行	運輸交通及通訊	4.2	11.1	12.52	12.67	12.22
育	醫療保健	6.7	11.4	14.39	15.05	16.01
樂	娛樂教育及文化服務	8.2	13.5	11.01	9.64	9.53
其他	雜項支出	5.3	6.9	5.45	5.46	5.22
食與樂	餐廳及旅館	—	—	9.71	11.27	12.79

資料來源：行政院主計總處，家庭收支調查，第14表，2020年10月。
國民所得統計資料庫。

所得增加對食物、食物以外消費的影響

	食物	食物以外
1. 影響項目		
①所得效果（當偏好不變）	↑	↑
②偏好效果（偏好改變）	↓	↑
2. 結果		
①＋②＞0		
①＋②＜0	家庭消費定律或恩格爾定律	

國民所得vs.恩格爾係數

食物支出占消費支出比重

恩格爾係數	人均GDP	涵義	代表國家或地區
50%	1,000美元以下	1/3人餓肚子	大部分非洲國家
30%	1,000~5,000美元	溫飽	中國大陸
25%	5,000~15,000美元	稍微吃好一點	泰國
20%	15,000美元以上	吃好，追求美食	臺灣
18%			

第 14 章

產業經濟：產業結構與市場結構

章節體系架構

Unit 14-1 產業結構

尼德蘭（鬱金香等花朵）、丹麥（畜產品）以農立國，新加坡、香港靠國際金融而維繫經濟。

在全球經濟中，每一個國家都跟其他國家競爭，憑藉提供全球買方商品和服務而找到立足之地。因此，有必要從產業結構來了解臺灣經濟成長動力和就業的原因。

一、產業結構的定義

以大易分解法來把名詞拆解到單字的組合，如此便很容易了解其涵義。產業結構可分拆成下列兩類。

(一)產業：針對每一種產品或服務，人們往往以產業（industry）描述其整體，例如：汽車製造業、金融服務業、洗髮精製造業和理容服務業等。

(二)結構：結構（structure）這個字在日常生活中很常用，例如：建築結構、客戶結構。但在經濟、企管中的涵義就比較明確。

(三)產業結構：當知道「產業」與「結構」的定義，兩者結合便成為「產業結構」（industrial structure），指的是農、工、服務業占國內生產毛額的比重，白話的說，便是農工服占產值比率。

二、對國內生產毛額、經濟成長率的貢獻

由右圖可見，由下往上來分，產業可分為三級。三級產業或需求結構等對經濟的貢獻至少有三個角度，以農工服三級產業為例，長期來看，對經濟成長率（5%為例）的貢獻如下。

(一)農業：農業因占比重1.78%，因此其興衰對經濟成長的影響微乎其微。

(二)工業：工業只占國內生產毛額36.22%，但由於具爆發性，因此對經濟成長率貢獻度19.6%，白話地說，2019年經濟成長率2.96%中，有0.58%來自工業產值的成長。

(三)服務業：服務業占產值62%，比較不受全球景氣影響，對經濟成長率貢獻度81.4%。

臺灣跟先進工業國美國的產業結構幾乎一模一樣，即農業占國內生產毛額1%、工業19%、服務業80%。由右圖第一欄可見，工業36.22%，可見工業比重較高，還沒有那麼「產業空洞化」（例如：工業占國內生產毛額25%以下）。

簡單的說，臺灣是全球電子業的代工島，跟日本、德國、瑞士等國一樣，對經濟的貢獻扮演樞紐角色。

三、對就業的貢獻

對就業的貢獻指的是僱用人數比重，由右圖第一、三欄對比可發現以下現象，即服務業占產值62%，但僱用勞工數只占勞工的59.9%，有點不成比率；反之，農業占產值1.78%，但從事農業占勞工4.76%，這是農業在就業方面的很大貢獻。

產業3級結構

2021年占GDP比重（2020年比率）	2019年產業結構對經濟成長率的貢獻	占僱用人數比重	剩餘勞動力原因	轉業障礙
62%	81.4%	III級產業 服務業 59.9%	辦公室自動化，對人力需求越來越有限。	1. 性別：服務業偏好女性。
36.22%	19.6%	II級產業 工業 35.34%	1990年起，臺灣工廠大幅外移，工廠實施自動化。	2. 教育程度：服務業需具備高中以上學歷。
1.78%	1%	I級產業 農業 4.76%	2002年臺灣加入世貿，逐漸開放農產品進口，20萬農民剩餘出來，農業機械化。	技術

資料來源：主計總處，國民所得統計摘要，第5~6表。

經濟學上的結構

結構（Structure）這個字很常用，是指成分，例如：

1.人口的性別結構：男性占51%、女性占49%。

2.股市的投資人結構：自然人占60%、法人（或機構投資人）占40%。

3.出口產品結構：2020年農產品占0.29%、農產加工品占0.87%、工業產品占98.84%。

知識補充站

工商業⇔非農業部門

本書用詞追求口語化，例如：報刊上說「2021年7月美國非農業部門失業人數減少15萬人」，本書會以「工商業失業人數減少15萬人」來說明，原因如下。

1.工商業⇔非農業

「non-agricultural」指的是農業以外的產業，那只有「工業」、「服務業」，你可稱為「工服業」，口語稱為「工商業」。

2.產業⇔部門

「sector」，原意指的是「扇形」，套用上圖來說，指的是三級產業中的哪一個部分。

Unit 14-2 產業結構變遷

產業結構改變（industrial structure change）是經濟發展過程中最重要的現象，大致上來說，各國經濟發展過程雷同，依下列過程發展，以臺灣為例說明。

一、1960年以前，農業經濟階段

最初經濟是以農業為主，稱為初級經濟時期（primary economy）。以前教科書常喜歡用「以農立國」來形容農業的重要性，以致刻板印象中讓人覺得農業占國內生產毛額比重很大，事實上正好相反。

2002年1月臺灣加入世貿組織，以前受關稅保護的農業和汽車業兩大產業，農業的保護傘先縮小，因此農業占國內生產毛額比重由1993年3.64%下滑至2003年1.7%後，從此便在原地踏步，依產值來說，可說「無足輕重」。

二、1960～1980年代，工業經濟階段

隨著國民所得水準的提高，屬於生活必需品的農產品消費比重下降，而工業產出品的消費比重逐漸上升，接下來就進入工業經濟時期（industrial economy），經濟以工業為主。臺灣產業結構改變的形態跟日本不完全相同，臺灣製造業比重下降的時機來得比較早。工業占國內生產毛額比重大幅下降，由1993年39.35%下降到1997年31.88%後，之後再回升至36%左右。工業下有三大產業，即製造業（占工業83.8%）、水電燃氣業（占工業5.83%，主要是中油、台塑石化）和營造業（占工業8.82%），小計占工業98%。

三、1990年代以來，服務經濟階段

最後則進入以服務業為主的服務業經濟時期（service economy），即後工業化經濟時期（after industrial economy 或 post-industrial economy）。依買方身分細分如下。

(一)消費性服務業（顧客是家庭）：服務業比重上升的一個主因是國內需求結構改變，國民所得水準提高後，人民一般基本的生活需求多已得到滿足，此時消費者會轉而追求比較高品質和較多的服務，一些原來由家庭提供的服務（例如：育嬰、家教）開始改由市場提供；因此，消費性服務業的比重將因需求相對增加而提高。

(二)生產性服務業（客戶是公司）：隨著社會進步，分工更細，產業種類更為多樣化，經濟關係也越趨複雜，因此對生產性服務需求增加，而造成服務業的比重上升。法律、服務、管理，以及各種技術支援服務、運輸、倉儲、批發和零售等產業都會比經濟發展早期更為重要。

「臺灣是全球電子業的代工島」，貼切說明工業的重要性。但不能因此說工業是國內生產毛額的龍頭，占62%的服務業才是，工業占比不過是服務業比重的一半。服務業占國內生產毛額的比重由1986年47.3%升至1998年66.42%後，就停在此水準。由於服務業多屬不能進出口的非貿易品，過去受政府保護或管制較多，所感受到的國際競爭壓力也較少，因此其勞動生產力提高的速度遠比不上製造業。

臺灣產業結構變遷

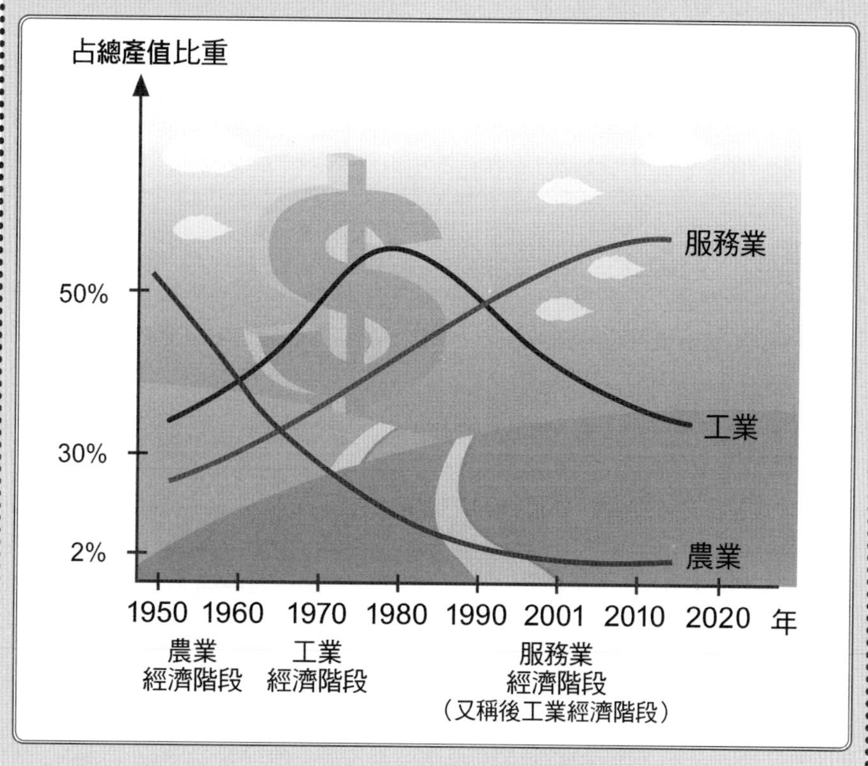

知識補充站

去工業化（De-Industrialized）

美國有些名詞必須意譯，以「De-industrialized」這個字來說，宜譯為「工業占總產值比重降低」，即代表工業占國內生產毛額的比重降低。

以本單元來說，隨著產業外移，「工業占總產值比重」降低，服務業產值比重終究有一天會超過工業占產值比重，進入「服務經濟」時期，這名詞比「後工業經濟」時期更容易懂。

那麼「工業占總產值比重」降低對一國是福，還是禍呢？對於「製造是經濟之本」的人來說，工業比重降低，占總產值比重低於25%，會出現產業空洞化效果。尤其是出口導向的國家，工業是經濟的本，服務業是衍生出來的，一旦工業中的出口產業受挫了，整個漣漪效果將會拖累服務業。

Unit 14-3 產業的縱深

依照產業分類方式，光一個產業可能太粗糙，還可分為四個層級，以晶圓代工龍頭台積電來說，其位置應屬於第四層。

一、門

以工業為例，製造業占工業產值87.4%，因此很多跨國比較（例如：製造業薪資）都是以此為對象。

二、綱

製造業產值最大的是電子業中的半導體跟光顯示（俗稱面板），合稱「兩兆」產業，因產值皆超過兆元，其中半導體2020年為3.22兆元。

三、科

半導體中分成IC設計、製造（又分成光罩、製造、封測），IC設計公司以聯發科技較有名，設計出手機、電視晶片，但自己沒有工廠，交由晶圓代工公司生產。

四、種

半導體製造中主幹為晶片製造，依產品規格粗分為兩種，說明如下。

(一)訂做產品（稱為晶圓代工）：晶圓代工（晶圓雙雄：台積電、聯電）的本質是設計代工公司，本身有設計3C產品中晶片的能力，能為3C公司量身設計，也有純粹接受IC設計公司訂單。台灣積體電路公司全球市占率約52%，能局部決定市場價格，市場屬於獨占市場。

(二)標準產品（DRAM、DDR）：稱為記憶體製造，像DRAM四傑（南亞科、華亞科、力晶和華邦等），做的是3C產品中的記憶模組（例如：數位相機中的記憶卡，獨立產品像隨身碟）中的記憶體。一般來說，其產品大都是標準品（像容量4GB、8GB、16GB）等，因此輸贏在於成本，因為售價是市場決定的，比較偏向完全競爭市場。

小博士解說

公司⇔廠商

在Unit13-5的「知識補給站」中，我們說明本書用詞注重與時俱進，而英文用詞強調意譯，在此處，Firm在生活中稱為公司，假如台灣塑膠「公司」，其他書譯為「廠商」，仍是清朝時的譯詞，「廠商」包括工「廠」與「商」店，例如：自產自銷的裕隆汽車可說是廠商。

在服務業占產值62%的臺灣，以臺灣銀行來說，沒有工廠，所以Firm宜以「公司」來稱呼。

1998~2020年臺灣產業結構

占總產值比重

單位：%

年	產業合計	一級產業	二級產業				三級產業			
			工業（Industry）				服務業（Service）			
		農業	小計	製造業	水電燃氣及汙染整治業	營造業	小計	批發零售及餐飲業	金融保險	房地產服務業
1998	100	2.36	31.22	24.91	2.09	3.81	66.42	14.92	8.22	
1999	100	2.43	29.90	24.02	2.04	3.37	67.66	15.61	8.45	–
2000	100	2.02	30.94	35.22	1.92	3.08	67.08	16.91	8.16	–
2001	100	1.90	27.62	22.73	1.97	2.55	70.53	16.16	8.16	–
2002	100	1.80	30.40	25.00	1.95	2.17	67.80	16.33	7.9	–
2003	100	1.70	31.20	26.10	2.31	2.36	7.10	16.65	7.53	8.33
2004	100	1.70	31.80	26.80	1.99	2.53	66.60	17.08	7.56	8.15
2005	100	1.64	31.76	27.22	1.43	2.36	66.6	17.23	7.52	8.16
2006	100	1.60	31.30	26.50	1.84	2.72	67.10	17.88	7.28	8.54
2007	100	1.50	31.40	26.50	1.62	2.78	67.10	18.22	7.26	8.53
2008	100	1.60	29.10	24.80	1.18	2.88	69.40	18.95	7.26	8.78
2009	100	1.70	29.00	23.80	1.19	2.86	69.30	19.17	7.14	8.46
2010	100	1.61	33.39	28.67	1.3	2.6	67.05	16.89	6.19	8.59
2020	100	1.65	36.84	31.72	1.53	2.94	61.51	15.30	6.95	–

產業的縱深：以半導體業為例

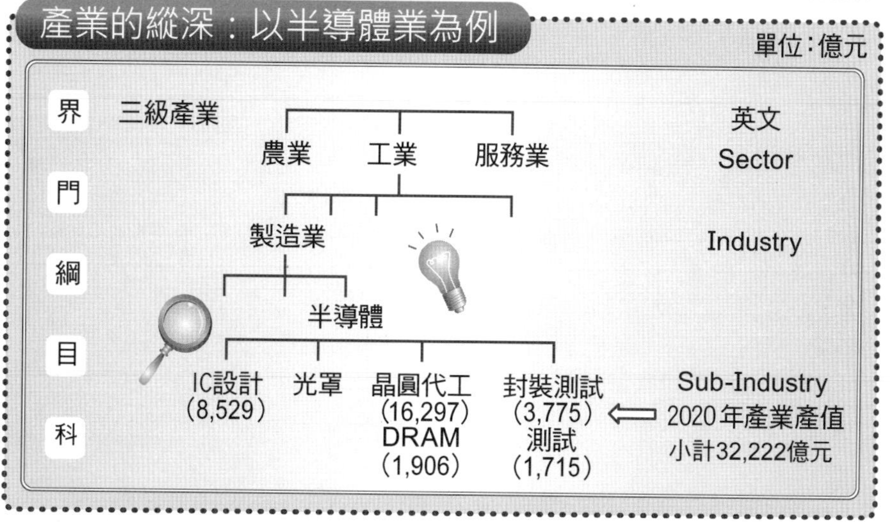

Unit 14-4 供給曲線、需求曲線的歷史發展

每次電視新聞中記者訪問政府官員、企業人士、經濟人士、蘋果攤販，某項商品的價格為何狂飆，異口同聲的說：「市場供需的結果」。

絕大部分人對經濟學的記憶有二：

・Y = C + I + G + X – M

・供給與需求曲線，本單元說明。

一、市場決定商品價格

針對市場供給原理、需求原理

(一) 沒有特定文字記載時的生活智慧：西元前2000年左右，人類採取貨幣計價進行商品交易，累積很多商業知識，文字發明較後，以《漢書》中的「食貨志上篇」來說：「穀甚貴，傷民，民傷則離散；穀甚賤，傷農，農傷則國貧。」（註：此句順序，本書重組。）這是成語穀賤傷農的起源，全句貼切描寫「供不應求」、「供過於求」的結果。

・較有名的主張有二：

1.256年印度南部泰米爾地區，這是箴言為主的文章；

2.大約西元1300年敘利亞伊斯蘭教遜民派的神學家的伊本・泰米葉（Ibn Taymiyyah, 1263~1328）。

二、經濟學者的相關主張

由右表可見，經濟學者供給需求原理經過300年的二階段發展。

(一) 1691～1838年，文字發展：由表可見，至少在150年內，5位英法經濟學者接力演化，把供給、需求原理與市場機制，在文字方面逐漸豐富。

(二) 1870～1890年，圖形發展：2位英國經濟學者花了20年，以座標圖上的供給、需求曲線呈現。

阿爾弗雷德・馬歇爾（Alfred Marshall）

年籍：1842年7月26日英國倫敦市～1924年7月17日

經歷：劍橋大學經濟學系教授

畢業學校：劍橋大學聖約翰學院

書：1890年《經濟學原理》（*Principles of Economics*）

榮譽：號稱（英國）劍橋學派的開創者。市場供給需求曲線、邊際效用、生產成本的重要提出者。

（資料來源：摘自英文維基，Alfred Marshall）

供給與需求觀念在經濟學的發展進程

年	地	人	事
1691	英國	約翰・洛克 (John Locke)	在論文《降低利率和提高貨幣價值的影響》中，說明供需關係。
1767	英國	斯圖亞特 (James D. Steuart, 1712~1780)	在《*Inquiry into the Principle of Political Economy*》
1776	英國	亞當・史密斯	在《國富論》書中討論並且可能是需求定理 (law of demand)
1817	英國	大衛・李嘉圖	在《政治經濟學及賦稅原理》中有一章說明「供給與需求對價格的影響
1838	法國	古諾 (A. A. Cournot)	在《財富數學原理的研究》書中，以數學方式呈現供給、需求
1870	英國	詹金 (Fleeming Jenkim)	在論文《供給與需求的圖形呈現》中，是在英國經濟文獻中第一個畫出供給、需求曲線的
1890	英國	馬歇爾	在《經濟學原理》書中，把供需曲線進一步發展並大大有名

資料來源：整理自英文維基百科，Supply and Demand。

Unit 14-5 市場與市場結構導論

公司有大有小、產品有同有異，因此有些公司甚至可以抬高價剝削消費者，因為除此一家別無分店，「反正愛買不買隨你便」。因此，在討論市場價格的決定時，主要受市場結構（market structure）的影響。

一、市場

經濟學中所探討的商品／服務市場（market），我們可以分為下列兩項內容，說明如下。

(一) 產品：是以「產品」為區隔，例如：蔬果魚肉有傳統市場、洗髮精有洗髮精市場、稻米有稻米市場。

(二) 服務：就服務業來說，律師、證券、美容、按摩等，每一種服務均有其對應的市場。

二、消費

(一) 家庭：家庭（household，其他書譯為家計單位）是最終消費（final consumption）的基本單位，而不是個別消費者（consumer）。

一般來說，家庭跟家庭之間的購買行為很少互有影響（例如：聯合拒買），因為人少，所以也很難改變整個市場。

(二) 通路結構：消費者從統一超商、家樂福及全聯等零售商（retailers）買東西，不過有些商品（像進口的克寧奶粉）有大盤商、各縣市有中盤商（俗稱經銷商），把商品配送到各零售公司，這稱為通路結構（channel structure）。

當然有些也是自產自銷的直效行銷（direct marketing），例如：裕隆汽車就是不假手他人賣車。

(三) 交易方式：商品交易一般都是現場交易，金融交易則以電話下單為主，網路下單（或電子券商）為輔。

三、市場結構大分類

企業規模有大有小，大公司「喊水會結凍」，在市場上不必被迫接受任何價格，他們有影響價格的能力。

正因為公司有大小之分，而大小公司的決策方式往往差別很大，對其產品供給行為有影響，公司間的種種複雜互動也跟其產品供給決策有關。

(一) 對價格的影響：個別公司對價格越沒有影響力，那麼在市場上越趨於完全競爭。

(二) 競爭準則：公司對產品價格的影響力主要決定於市場有多少競爭者，因此根據競爭準則把市場區分為完全競爭市場和不完全競爭市場（包括獨占性競爭市場、寡占市場、獨占市場）。

商品市場供需雙方

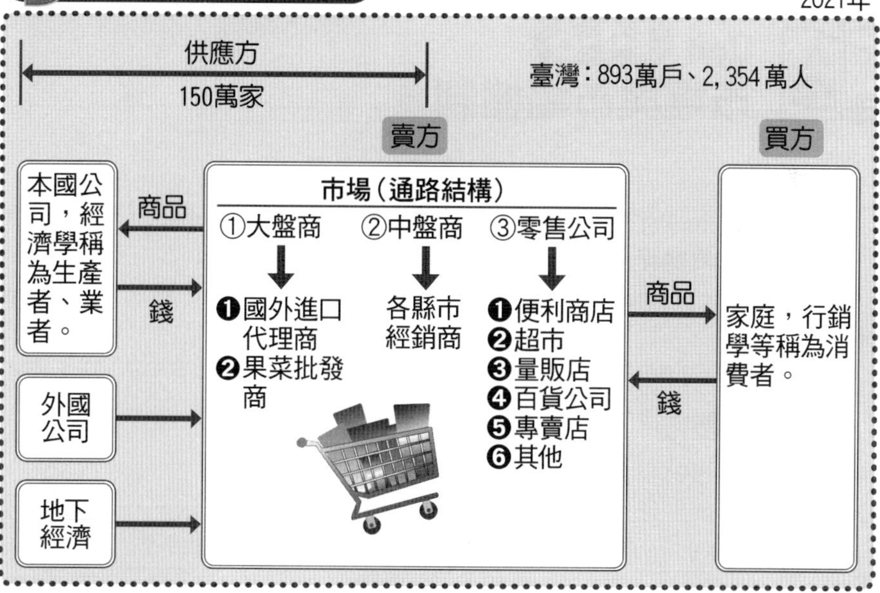

交易途徑

交易途徑	當面交易	電子下單	
		電話下單	網路下單
舉例	傳統市場，臺語稱為菜市，例如早市、黃昏市場。	股票、票券、債券、外匯等金融交易。	①電子券商→網路下單。 ②電子銀行→網路轉帳、付款、貸款等。

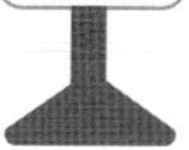

初級vs.次級市場

1.汽車市場

在汽車市場中，初級市場稱為新車市場，2021年預估新掛車牌數44萬輛。至於臺北市承德路六段等的中古車市場，則是次級市場。

2.股票等

2020年10月12日，汎德公司股票掛牌上市，此新股上市（Initial Public Offering, IPO）稱為發行市場（Issue Market）。股票掛牌後，在集中市場交易，此稱為交易市場。

產品	初級市場（primary market）	次級市場（secondary market）
汽車	新車市場 2021年成交量40萬輛	中古車市場76萬輛
股票等	發行市場 例如：新股上市（IPO）	集中交易市場

Unit 14-6 市場與市場機制

一、市場

(一) 市場（market）：由右圖可見，市場是「交易」（exchange）的場所。

(二) 市場依實體程度二分法

・實體市場（physical market）：實體商店（physical store 或 brick & motor store）。

・虛擬市場（virtual market）：虛擬商店（virtual stores）。

二、市場買賣雙方

(一) 買方（buyers），不宜直譯需求者（demanders）。

(二) 賣方（sellers），不宜直譯供給者（suppliers）。

商店是賣方，仲介者（brokers）。有時，買賣雙方間需要仲介者互通有無，例如房屋仲介公司。

三、市場與市場以外機制

由右下表可見，市場中產品價格、數量的決定有兩種機制。

(一) 市場機制（market mechanism）：又稱market-based mechanism，主要調整方式是透過價格機制（price mechanism），賣方見商品不好賣，則降價求售；見產品供不應求，則漲價，俗稱「以價制量」。這便是現代經濟學之父亞當・史密斯在《國富論》中所稱的「看不見的手」（invisible hand）。

(二) 市場以外機制（non-market mechanism）：市場機制是常態，但也有一些情況下，靠市場以外機制來做。

消費產品／服務中的供需雙方

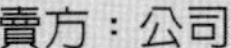

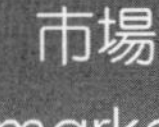
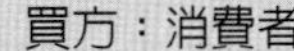

市場機制 (market mechanism)			
＝	市場 (market) （商品）交易 進行的地方	＋	機制（或機能）(merchant) 在機器中是指一個零組件 組成的機構發揮獨立的功能

市場調整的兩種機制

大分類	中分類
一、市場機制 (market mechanism)	(一) 價格機制 (price mechanism) 由供需雙方共同決定均衡價量 (二) 價格管制 例如：政府設定汽（柴）油價格由買方決定購買量
二、市場以外機制 (non- market mechanism)	比較偏重總體環境中的其他因素 1.政治/法律：例如政府的經濟政策，以力挽市場失靈(market failure)，更極端的是計畫經濟制度。 2.社會/文化：例如非營利組織、社會企業。

Unit 14-7 市場結構

市場中的競爭狀況稱為市場結構，關鍵在於產品相似程度，本單元詳細說明。

一、產品相似程度

市場結構會反映在產品的相似程度高低上，說明如下。

(一)獨占者：例如加油站（中油及其加盟站占七成）、便利商店（統一超商占50%）。市場的主導公司（dominant firm）可以決定產品價格，同業大都只能跟隨（price follower）。

(二)寡占：寡占企業的產品可能是同質（homogeneous products），例如：同區頻道內容相同的兩家有線電視系統業者（俗稱第四臺）；也可能異質，例如：量販店中的老三「愛買」強打農產品產地直送，不主打「天天最低價」，主要訴求「天天都是新鮮貨」。

(三)獨占性競爭：產品異質性（heterogeneous products）是獨占性競爭市場結構的必要條件，只有在異質產品市場中，才有探討獨占性競爭市場的空間，但是其商品成分差異性不會太大。

二、售價與盈餘

(一)市價：市價可分為兩種情況，分述如下。

1.死豬仔價：在完全競爭時，市價躺平呈一條水準線，而且是所有市場結構下的最低價。

2.抬高價：從獨占性競爭開始，透過產品差異而找到理由抬高價，寡占公司長期也是能賺就賺，獨占公司（美國微軟公司毛利率80%勉強算）則卯起來賺，此時可用「人（即獨占公司）為刀俎，我（即消費者）為魚肉」來形容公司跟消費者間的關係。一般人，不會把裕隆日產Cefiro跟Benz600或BMW750等，放在獨占性競爭的市場結構下分析，這兩類產品差異太大，彼此之間實在沒什麼競爭關係。獨占性競爭比較適合分析略有差異的產品，例如：賓士S400跟豐田的凌志（Lexus）LS430，而且在消費者心目中，產品差異有可能靠公司定價的不同而彌補，像賓士S400賣445萬元，而凌志最高檔的頂級旗艦型435萬元，賓士好像尊「貴」了點。正因為產品的差異不大，個別企業雖有一些調整定價的空間，但是空間不大。

(二)平均（或單位）盈餘：在長期來看，不同競爭情況下，公司獲利水準也不同。

1.正常盈餘：完全競爭市場的公司只能賺到正常淨利（normal profit）。

2.超額盈餘：獨占性競爭市場、寡占市場跟獨占市場中的企業，大都能多賺一些，即賺到超額淨利（abnormal profit）。

三、完全競爭市場的效率

完全競爭是非常有效率的市場結構，其原因有三點，即在理想產出狀態下，從事生產、在社會利益最大的情況下，從事生產，以及消費者淨利最大等，其內容分述如右。

市場結構的分類和說明

結果		原因			
價格	數量	公司家數	市場結構		公司淨利
高	少	1～3家	不完全競爭（imperfect competition）	1.獨占（monopoly）	高，有超額淨利
中高	中少	3～7家		2.寡占（oligopoly）	次高
中	中	7家以上		3.獨立性競爭（monopolistic competition）	中
低	多	20家	完全競爭（perfect competition）	完全競爭	低，只有正常淨利

4種市場結構下的長期價格和公司盈餘

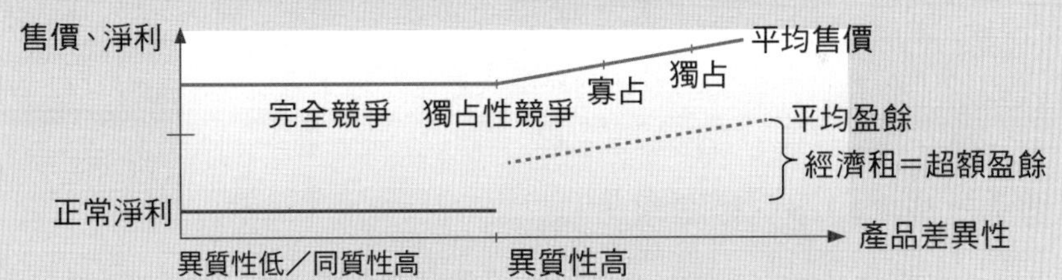

知識補充站

完全競爭市場VS.效率

1.**在理想產出狀態下從事生產**：「理想產出狀態」下從事生產是指在最適規模（LRAC，長期平均成本曲線最低點）和最適產量（SRAC，短期平均成本曲線最低點）下從事生產，藉由價格競爭達到資源最適配置的境界。

2.**在社會利益最大的情況從事生產**：P＝LRMC（長期邊際成本），生產最後一單位商品時，社會成本等於社會價值。

3.**消費者淨利最大**：因為完全競爭下的均衡數量和價格完全由所有供需決定，而且價格最低，所以消費者有福了！

Unit 14-8 完全競爭市場的收入和成本

完全競爭可以說是大部分公司（臺灣173萬家商業組織中的170萬家）最常碰到的情況，因此有必要詳細說明。用具體數字、圖形很容易讓人抓得住觀念的精神，不致像「說文解字」般的讓人有玄而又玄的感覺。

一、完美市場

美國知名演員喬治・庫隆尼曾主演一部電影「完美風暴」（perfect storm），打棒球的投手「完」封九局，很多情況下都用Perfect這個字。同樣的，經濟學的「完全」競爭，其內涵說明如下。

(一)「完全」：完全競爭的四項定義中，至少有下列兩項的用詞都用到Perfect這個字，說明如下。

1.市場的資訊完全靈通（perfect information）：完全競爭市場中，供需雙方有完全的資訊，也就是資訊充分到各個公司所使用的規模、技術和成本皆相同，所以可以用一家具有代表性的個別公司來代替全體，賣方也不需採用更低廉的價格賣商品。站在買方立場，擁有市場上產品（包裝、品質、服務、地點）、價格的充分資訊，而且買方認知產品是同質的，買方不需支付更高昂的價格買商品。

2.生產因素完全自由移動（perfect mobility）：所有生產資源都能完全自由移動，新公司可以自由加入產業，而現有公司可以自由退出產業。

(二)美夢成真：完全競爭市場是經濟學中最像自然科學中的「標準實驗室狀態」。自從1995年網路商店出現後，隨著電子商務（electronic commerce, EC）的發展，連大學生都可以開設類似路邊攤的網路商店，幾乎沒有進入障礙，似乎完全符合完全競爭市場的條件，因此市場的運作更趨近於完全競爭。

二、收入、成本與淨利相關觀念

「收入－成本＝淨利」，這是所有生意人的普通常識，也是公司損益表的基本項目。這三個科目又可分為三項分項觀念：總（total）、平均（average）、邊際（marginal）。其中，經濟學的「單位」成本、「單位」產出等，指的是「平均」。

因為看數字容易令人頭暈眼花，畫成圖來看比較容易具體一些，因此可以把這個觀念做表整理如右，並把該表中各種收入數據輔以各種成本數據，就可以算出表中所列示的淨利了，公司最大淨利為11。

至於營收、淨利的總圖詳見平均收入、邊際收入、平均成本與邊際成本曲線圖，扼要說明如下。

(一)總收入、總成本曲線：把收入、成本和淨利資料上所有數據畫出總收入、總成本和淨利曲線，數量為55單位時，企業最大淨利為11。

(二)平均曲線：把上述數據畫成右圖，以便了解平均收入、邊際收入跟平均成本、邊際成本間的關係。

收入、成本與盈餘相關觀念

損益表＼分項	總（Total）	平均（Average）	邊際（Marginal）
①收入	TR（Total Revenue）總收入 $= P_0 \times Q$（價格）（數量）90元＝3元×30	AR（Average Revenue）平均收入 $=\frac{TR}{Q}=\frac{P_0 \times Q}{Q}=P_0$ 3元＝90元／30個	MR（Marginal Revenue）邊際收入 $=\frac{\triangle TR}{\triangle Q}=\frac{\triangle P_0Q}{\triangle Q}$
②成本	TC（Total Cost）總成本 $= AC \times Q$（平均成本）（數量）	AC（Average Cost）平均成本 =TC/Q	MC（Marginal Cost）邊際成本 =△TC/△Q
③淨利＝①－②	π（淨利）＝ TR － TC（總收入）（總成本）	Aπ（平均淨利）=AR−AC	Mπ =MR−MC

淨利（π）

用π（數學上的圓周率）來代表淨利，主要來自於語言上的「假借」，即分「派」（pie，例如蘋果派），用派來代表淨利（Profit）。而π跟pie的發音神似，所以符合用一個字母來代替經濟名詞的原則。

收入、成本和淨利資料

價格（P_0）	數量（Q）	收入 TR（總收入）	收入 AR（平均收入）	收入 MR（邊際收入）	成本 TC（總成本）	成本 AC（平均成本）	成本 MC（邊際成本）	淨利（π）‖（TR−TC）
3	30	90	3	3	120	4	3.00	-30
3	35	105	3	3	122.5	3.5	0.50	-17.5
3	43	129	3	3	129	3	0.8125	0
3	50	150	3	3	145	2.9	2.28	5
3	55	165	3	3	154	2.8	1.80	11
3	63	189	3	3	182.7	2.9	3.5875	6.3
3	69	207	3	3	220.8	3.2	6.35	-13.8
3	75	225	3	3	262.5	3.5	6.95	-37.5
3	80	240	3	3	312	3.9	9.9	-72

總收入、總成本和淨利曲線

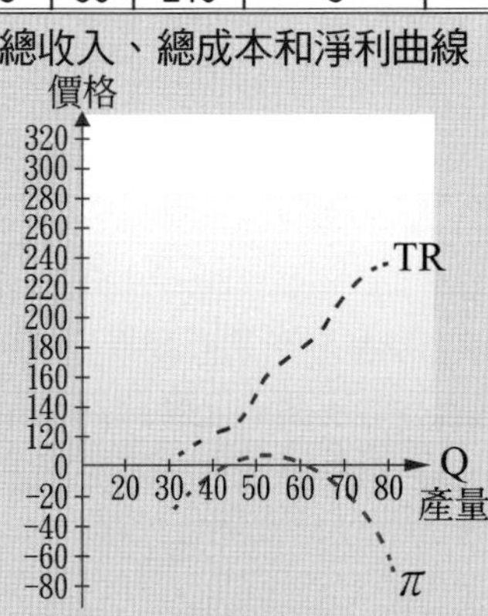

平均收入、邊際收入跟平均成本、邊際成本的關係

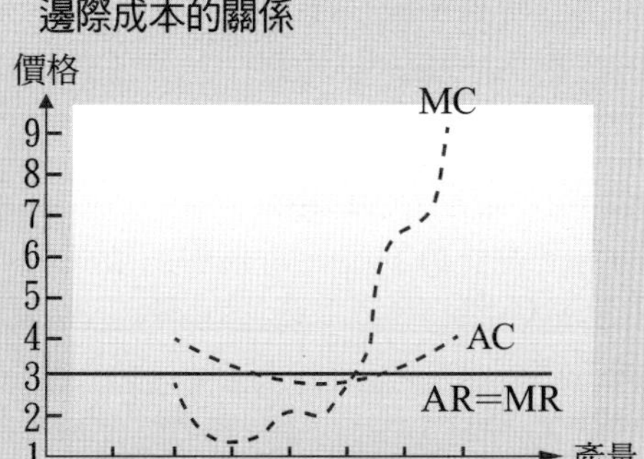

Unit 14-9 完全競爭的短期均衡

在完全競爭情況時的短期內，單一公司的營運（或生產）決策可以分層來討論。

一、單一公司的完全競爭

完全競爭市場時，公司的生產決策是呈樹狀圖形的，說明如下。

(一)第一層：樹狀圖最左邊，公司如果有賺錢，當然會食髓知味，努力再多賺一些；縱使不賺不賠，至少有賺到正常淨利，自然還是得經營下去。

(二)第二層：縱使有虧損，也只有在一種情況下會歇業，避免做越多，賠越多。

①淨利＞0，TR＞TC

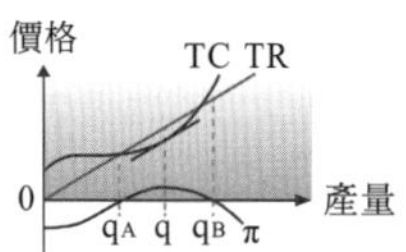

②淨利＝0，TR＝TC

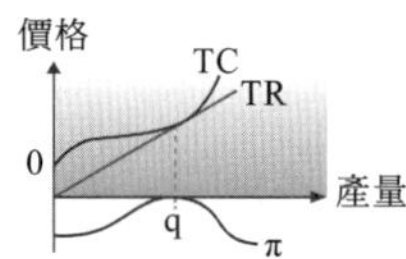

③淨利＜0，TR＜TC

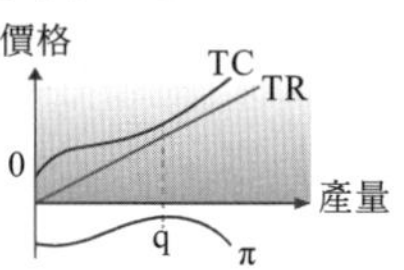

❶淨利＞0時
短期均衡AR＞AC

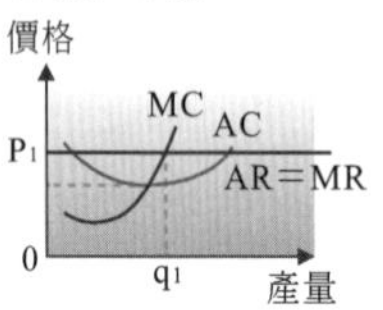

❷淨利＝0時
短期均衡AR＝AC

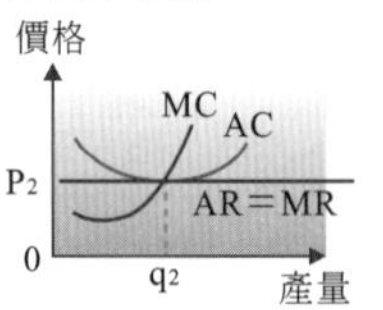

❸淨利＜0時
短期均衡AR＜AC

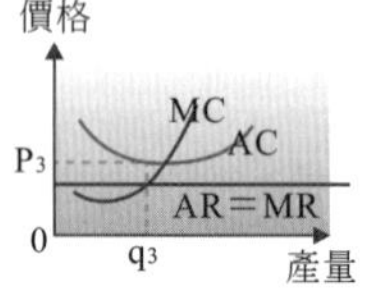

三、短期歇業點

在短期中，企業有虧損時，要不要繼續生產下去呢？如果價格低於平均變動成本的最低點（P＜AVC），那麼公司無論生產多少數量，其虧損都大於歇業停工的虧損（總固定成本），所以應該停止生產。完全競爭市場時，公司短期歇業點（shut-down point）在價格等於平均變動成本的最低點處。

四、公司的短期供給曲線

在完全競爭市場下，短期中只要在P＝MR＞AVC下，公司就願意生產P＝MR＝MC下的數量：在P＝MR＜AVC下，公司不願意生產而寧願歇業。在這種情況下，AVC以上的邊際成本曲線便是公司的短期供給曲線（short-run supply curve）。

短期有虧損時的3種情況

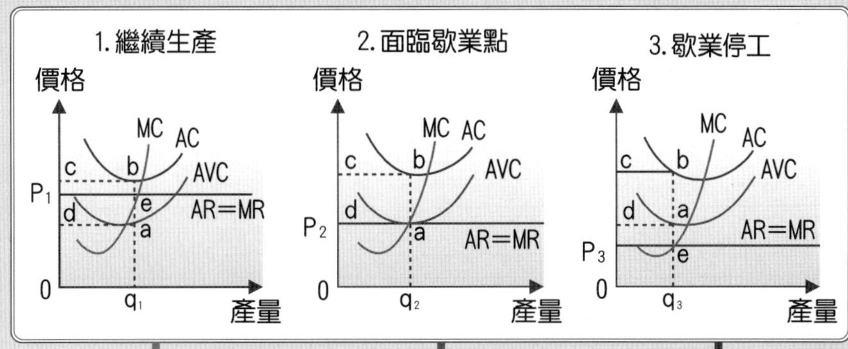

短期時企業3種盈餘狀況

1. 用TR、TC 表示	TR＞TC	TR=TC	TR＜TC
淨利曲線	$\pi>0$	$\pi=0$	$\pi<0$
2. 用AR、AC 表示	AR＞AC	AR=AC	AR＜AC
①均衡點的決定	MC 跟 MR 相交處：向下垂直跟 X 軸交接處 q_e。		
②均衡價 均衡量	P_1 q_1	P_2 q_2	P_3 q_3
③淨利 平均淨利	淨利 AR－AC＞0	0 AR=AC	虧損 AR＜AC

3種短期虧損情況下的生產決策

狀況	AR＞AVC	AR=AVC	AR＜AVC
①決策	繼續生產	可做可不做	歇業停工
②均衡價 ③均衡量	P_1 q_1	P_2 q_2	P_3 q_3
④平均虧損 =(P－AVC)	ea＜AFC(ab)	ab=AFC(ab)	eb＞AFC(ab)
⑤總虧損 =② × ③	$ebq_1<P_1<$TFC(abcd)	$ebq_2<P_2q_2=$TFC	$ebq_3 < P_3q_3 > $TFC(abcd)
⑥圖形	1. 繼續生產	2. 面臨歇業點	3. 歇業停工

Unit 14-10 完全競爭的長期均衡

完全競爭長期均衡可以說是經濟學的烏托邦，是文學中「增一分太胖、減一分太瘦」的絕世美女，也是物理中毫無阻力、吸引力的真空狀態。重點不在於某一長期均衡點能存在多久，而在於用以衡量某些產品價量離理想狀況有多遠。如此看來，了解完全競爭長期均衡便饒有意義了！

公司的長期均衡可以分成下列兩個階段來討論，即個別公司調整生產規模、公司自由進出市場，這兩個階段沒有誰先誰後的問題。

一、現有公司擴廠以求多賺

在長期中，公司可改變生產規模。這意味著公司為了賺錢，可調整各項生產因素的使用，以調整產量，因此所有成本都隨著產量變動而增減，所有成本都是變動成本，沒有固定成本。在市場商品售價P_1情況下，為求淨利最大，公司可不斷調整生產規模，從AC_1調整至AC_2…、AC_i。在價格（P1）＝平均收入（AR）＝邊際收入（MR）下，長期最大淨利一定落在$P_1＝MC_i＝LRMC$下，數量為Q_i的生產規模AC_i，均衡點落在e點，均衡價格為P_1，均衡數量為Q_i，這時淨利＝（AR－AC）× 數量＝ef × OQ_i。

二、潛在競爭者加入分一杯羹

在長期中，為了賺錢，企業可自由進出產業。要是有虧損，短期還可苦撐；若長期賺不到錢，沒有道理要長期賠下去，企業可選擇退出產業。要是現有公司肥水很多，其他公司會被吸引而進入這產業，只要有經濟淨利，自然會吸引新公司加入，造成一窩蜂現象，像2018年起，美國特斯拉公司純電動汽車大賣，2020年歐美汽車公司投入能源汽車（純電動或油電混合）生產。所以短期均點 e 點並不能維持長久，因為在有經濟淨利下，新公司會加入，產業供給增加，商品價格就會往下跌，或生產因素需求增加，平均成本曲線往上升。

一旦商品價格落在長期平均成本下方，這時公司虧損累累，於是有些公司自由退出產業。如此一來，供給減少，價格回升。如此反覆往來，就長期來說，產業、公司會達到真正的均衡，依P＝AR＝MR＝SRAC＝SRMC＝LRAC＝LRMC公式來說，在右圖中E點是長期均衡點，公司經濟淨利為零，沒有虧損，只有正常盈餘。

三、公司的長期供給曲線

E_0點是完全競爭市場下長期均衡點，均衡價格為P_0，均衡數量為Q_0。

(一)當$P_1<P_0$（LRAC最低點）：一旦需求發生變動，價格隨之變動，要是價格小於長期平均成本的最低點，那麼公司不願意生產，以免入不敷出的虧本。

(二)當$P_1>P_0$時：如果價格大於長期平均成本的最低點，例如：右上圖的P_1，P_1平行線跟長期邊際成本相交於E_1點，公司願意提供數量為Q_1。

從上述分析得知，長期平均成本曲線最低點E_0以上的長期邊際成本曲線，便是完全競爭市場下公司的長期供給曲線。

公司長期均衡

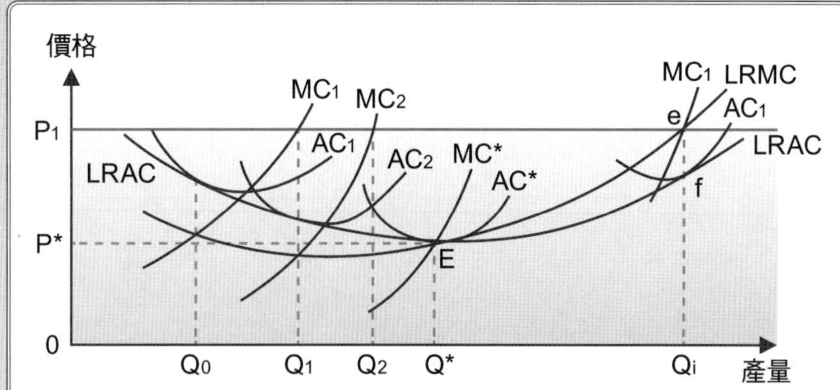

* 以個人電腦（PC）為例，2010 年含迅馳晶片處理外的個人電腦每臺 25,000 元，2021 年為 20,000 元。

完全競爭市場的長期均衡點條件

P＝AR＝MR＝SRAC＝SRMC＝LRAC＝LRMC

P＝AR＝MR 表示公司只能接受市場價格，不能決定市價。

P＝SRAC＝LRAC 表示短期和長期時，公司沒有超額盈餘。

P＝LRMC 表示長期時，資源配置效率很高，社會福祉達到最大。

SRAC＝SRMC＝LRAC＝LRMC 表示滿足短期和長期的生產效率。

完全競爭市場時企業的長期供給曲線

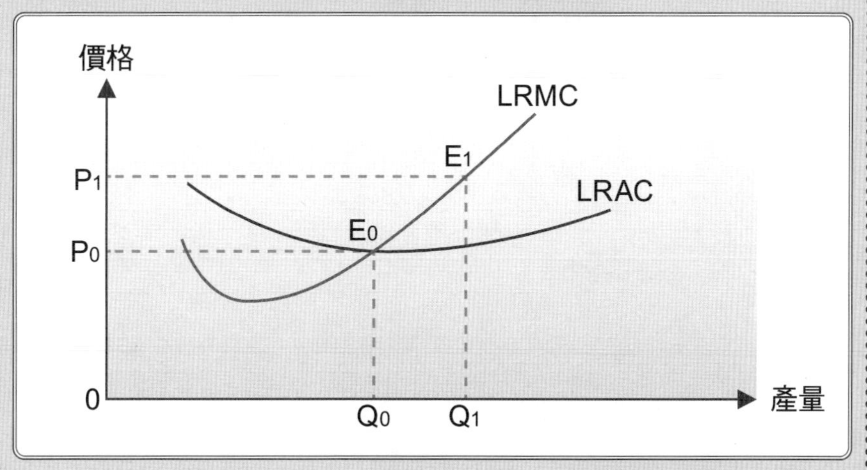

第15章

生產因素價格的決定

章節體系架構

Unit 15-1 生產因素市場

生產因素市場跟商品市場在經濟分析上是相同的，所以相同的地方不必贅述，僅說明因素市場特殊之處。

一、生產因素需求的特性

對生產因素的需求跟對商品的需求不同，為什麼呢？原因在於消費品是直接用來消費的，所以需求者是消費者；而生產因素不能直接用來消費，它僅能替公司服務，以生產消費品，所以生產因素的需求者為公司。基本上，生產因素具有四項特性，分述如下。

(一)引申需求：生產因素的需求是引申需求，而不是最終需求，說明如下。

1.最終需求（final demand）：指消費者對商品與公司對機器的需求。

2.引申需求（derived demand）：指公司對生產因素的需求，因為企業對生產因素的需求是由消費者對商品的需求所引申而來的。

(二)聯合需求：生產因素的需求是聯合需求（joint demand），公司生產產品不能僅靠單一生產因素，而是對各種不同的生產因素共同配合。

舉例來說，個人電腦代工公司（例如：鴻海）生產個人電腦，除了需要龐大的機器設備以外，還要有廣大的土地、熟練的技術工人（勞工）、良好的經營管理（經營能力）等。有了所有生產因素的聯合使用，才能生產優良的商品，因此生產因素的需求是聯合需求，缺一不可。

(三)使用價格：生產因素的價格不是購買價格，而是使用價格，生產因素的價格是指生產因素提供企業服務的報酬。

至於最終產品的價格是購買該最終商品（例如：汽車）的價格，然而為了生產個人電腦而僱用勞工所支付的薪資，則為在某一單位時間內使用勞工（例如：週一～五的朝九晚五的上班時間）所支付的代價，絕不是「購買」（例如：黑奴、長工的賣身契）該勞工的價格。

(四)競爭性需求：生產因素的需求是競爭性需求（competitive demand），是指公司對生產因素的需求處於競爭狀態下。

在因素市場中許多其他公司對生產因素也有同樣的需求，所以公司必須付出合理的代價，才能確保生產因素所提供的服務來源無虞。

最戲劇化的例子是2009年，鴻海切入筆記型電腦的設計代工（ODM）市場，為了補強研發人力，3~4月，從廣達以1.5倍薪水挖角60位人員。從8~11月，廣達董事長林百里對鴻海展開一連串酸話。

二、公司內對各種生產因素的採購單位

公司各部門皆職有專司，因此分別由不同部門負責各種生產因素的採購，詳細內容，請見右下表。

公司對生產因素的需求

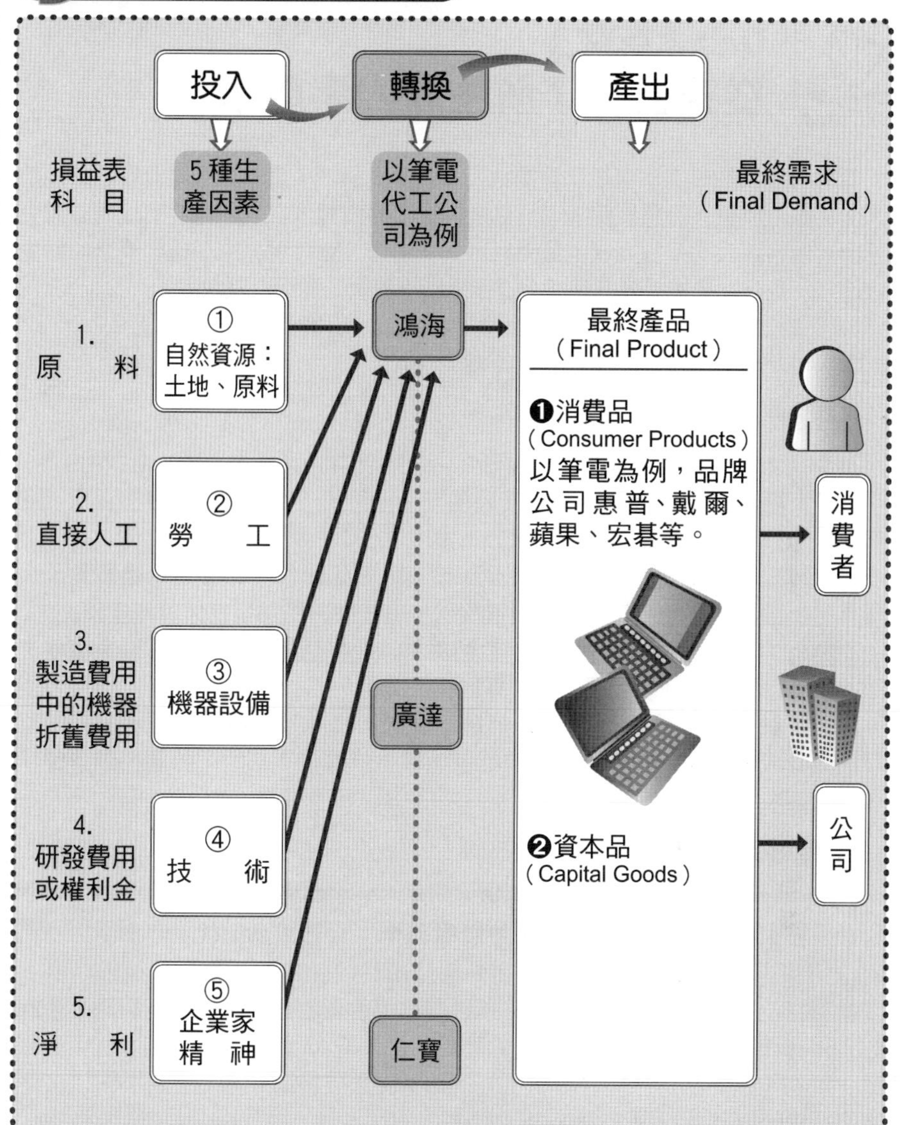

公司內對各種生產因素的採購單位

生產因素	土地	勞工	資金	技術	經營能力
採購執行單位	工廠	人力資源部或人事室	財務部	技術長或研發長	董事會中的提名委員會，替公司尋找董事長、董事。

Unit 15-2 從損益表了解生產因素成本

學會計的目的是為了看懂公司損益表、資產負債表，這對公司經營管理或外部相關人士（銀行放款、股票投資人等）都是極重要的依據。當我們把經濟學的五種生產因素及其價格跟公司損益表成本費用科目一一對齊，竟發現原來個體經濟學中的生產因素部分，是會計學損益表的基礎。這樣來學經濟學的實用性就很大。

為了讓讀者更能具體了解，我們以臺股長期獲利王、權值王——台積電（2330）的預估2021年損益表為例來說明。

一、營業成本

勞動、土地這兩種生產因素反映在公司營業成本的直接人工與製造費用中。

(一)土地的成本是地租：由「知識補充站」可知「土地」泛指自然資源（主要是農工礦原料），因此在公司損益表上，會出現在下列兩大科目。

1.原料成本：工業中的公司主要營業成本大都是原料，服務業則是薪資。宏達電跟產業上游公司買元件、中游公司買模組，這些中間品都掛在原料成本項上。

2.地租：包括土地、房屋（主要是廠房），如果是租來的，要付租金給地主、房東。要是自有的，則以市場行情計算地租、房租。

(二)勞動服務的價格是薪資：經濟學中的勞動（及其價格、薪資）是指整個公司的薪資成本，但如同上述所說的地租一樣，依據權責部門，歸屬在幾個會計科目，說明如右。

二、營業費用

技術、資金這兩種生產因素的價格，反映在公司的營業費用科目內。

(一)技術的價格是研發費用與技術權利金：台積電晶圓代工至少使用一萬種專利，這來自兩個來源：自行研發和外部技術移轉（此費用稱為技術權利金），在會計科目上稱為「研究發展費用」。研發費用占營收比（專有名詞稱研發密度，R&D intensity）8%，即每賣100元的晶片，得分攤8元的研發與權利金費用，算滿高的，要有夠炫的晶片才能打敗對手（例如：美國英特爾和南韓三星），以取得跟蘋果公司iPhone晶片訂單。

(二)資金的價格是利息：這歸在「營業外收入的利息收入」減「營業外支出的利息費用」。把事情簡化，假設沒有「利息收入」，只有「利息支出」。

台積電是大賺錢的公司，2021年預估賺了5,179億元（稅後淨利），年年大賺錢。資產負債表上完全沒有銀行貸款、票（債）券等該付利息的負債。利息費用50億元，被1.54兆元營收一除，利息費用率是0.325%。

三、淨利——企業家精神的報酬

把股票投資人歸屬為廣義的企業家，企業家拿錢出來成立公司，設廠以生產產品，圖的便是公司賺錢，依持股比率分享淨利。

5種生產因素與價格跟損益表相比較

經濟學 5種生產因素	台積電（2330） 2021年損益表（億元）	預估	占營收* 比重(%)
	營收	15,400	100
	－營業成本		
1. 土地→地租	→①原料	760	4.935
	→②直接人工	2,208	14.338
2. 勞動→薪資	③製造費用	4,116	26.727
	＝毛利	8,316	54
	－推銷費用	81.62	0.53
	－管理及總務費用	326.5	2.12
3. 技術→權利金	－研究發展費用	1,260	8.18
	＝營業淨利	6,648	43.17
	＋營業外收入		
4. 資金→利息	－營業外支出→利息	123.2	0.08
	＝稅前淨利	6,770	43.96
	－所得稅費用	770	5
5. 企業家精神→淨利	＝(稅後)淨利	6,000	38.96

*以2020年損益表結構。

知識補充站

自然資源vs.土地

經濟學中的「土地」，本質上是指自然資源(Natural Resources)，這包括以下三種：

1.土地

即常見的農工商與都市用地（住宅、公共設施）。

2.農工產出

包括農產品、礦產（金屬能源等），這反映在損益表中的原料成本。

3.觀光資源

例如：美國大峽谷、臺灣花蓮縣太魯閣峽谷，好山好水常會吸引國外觀光客旅遊。

Unit 15-3 土地供給與需求

土地的供需，尤其是土地需求主要站在公司角度，把土地視為一種生產因素。

一、土地供給

土地的供給來自地主，一般來說，土地具有下列特性。

(一)總量固定：任何一個國家的土地資源大致是上天賦予的，人為的力量只能作枝微末節的改變。舉例來說，台塑集團的台塑石化公司六輕工業區在雲林縣海濱填海造陸，聲名遠播，然而所造陸地在臺灣島所占的面積比例微乎其微。這是土地跟其他因素的主要差別所在。

(二)土地用途：一個國家的土地資源總供給量固定不變，而對某一種經濟活動來說，土地供給是可以變動的。舉例來說，臺灣早期是以農業為主，1970年以來的經濟發展，工業用地的需求增加，於是有海埔新生地、丘陵地、農業用地紛紛轉成工業用地（例如：工業區、科學園區）。

1990年以來，中國大陸更是紛紛把珠江三角洲、長江三角洲的農田改成工業區，低地租的招攬外資來設廠。由於土地使用成本低、人工比臺灣便宜十分之一，所以每年外資超過400億美元。要是不曉得中國「工業掛帥」是以犧牲農業為前提，便很容易誤以為中國的工業地好像從天而降似的。而國土規劃中的土地三大用途，主要是都市、工業與農業用途。

(三)土地跟其他生產因素的共通性：土地在創造附加價值（生產過程中的貢獻）或生產力（例如：土地肥沃程度）也不可能是無限的，同樣受限於報酬遞減法則。

(四)以地表土壤為例：任何植物的生長、動物以及人類的各種活動，都需要直接或間接依附於土壤；不同位置土壤的區位（Location），地理位置不能加以移動，而且其肥沃程度也不盡相同。也就是土地可以二分為異質性土地與同質性土地兩種。

二、土地需求

依身分來說，對土地的需求包括政府、民間（經濟學又細分為家庭、公司）。

(一)土地用途：經濟學中討論「土地」是站在公司角度，把「土地」視為一種生產因素，這對產業結構中的三級產業各有不同用途，茲說明如下：

1.農業：土代表田，有田才能種地，把農作物販賣賺取貨幣收入，甚至致富。

2.工業：「土」代表水電通訊等基本設施完善的廠址（例如：工業區、科學園區），套用廣達集團董事長林百里所說的「金木水火土」，經濟學中的土包括「水」（工業用水）、「火」（電力，大都來自火力發電）、土（工業工地）。

3.服務業：「土」代表方便消費者消費的「店址」。

(二)從個別到市場需求：以單一公司來說，當土地的生產邊際收入等於地租時，可以得到均衡土地使用量，把所有公司的土地需求曲線水平加總，便可以得到整個市場的土地需求曲線。

土地的供給與需求

土地的意義

土地（Land）泛指一切自然資源，尤其指那些在現有科技能力所及，可用於創造附加價值，而且其可供使用量固定，其生產並不是無限的自然資源，一般地球上常見的土壤、砂石、山川、海洋、湖泊、森林、礦藏、空氣、大氣層和陽光等，在不久的將來，「土地」將包括月球、其他星球和太空在內。

國土規劃土地用途3分法

土地供給	土地需求
1. 都市用地 ①公有地 ❶基礎設施、交通（道路、鐵路）、學校、公園等城市建設 ❷政府館舍	1. 總體→政府 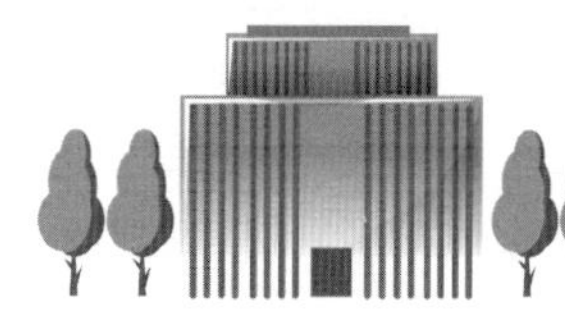
②都市土地 ❶住宅區 ❷商業區 ❸住商混合區 依都市規劃，把都市土地用途分為3中類	2. 個體→民間 ①家庭 →主要是對住宅的需求，以內政部營建署的統計，2020年底，住宅存量835萬戶，略多於普通家戶數900萬戶（註：戶籍登記數835萬戶） ②公司 ❶服務 →主要是店面、辦公大樓 ❷工業 →主要是工廠，其次是辦公室。 ❸農業 →主要是農田、魚塭
2. 工業用地	
3. 農牧用地	

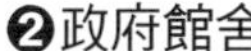

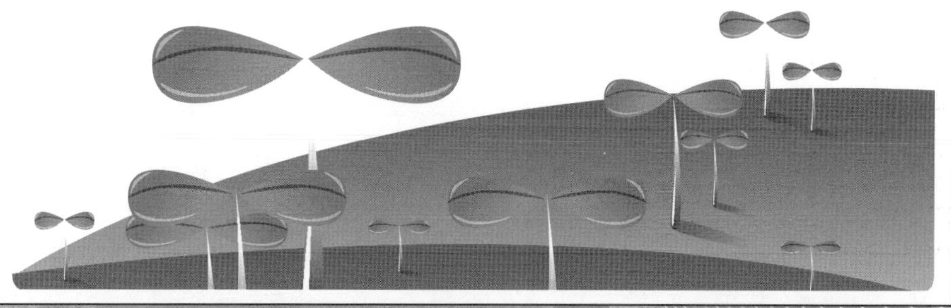

Unit 15-4 土地交易方式與報酬

土地和資本這兩種生產因素皆有兩種取得方式，一是買賣（長久取得），一是租賃（短期取得）。當然名稱也不同，本單元將詳細說明。

一、地租和地價

土地和勞工等生產因素一樣，公司使用時要付代價，依所有權分為兩種情況：

(一)公司買下土地時：當公司付款買下土地，其買賣價格稱為土地價格（簡稱地價）。

(二)公司租用土地時：當公司向地主租用土地，則必須支付租金給地主。租金（rent）這個字並不抽象，對租屋的大學生來說，一學期繳一次房租便是求學成本的一部分。地租是土地（勞務）的使用價格，擁有一塊土地，地主可自行使用以獲取收入，也可出租給別人使用以賺取租金。就一個運作非常有效率的房地產出租市場來說，地主自行使用該塊土地所得到的收入，將等於租給他人使用所獲得的租金。

二、地租的意義

地租（rent）是指提供土地勞務所得的報酬，就一定的使用期間，一單位土地的使用價格稱為地租率，簡稱地租；更擴大來說，Rent是指租金。地租對供需雙方和社會的功能跟其他生產因素一樣，簡單說明如下。

(一)地主角度（土地供給）：地租是土地勞務的提供者，放棄使用該土地勞務所得到的補償。

(二)房客、佃農角度（土地需求）：地租是土地勞務的使用者，使用該土地勞務所需花的代價或機會成本。

(三)社會角度：從整個社會的觀點來看，地租扮演著有效使用稀少性土地資源的價格機能的角色，這分為兩種情況。

1.在現有土地方面：從整個社會的觀點來看，土地是天生具有的，它的存在是不需花任何代價，也就是沒有機會成本的；不過，由於土地具有生產力，而且有許多用途，在僧多粥少的情況下，土地相對稀少。因此在臺北市東區的店面往往由精品店（珠寶店、鐘錶店）買下或承租，房價因此炒高了。

2.在開發出可用土地方面：有些公司把「窮山惡水」、「窮鄉僻壤」開發成可用之地，這些人可說「點石成金」。因此在人類對於土地的開發上，地租是促進土地朝向更有效利用的機制和指標。

三、地租跟產品價格的關係

在其他情況不變下，商品價格的提高，公司的邊際收入也將跟著提高，而導致公司願意支付較高價碼來僱用生產因素，對因素需求增加，因素需求曲線往右上方移動，將促使地租的上升。反之，當商品價格下降時，地租終將跟著調降下來。

土地的交易方式

交易方式	物件	生活中類比	
		DVD	汽車
1. 買賣 	①土地 → 地價 ②房屋 → 房價 → 賣方 vs. 買方	一片450元 買DVD 	TOYOTA的Camry 2,000cc，一輛93萬元 買車 
2. 租賃 	①土地 → 地租 地主 vs. 租地者 ②房屋 → 房租 房東 vs. 房客	一片30天 租片 	2,000cc的轎車，一天2,000元 租車 

知識補充站

地租怎麼算？

假設這塊土地的租金每期為R元、土地可以無限期使用；那麼，這塊土地最多值多少錢呢？

財務管理課程採取淨現值法，先計算各期租金的現值（Present Value，現在價值），然後加總，來表示這塊土地的需求價格；現值是指不同時期的金額折算成現在金額的意思，當年利率為1%時，明年的101元相當於今年（現在）的100元。

這塊土地的需求價格為：

$$P_d = \frac{Rent}{1+R} + \frac{Rent}{(1+R)^2} + \cdots\cdots + \frac{Rent}{(1+R)^n} + \frac{殘值}{(1+R)^n}$$

Rent：每期地租；R＝利率或其他折現率；P_d＝土地的需求價格

Unit 15-5 地租的決定

地租水準是由市場的供需雙方來決定，假設在使用者眼中，每一單位土地勞務是同質的；假設土地勞務市場完全競爭。由房地產市場的供給和需求兩曲線的交點，來決定均衡的土地勞務使用價格或地租率，這又可分為短、長期兩種情況。

一、一般說法——短期情況

在一定時間內，因為土地量是固定的，所以土地勞務的供給量也是固定的，例如：右上圖垂直供給曲線S_0所對應的土地勞務量G_0所示，土地使用價格（地租）取決於土地需求。當市場需求曲線是D_0時，此時的均衡地租率是P_0；當需求增加，需求曲線上移至D_1時，這時的均衡地租率提高為P_1。如果需求減少，需求曲線下移至D_2時，均衡地租率為零。以D_0為例，地租可用四邊形OT_0EP_0的面積來表示。

地租（R_0）	＝	地租率（P_0）	×	土地勞務供應量（T_0）
類似利息	＝	利率	×	本金（餘額）

在土地勞務供應量固定的情況下，地租率和地租的高低變化方向相同。

二、實務說法—長期情況

右下圖是實務狀況，即當地租高到有正常淨利時，就會有建設公司去開發「窮鄉僻壤」或者要求政府變更都市計畫，最常見的是把農業用地變更地目，變為住宅用地、商業用地，接著再進行移山填海等的土地開發。因此站在個體角度，會發現下列情況出現：

1.住宅屢屢推出新案，常見的是「329檔期」。

2.工業區的廠辦大樓常常推出，最有名的是遠雄建設在新北市中和區的遠雄工業區。

3.商辦大樓一棟一棟推出。

在長期，土地供給由S_0下移到S_1，均衡點由E_0到E_1點。

小博士解說

土地總量固定，但分量可變

1980～2000年，中國大陸為了對外招收外資設廠，於是祭出「土地0租金」（50年使用期）。但是以人均土地來說，土地面積960萬平方公里，只有23%可用，被（2011年）13.4億人除，可說「地狹人稠」，那土地從哪來？

以廣東省、江蘇省來說，主要是農地轉為工業、都市用地，世界各國發展的經驗大抵皆是如此，因此工業用地看似源源不絕，看似不要錢，簡單地說，工業、都市用地的需求量有限，一旦農地開放非農用，地價會大崩盤。

地租率和地租的決定

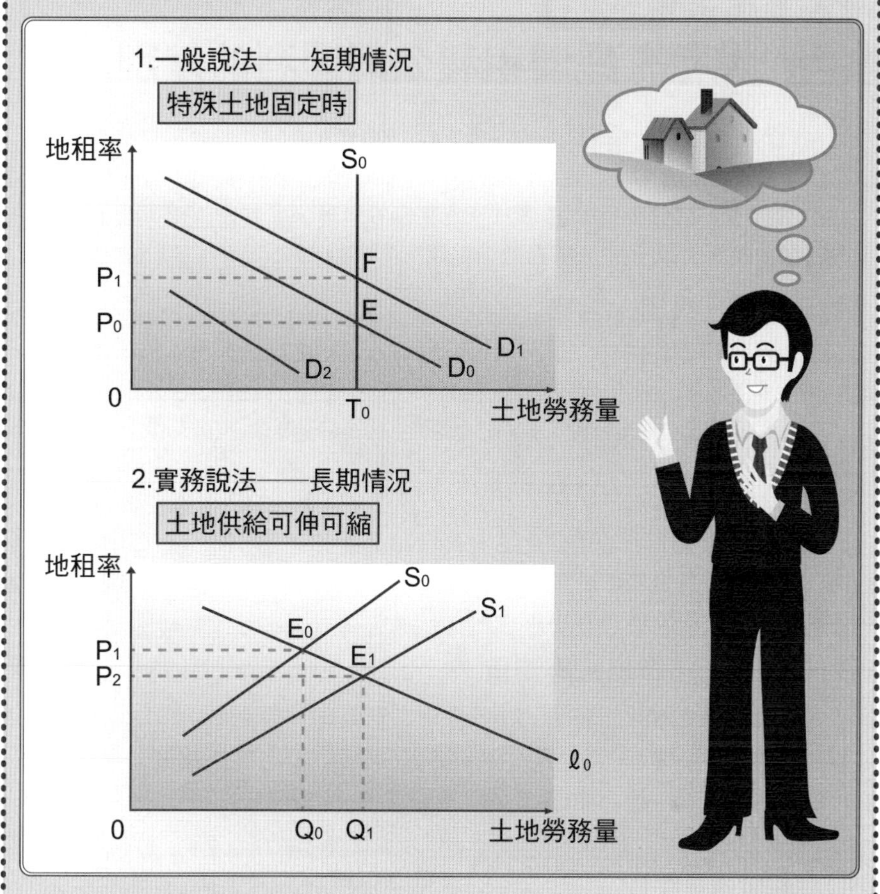

知識補充站

房價漲，但房租為何不漲？

2011～2020年，臺北市房價漲1倍，但是住宅的房租仍「不動如山」，為何會出現這種矛盾情況呢？正常情況是，以住宅的房租報酬率4%為例，屋價1,000萬元，年房租40萬元，但房價上漲至2,000萬元，年房租應該漲到80萬元才對。然而真實狀況是房租仍停留在40萬元左右，以致房租報酬率降到2%。當房東收房租要50年才還本，出現房租不漲的原因是房客預算有限，因此房東調漲房租就會租不出去，另一方面，房價因低利率，首次購屋房貸利率1.5%，房貸1,000萬元，年利息才15萬元，每月1.25萬元，造成「租不如買」情況；再加上股市不爭氣，且消費者物價高，一些投資資金被導引到房市，房價就漲了。

Unit 15-6 準租、經濟租和公司淨利的差別

「己已巳」或者「田由申」這兩個字群，內部來看似乎大同小異，但其實天差地遠，根本不是同一家族。

在經濟學中，這種「竹竿逗菜刀」情況偶爾出現，尤其當生產因素異質性時，其因素報酬也較高。以土地、勞動兩種生產因素來說明。

一、在土地時—良田vs.劣田

臺灣諺語「耕到好田好三年，耕到劣田苦三年」，貼切形容土地生產力、地理位置不同，地主收的地租也就有高低，稱為「差別地租」（differential rent）。

以工廠位置來說，同一個工業區，愈靠近高速公路的租金會較貴，因為原料、產品運費較便宜。

以店面來說，則客流量較高，人潮代表錢潮，房東收的房租也較高。

因此，有些很偏僻或貧瘠的土地，有可能沒有人願意開發，或使用後得不到任何好處；那麼，這些土地的地租為零，這種土地稱為邊際土地（marginal land），俗稱「窮鄉僻壤」（land of nowhere）的窮山惡水之地。

二、在勞工時——準租vs.經濟租

把勞工比喻成土地，把薪資比喻成地租；有些有特殊專長的勞工，其薪資非常高，這可分為下列兩種情況：

(一)準租：以2020年底跨年來說，假設中國大陸中央電視臺各以人民幣600萬元包下李宇春、周筆暢獨家表演，李宇春只有一人，或許她認為賺人民幣400萬元就很好了，多賺的這人民幣200萬元便是準租（quasi rent）。準租是經濟租的特例。

(二)經濟租：以2012年6月來說，6月10、12日發生二次豪大雨，許多不淹水的地方都淹水，家庭損失不輕。6月19～21日，泰利颱風穿越臺灣海峽而過，帶來150公分的降水量，做水閘門（大門的擋水板）的鐵工廠大發利市，有專利的母公司，其工廠三班開工，有些鐵工廠也半路出家。水閘門價格飆高，但公司成本一樣，這多賺部分便是經濟租（economic rent）。

三、經濟租vs.公司淨利

經濟租跟公司盈餘是兩件事，說明如下。

(一)經濟租：經濟租是站在勞工角度來看，如果你想要的年薪36萬元（即機會成本），公司付你年薪40萬元，這4萬元便是你上班的「經濟租」。

(二)公司淨利：公司淨利是站在公司立場來看，地點在商品市場，例如：台積電2021年賣300萬片12吋晶圓，預估收入1.54兆元，但淨利6,000億元，這便是公司淨利（producer's surplus）。

生產因素的性質與其均衡價格

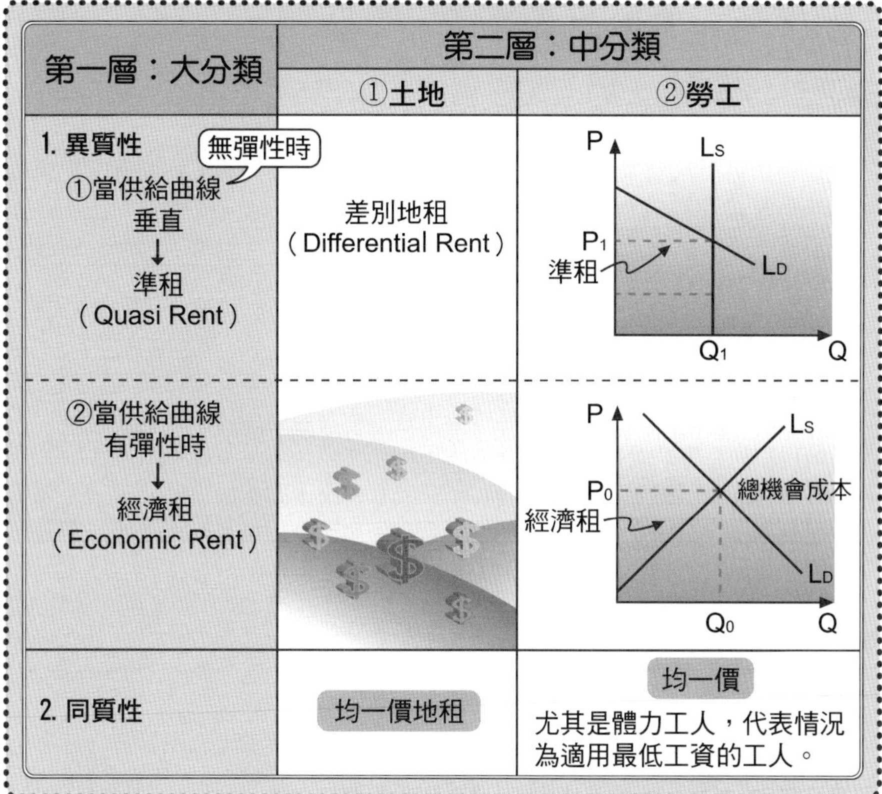

第一層：大分類	第二層：中分類	
	①土地	②勞工
1. 異質性 ①當供給曲線垂直（無彈性時） ↓ 準租 （Quasi Rent）	差別地租 （Differential Rent）	
②當供給曲線有彈性時 ↓ 經濟租 （Economic Rent）		
2. 同質性	均一價地租	均一價 尤其是體力工人，代表情況為適用最低工資的工人。

知識補充站

準租vs.獨占淨利

在生產因素市場，因生產因素供給量有限，在供不應求時，價格狂飆，多出來的部分，稱為「準租」（Quasi Rent）商品市場在產業結構為獨占時，主導公司挾其獨占地位，抬高價而有「暴利」，或稱異常報酬，此稱為獨占淨利。

嚴格來説，準租跟獨占淨利是二件事。但是有時有些人混用，像尋租（Rent Seeking）行為，是指在中國大陸等，一些民營企業跟公營企業掛勾，也想分一杯羹，至少「你吃肉，我喝湯」，分享一小部分獨占盈餘。例如：鐵路貨運運量不足，且又是國營、省營，如果取得某地區、某時段的貨運運量，就有暴利可言。此種想方設法尋求準租的行為，稱為尋租行為。

Unit 15-7 淨利

就公司損益表來看，淨利（Profit，損益表上的稅後淨利）好像是公司憑白無故賺來，但是縱使在成長階段的行業中，有些公司賺多、有些賺少，甚至有些賠錢。差別就在於當家的人其經營能力之高低，由右圖可見，影響淨利高低的前因後果，本單元詳細說明。

一、淨利的意義和特質

由一家獨資或合夥企業來看時，很容易了解淨利是企業家提供勞務以外，其發揮經營能力的報酬。傳統的看法認為淨利也是一種功能性所得，不過在性質上卻跟薪資、地租和利息等功能性所得不同，簡單說明如下。

(一)淨利金額不確定：淨利是營收減去成本費用後的餘額，因此，其金額並不確定，也可能出現負值；同時，其額度只有在生產後進行結算時，才能決定。而薪資、地租和利息的大小，在生產前就已確定了，而且是正值。

(二)淨利大小無法說明：淨利的大小無法由邊際生產力理論來說明；相反的，薪資、地租和利息的大小，可以用邊際生產力理論來解釋。

二、淨利的功能

在市場經濟制度下，淨利可以說是給予經營能力的酬勞。它跟薪資、利息、地租一樣，具有促進資源（含經營能力在內）有效配置的功能。一般的經濟淨利也包括經濟租在內，而為了突顯淨利的促進資源有效配置的角色，有必要把特殊情況的經濟租的部分，從一般的淨利中剔除出來，而只討論不含經濟租成分的淨利部分。

(一)同一行業：淨利對於現有公司來說，可以在事後檢驗其使用資源的相對效率，同時也作為評斷其是否繼續留在此一產業的依據；淨利對於想進入此一行業的潛在競爭者來說，則是其決定進入或保持觀望的重要指標。

(二)不同行業：當有一行業的平均淨利比較高時，表示此一行業（例如：2019~2029年的5G手機）仍有發展遠景，將吸引更多公司進入此一行業，使得整個社會資源朝此一方向調整，以提高社會資源的使用效率，導致產業結構的改善。有較大創新空間的行業才可能存在持續性的長期淨利，長期淨利將一方面指引社會資源的配置流向，也一方面激勵了創新活動的進行，而促進資源配置上的動態效率。

(三)從不同國家或地區的公司平均淨利來看：當某地區的平均淨利較高時，一方面吸引更多資金轉移到該地區，另一方面也給予淨利較低地區設法改善投資環境的壓力。淨利具有促進全球資源往更有效率的方向進行配置的功能，進而推動各地區經濟的持續成長。例如：中國大陸對外資企業具有像磁鐵的「磁吸效應」，臺灣為了鼓勵企業根留臺灣，因此努力改善投資環境（例如：工業區土地租金大減價），可說是有競爭才會有進步的一個例證。

淨利的前因後果

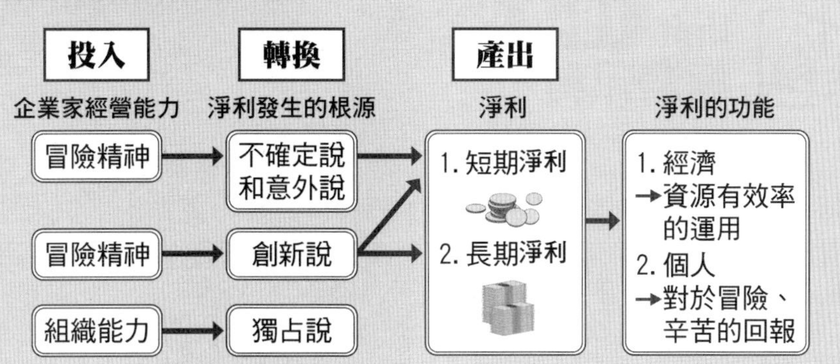

知識補充站

企業家的定義

什麼是企業家？要如何定義？我們針對在各種商業組織中，「企業家」的定義如下。

1.獨資：例如路邊攤、小吃店等大都是獨資，「老闆」就是企業家。

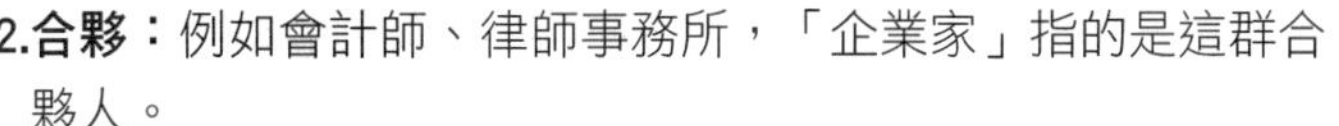

2.合夥：例如會計師、律師事務所，「企業家」指的是這群合夥人。

3.公司：狹義地說，公司董事們（尤其是董事長）便是「企業家」；廣義地說，有拿到很多淨利分紅的員工（主要是高階管理者）也算。

經營能力的意義和特性

為了賺錢而成立的生產單位或經濟組織稱為公司，而經營能力泛指一家公司所有很難適當歸類，卻能讓其賺錢或賠錢的因素。經營能力至少包括下列三種能力。

1.冒險精神：指企業家所具備面對不確定的經營環境，而仍勇往直前的進行生產活動的特質。

2.創新能力：指企業家把新發明的事物或新發現的方法，予以應用，並且加以推廣的能力。

3.組織能力：指企業家利用舊有的知識技能，以組合各項生產因素，進行生產的能力。

淨利發生的根源

邊際生產力理論不易解釋淨利存在的原因，淨利是企業家發揮其經營能力的報酬，那麼就可從經營能力的類別，來了解淨利發生的根源，至少有上圖中「轉換」一欄幾種看法。

Unit 15-8 經濟淨利

——以全球晶圓代工之王台積電為例

淨利（pofit），在會計學上只談到會計淨利（即公司淨利），再扣掉權益資金成本、董監事薪酬（這兩項合稱股東資金的機會成本），便得到經濟淨利（economic profit）。這對「財務管理」、「投資學」非常重要。也就是站在公司股東（廣義的企業家）角度，考慮針對一家公司的股票，究竟是應該「減碼」（賣出）、「維持」或「加碼」（買進）。本單元以台積電為例，為了簡化起見，表中的「董監事薪酬」為零。

一、股東的機會成本

股東出資2,593億元（一股10元，共259.3億股）給台積電，心中有個要求，此要求在相關課程名異實同。在經濟學課程稱為權益資金的機會成本；在「財務管理」、「投資學」則稱為「權益必要報酬率」（hurdle rate）。

權益必要報酬率＝無風險利率＋權益風險溢酬

二、美國標準普爾500指數10年報酬率

權益風險溢酬（2011~2020年）

＝10年平均標普500指數報酬率－10年平均10年公債殖利率

＝12.15%－2.054%＝10.095%

本處打七折，取7%

小博士解說

盈餘⇔淨利

經濟學中的「Profit」，本書稱為「淨利」，而不像其他書稱為「利潤」、「盈餘」，其原因仍為「回復基本」（Return to Basics）。最常見的淨利是指公司損益表上的稅後淨利。

因此本書一以貫之，凡是Profit、Surplus的本質皆是淨利（Earning），因此一律意譯為淨利，以求望文生義。

2021年預估台積電會計與經濟淨利

單位：億元

從會計到經濟淨利	資料來源
(1)損益表上會計淨利 6,000	時：2021年1月8日 人：台積電 事：公布台積電自結2020年損益 已知台積電股本259.3億元， 1股面額10元，259.3億股 (1)會計淨利＝259.3億股 x 23.139元／股 ＝6,000億元
(2)權益資金成本 22,000 x 8% ＝ 1,760	17,204以2020年6月底資產負債表上數字，視為一年平均數。 8%是以無風險利率加權益風險溢酬(equity risk premium)
(3)董監事酬勞 4	2019年每位董事酬勞0.4387億元 2020年10位董事
(4)經濟淨利 ＝(1)－(2)－(3)＝4,236	以股數259.3億股來說 每股經濟淨利4,236／259.3＝13.336元 比每股（會計）淨利23,139元的70.6%

第16章

勞動供需與薪資

章節體系架構 

Unit 16-1 勞動需求

有需求才有供給，在勞動市場，91.1%成雇主是公司或自己，8.9%成雇主是政府。

一、勞務的意義和特性

勞務（labor service）是指人類直接參與生產活動所投入的體力、心力或勞動，人們為了賺取薪資，而在公司生產過程中所提供的勞務；例如：工人做工、醫生看病、員工上班等工作所須投入的體力、精神或勞務都算是勞動，至於業餘性質參加社會公益活動者、擔任志工都不能算是勞工。跟其他生產因素相比，勞工具有下列性質。

(一)勞工跟人體不可分離：勞工提供勞務跟自己不可分離，例如：捷運司機必須掌握方向盤，必須親力親為。

(二)勞工是一種無形的勞務：在事後的產出中，可以間接推測勞工平均一單位時間所提供勞務的質量或努力程度，但是由於勞工是一種看不見的勞務，仍然沒有很好方式來客觀地精確計算其數量，一般大都以工作時數或天數作為單位，以計算勞工投入量的多寡。

根據上述兩個性質，很容易了解勞工不像一般有形的物品，它不能加以儲藏起來而留待以後再用；同時，勞工的供應量受到人口數和工作意願的限制，不可能無限制增加；隨著教育普及、技能提高（含工作經驗的累積），勞工素質逐年提升。勞動素質（經濟學者用「勞動品質」一詞）提高包括雙方努力，即勞方自我投資（訓練、深造，取得證照與改善健康），資方投入包括員工訓練等。

二、誰需要僱工

勞動需求（labor demand）可以依產業結構、是否有固定雇主來區分，扼要說明如下。

(一)產業結構：可分為服務業、工業，以及農業等三種。

(二)是否是雇主：有雇主的，還可分為政府、公司和其他；自僱的，可分為自營作業者（主要是農民54.9萬人）和農民等。

三、個別公司角度

從邊際產量隨著勞工投入量增加而遞減的性質，以及生產因素之間的相互替代性，得知公司個別的勞動需求曲線（labor demand curve）是一條具負斜率的曲線。

當薪資率降低時，公司基於淨利最大化或成本最小化的考量，將增加勞動數量，這包括下列兩個效果。

(一)所得效果：純粹為了享受勞工比較便宜的好處，而多僱用了勞工，最後達到邊際生產力均等法則的要求。

(二)替代效果：將多僱用勞工，而少使用（或替代）部分的其他生產因素。

勞動需求與供給

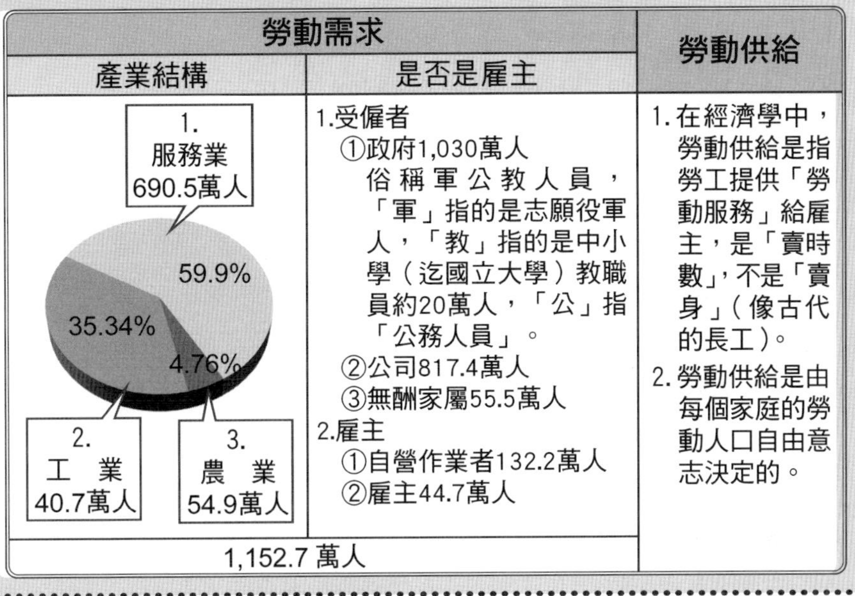

勞動需求		勞動供給
產業結構	是否是雇主	
1. 服務業 690.5萬人 59.9% 2. 工業 40.7萬人 35.34% 3. 農業 54.9萬人 4.76%	1.受僱者 ①政府1,030萬人 俗稱軍公教人員，「軍」指的是志願役軍人，「教」指的是中小學（迄國立大學）教職員約20萬人，「公」指「公務人員」。 ②公司817.4萬人 ③無酬家屬55.5萬人 2.雇主 ①自營作業者132.2萬人 ②雇主44.7萬人	1. 在經濟學中，勞動供給是指勞工提供「勞動服務」給雇主，是「賣時數」，不是「賣身」（像古代的長工）。 2. 勞動供給是由每個家庭的勞動人口自由意志決定的。
1,152.7 萬人		

個別公司勞動需求曲線

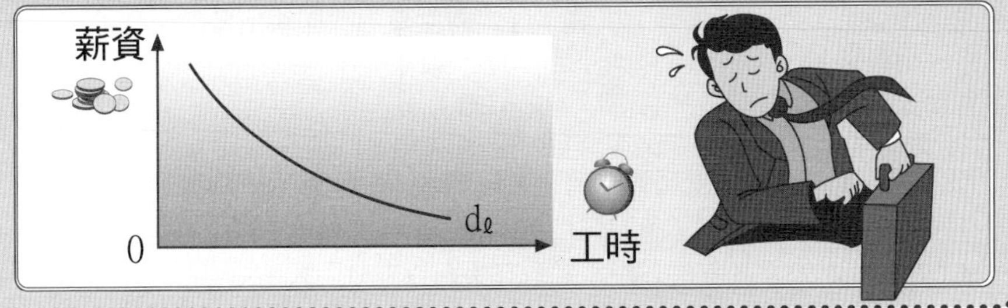

知識補充站

勞動的價格

經濟學中的勞動（及其價格、薪資）是指整個公司，依據權責部門，歸屬在幾個會計科目，說明如下。

1. 生產部人員薪資依是否直接生產分成兩項。

(1) 直接從事生產（俗稱第一線員工）：人員薪資歸在「直接人工成本」，又被營收除（即直接人工成本／營收），稱為薪資率。

(2) 間接從事生產：工廠人員薪資歸在製造費用三小類中的間接人工費用。

2. 業務部人員薪資歸在「推銷費用」。
3. 管理部（廣義的涵蓋財務、會計、資訊和管理等）、總務部人員薪資歸在「管理及總務費用」。
4. 研發部人員薪資歸在「研究發展費用」。

Unit 16-2 企業勞動需求的決策準則

「將本求利」是公司經營的鐵律，對勞動的需求也是如此。

一、決策準則

企業生產決策的金科玉律如下。

(一)MR＞MC：邊際收入大於邊際成本，或多賣一件便多賺。

(二)AR＞AC：平均收入大於平均成本，或平均售價大於單位成本。

二、單一公司時

考慮在單一公司、一種生產因素（勞工）情況下，已知三項資料，即1.投入：勞工數（或稱勞工投入量）；2.轉換：產量，在企業中注重的是銷售數量（即銷量），「生產量」的涵蓋範圍可以大到全球、地區、行業，小至個別公司、工廠或生產線，以及3.產出：營收。因此，計算平均收入、平均成本很簡單，說明如下。

(一)平均收入（AR）：電子業人士常稱的客單價，主要是右圖甲式的平價售價，或文言文說的「單位產出營收」。

(二)平均成本（AC）：主要是右圖丁式的單位產出勞工成本，這才是公司關心的勞動產出數字，即已考量勞工素質（乙式的生產力，即產出量）、勞動成本（即丙式的平均薪資）。而平均成本有下列兩種計算方式。

1.直接計算：平均成本＝勞動成本／銷量。

2.間接計算：平均成本＝平均薪資／產出量。

兩個觀念是經濟學、生產管理課程常用的，即平均薪資（丙式）與勞工生產力（人均產量，乙式）。勞動生產力是指某段期間內，平均每一位勞工生產量；「某段時間」可能指一年、一個月或一週，針對一家公司來看，勞工生產力跟勞工平均產量一樣。一般在討論勞工生產力時，大都以整個社會、國家或產業範圍作為討論對象。

三、製造業「單位產出勞動成本」指數

單位產出勞動成本繼續加工處理，可得到製造業單位產出勞動成本指數如下。

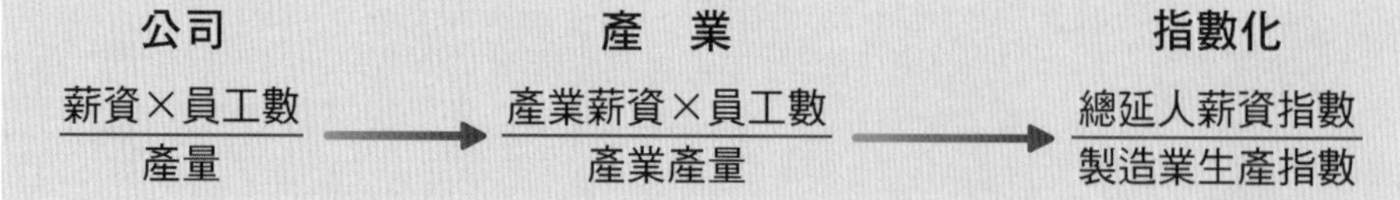

以分子的「薪資指數」為例，隨著雇主減薪或裁員，這項「總延人薪資指數」就會同步下滑。以大學畢業生初入職場的起薪來看，勞動部的數字1999年的起薪是每月27,462元，2019年為29,336元。「製造業單位產出勞動成本」指數在1999年迄2010年由119.1降至88.2，降幅之大為歷年罕見。企業勞動成本雖然降低，但在機器成本升高、技術取得成本升高下，企業並未因此有更多的獲利。

勞工生產力與單位產出勞工成本

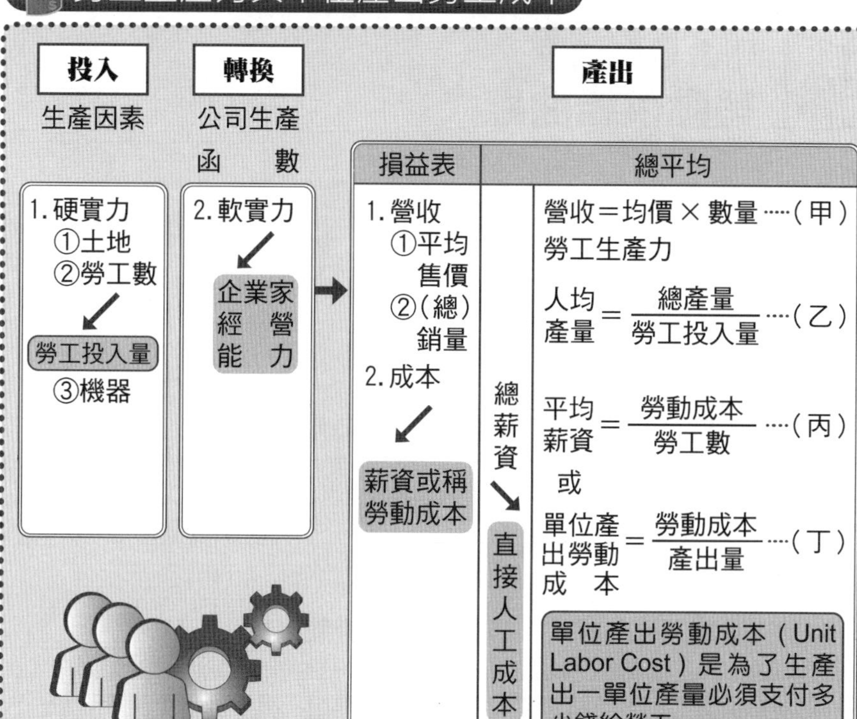

每位就業者每月平均國內生產毛額

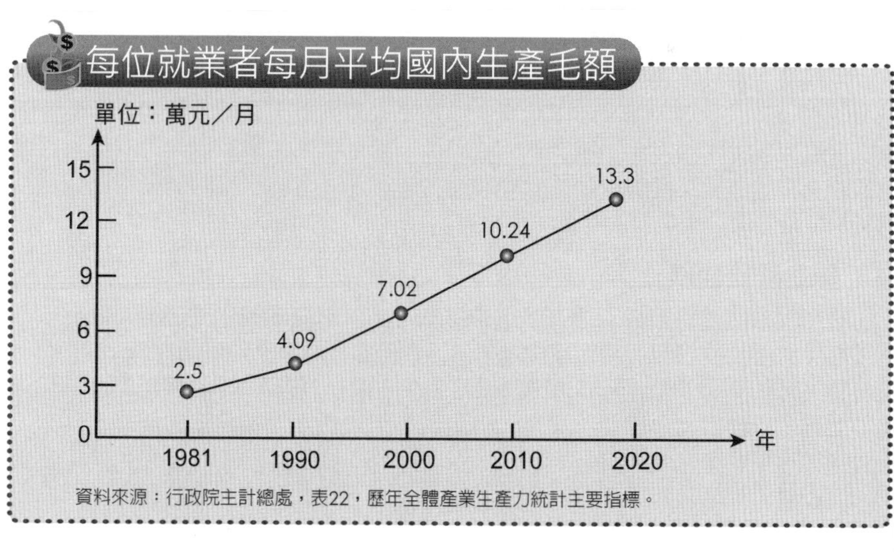

資料來源：行政院主計總處，表22，歷年全體產業生產力統計主要指標。

Unit 16-3 勞動供給曲線

勞動市場的勞動供應量是由全部勞工的個別勞工之勞動供應量加總而得，因此，市場勞工供應量的大小，一方面要看勞工人數，另一方面要看個別勞工願意做幾天、每天幾小時。

一、從好逸惡勞談起

每位勞工一天就只有24小時，想多工作就只能少休息，對一般人（即不是工作狂）來說，大都是「好逸惡勞」的，說明如下。

(一)休閒是正常品：多一小時的休閒（leisure），其代價便是少一小時的工作，也就是說，少賺一小時薪資率，因而薪資率就相當於「購買」一小時休閒的機會成本。

(二)工作是劣等品：工作會累，而且會被主管「盯」，所以工作本身對勞工來說是「苦差事」，好處是「有做就有賺」，為了五斗米，只好折腰一下。

二、後彎的勞動供給曲線——個別勞工的勞動供給

右圖顯示勞動供給曲線（labor supply curve，或勞工供給曲線）前半段（B點前）為正斜率，勞工工作時間隨薪資率的上升而增加。勞動供給曲線後半段（B點後）為後彎形狀（backward bending labor supply curve），勞動供給量（即勞動工時，L）隨著薪資率上升而減少的現象。在薪資率不斷上升之後，勞動供給曲線後彎是必然的現象，然而大多數人可能無法達到勞動供給曲線後彎的薪資水準。難怪週六加班可能找得到人，但是連週日都要加班，可能只有少數人願意。

由消費者需求理論可知，除了薪資率以外，包括消費者對於休閒的偏好、其他商品價格、勞工財富水準、健康狀況，以及家庭設備現代化等其他個人因素，與社會安全制度、稅收制度、經濟景氣的波動性、風俗習慣和宗教信仰等非個人因素，也都會左右個別勞工提供勞動的意願和能力；因此，這些因素的變動都可能使得個別勞動供給曲線出現整條的移動。

三、勞動供給曲線

勞動供給曲線是市場上所有個別勞工的勞動供給曲線的水平加總，而形成一條平滑的勞動供給曲線。假設市場上僅有A、B勞工的兩條勞動供給曲線，把A、B兩條勞動供給曲線水平加總則成為勞動供給曲線。因為只有A、B兩條勞動供給曲線的水平加總，勞動供給曲線並不平滑；但是當勞工人數多得如過江之鯽時，則勞工供給曲線必然是平滑的。

勞動供給曲線會後彎嗎？在現行薪資水準下，縱使有許多人的勞動供給曲線已呈現後彎現象，勞動市場供給曲線仍然可能是正斜率的。因為當薪資率上升時，有更多原本不工作的人受到高薪資的引誘而進入勞動市場，而所提供的勞動供給量遠大於勞動供給曲線後彎所引起的勞動供給量減少。

休閒、工作對勞工的意義

	休閒（好逸）	工作（惡勞）
類比	正常品（Normal Goods）	劣等品（Inferior Goods），即所得彈性小於 0。
效用	**正效用**	**負效用** 但是工作才有賺，賺的錢可以帶來**正效用**，即工作是手段，不是目的。

後彎的勞動供給曲線

薪資率

S_1 C B A

W_3 W_2 W_1 0

L_3 L_1 L_2 工時

A、B勞工勞動供給曲線和勞動市場供給曲線

A 勞動供給曲線 ＋ B 勞動供給曲線 ＝ 勞動供給曲線

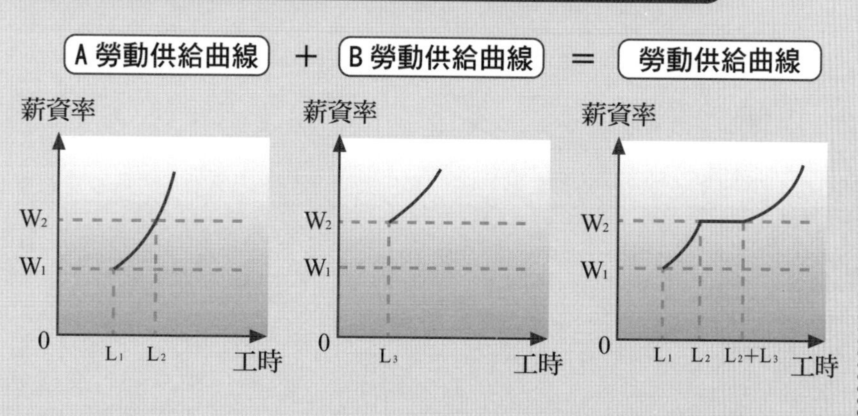

Unit 16-4 勞動市場均衡 I

各行各業的公司在決定薪資時會參考市場行情，勞方也會，因此本單元說明各行業的薪資決定過程。

一、產業的勞動需求曲線

勞動需求跟勞動供給一樣，都是先從一個情況談起，再擴充到二，這是高一邏輯學中歸納法的運用。當擴充到三甚至n時，事情只是更複雜，但是道理不變。

勞動需求曲線來自勞動市場所有個別公司需求曲線的加總，個別公司的勞動邊際生產收入（MRP）曲線便是個別公司的勞動需求曲線。於是，如右圖1及2所示，假設勞動市場只有C、D兩家公司，由這兩家公司的勞動需求曲線（即MRP曲線）橫軸相加，便得到右圖5的勞工需求曲線了。

二、產業的勞動供給線

如右圖3及4所示，個別勞工A、B的勞動需求曲線為w*水準的水平線，跟個別的勞動供給曲線S_A和S_B相交，而分別提供L_A和L_B的勞工數量。

三、勞動市場

跟菜市場的集中交易不同，勞動市場中是由資方（雇主，扮演勞動服務的買方）跟勞方（扮演勞動服務的賣方）個別決定的，至於勞動條件（薪資、福利、工作時數等）可能是由工會（labor union）跟資方集體協商的。

四、勞動市場的供需均衡

如右圖5所示，勞動市場的需求曲線與供給曲線相交於E點，即是勞動市場均衡點，所對應的w*和L*分別為均衡薪資率、均衡勞工人數。在完全競爭的勞動市場裡，企業以w*水準的水平線作為其勞動供給曲線，跟C、D公司的MRP_c、MRP_d曲線相交，而分別得到最大淨利下的勞動僱用量的L_C、L_D。

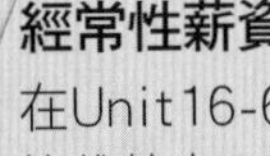

經常性薪資

在Unit16-6右表中我們列出近五年的經常性薪資，2007～2011年皆維持在36,000元，而且以後不會有大變動。這道理跟中國的最低薪資的功用一樣，皆是計算勞健保費用的基礎，由於勞資雙方都不想讓基礎變大，因此經常性薪資就原地踏步，所以真正能反映勞工薪資的是「平均薪資」，即經常性薪資加上非經常性薪資。

完全競爭勞動市場的均衡

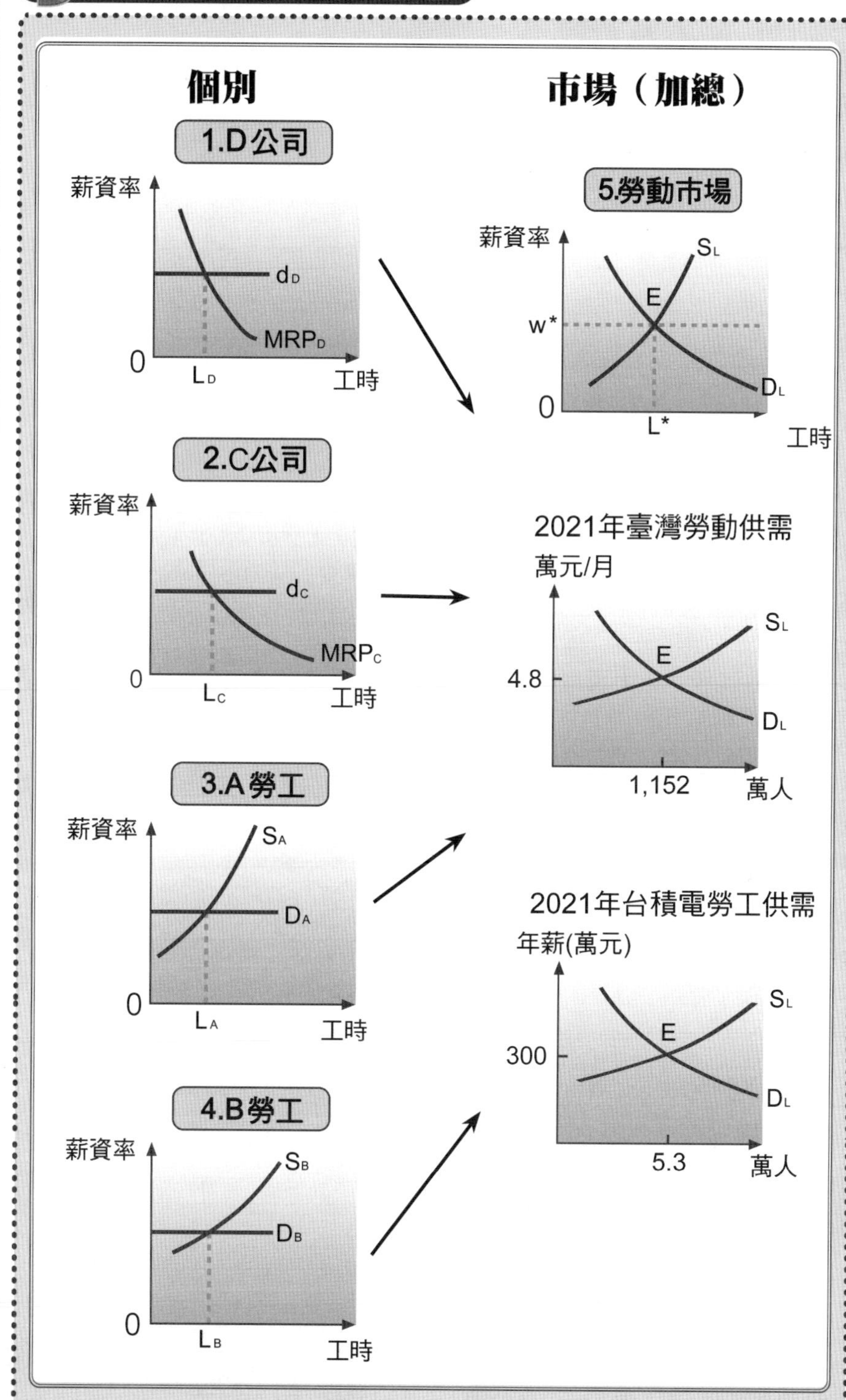

Unit 16-5 勞動市場均衡 II

站在公司角度，希望了解找員工時，求職信如雪花般，如此才能找到足夠好人才。反之，當缺工時，只好「撿到籃子便是菜」。本單元從兩個勞動市場供需指標來分析勞動市場是否吃緊。

一、失業率

(一) 充分就業時的失業率：俗稱自然失業率（natural rate of unemployment）。這包括兩項：摩擦性失業率加結構性失業率。這數字隨景氣而起伏。

(二) 美國約4.6%、臺灣約4.2%：美國實際失業率6.7%、臺灣3.85%，皆比自然失業率低，勞動需求方面臨找勞工不易情況，為了找夠人，只好漲薪水、增加福利。

二、職位空缺率（Shortage Rate）

由右下表第二欄可見職位空缺率的定義、公式，大抵可看出缺工率。

(一) 美國稱為「職位空缺與勞工流動率調查」（The Job Openings and Labor Turnover Survey, JOLTS）：美國勞工部勞工統計局四大業務處「就業與失業處」在每月作「機構調查」時，會包括此項，一般空缺率4%。

(二) 在臺灣，人力運用調查外的專案調查項目：空缺22萬人左右，空缺率約2.72%。主要缺工產業、職業如下。

・工業中製造業，主要缺技術員及助理專業人員。

・服務業中批發零售業和餐飲業的服務及銷售人員較缺，原因是低薪、工時長和工作單調且缺乏成就感。

三、就業市場求供比

由表第三欄可見，就業市場的求供比倍數定義、公式，這個數字比較不準，主要是反應失業人士為請領失業給付，必須向各縣市各行政區的就業服務站登記求職，這數字只占失業人士一部分。至於求才單位（主要是公司）大都不會到就業服務站去登記求才，因為有民間人力仲介公司（在臺灣稱為人力銀行）之助。

小博士解說

臺灣勞動市場的公務統計

時	每月20日
地	臺灣
人	行政院主計總處國勢普查處
事	公布2個月前〈薪資與生產力統計月報〉 量（人數）：表1~3 價（薪資）：表7~13 時（每月工時）：表4~6

失業率與缺工率、求供比關係

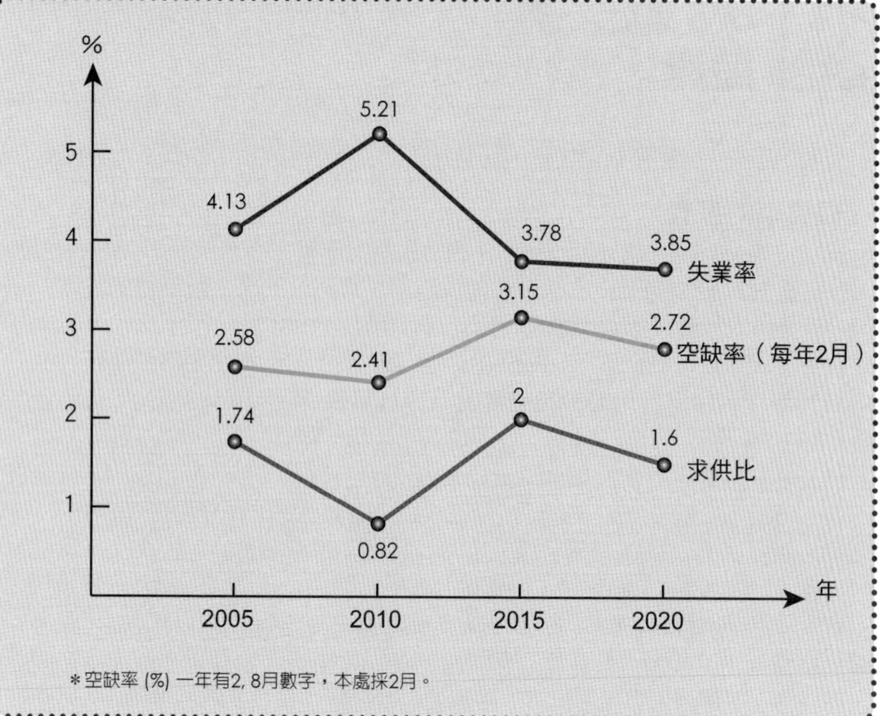

＊空缺率 (%) 一年有2, 8月數字，本處採2月。

兩種勞動供需的輔助指標

性質	機構調查	就業登記資料
人	主計總處國勢普查處	勞動部勞動力發展署和各縣市的就業服務處
事	在其他專案調查中的「事業人力僱用狀況調查」空缺率 (shortage rate) $=\frac{\text{空缺人數}}{\text{空缺人數+受僱員工人數}}<3\%$ $=\frac{\text{22.26萬人}}{\text{22.26萬人+796.12萬人}}$ ＝2.72%（2020年2月情況）	就業市場統計月報求供比 (ratio of openings to applicants) $=\frac{\text{勞動需求}}{\text{勞動供給}}>1$ $=\frac{\text{該月求才人數}}{\text{該月求職人數}}$ $=\frac{\text{97,450人}}{\text{55,387人}}$＝1.76倍（2020年11月）
資料	勞動統計月報 第28～31頁表2-12 各業受僱員工空缺人數及空缺率	同左 第166頁表10-1 就業服務概況

Unit 16-6 薪資——兼論勞動成本

勞動市場決定勞動價格與數量（就業人數），本單元說明勞動價格（薪資率）。

一、薪資率的意義

從上班族、公司（或勞工的雇主）和勞動資源配置方面，說明薪資率的意義。

(一)資方角度：勞動成本是企業僱用全部（或一位）勞工所負擔的成本，一般來說，企業追求勞動成本越少越好。因此可以寫成公式如下：

薪資（W）或勞動成本（labor cost）＝薪資率（w）× 勞工數量（L）

像2021年台積電僱用53,000名員工，2021年薪資成本1,583億元，每位員工平均年薪298.7萬元，其計算式如下：1,583億元＝298.7萬元／年 × 5.3萬人。

(二)勞方角度：薪資（labor earnings）是資方對勞工「一分耕耘，一分收穫」的回報，勞工藉以養家生活。就個別勞工來說，由於在每一工作時間（例如：一天8小時）只能提供「一單位（即全職）」的勞動量；薪資率是其每提供「一單位」（例如：1小時）勞動或工作時間，所獲得的報酬。勞工可以選擇一個月上班幾天、一天上班8小時，即從機會成本的角度，來了解薪資率對於個別勞工的意義。該勞工薪資等於薪資率。因此，一般在提到薪資時，是指薪資率，也就是在此一定期間該勞工所獲得的全部報酬，常見用詞有「時薪」、「月薪」和「年薪」等。

(三)在經濟體系中，勞動資源配置上的意義：從上述說明中，得知在任何水準的薪資率下，每一位上班族和每一家公司都會參酌該薪資率以決定各自的勞動供應量和勞動僱用量。薪資率在勞動資源的配置上居於關鍵地位。

二、勞動成本

「人力資源」課程中對於員工的激勵工具，提到物質獎勵與精神獎勵兩種。勞工成本是指「物質獎勵」的部分折算成貨幣單位的總合，這可分為兩大四中類。

(一)貨幣薪資VS.薪資以外報酬：勞動成本依員工是否能拿到現金分類。

1.薪資報酬：貨幣薪資（money wage）是指直接以發放金錢方式所給付的工資，即通常所指的月薪或兼職人員（part-time）的時薪，例如：統一超商時薪115元，貨幣薪資也是俗語中「有錢能使鬼推磨」中的錢，或者「折合現金」中的現金。

2.薪資以外報酬：或稱非薪資報酬，是指員工拿不到現金的報酬，占資方勞動成本13.4%，隨著勞健保費率調高，資方分攤金額增加，站在資方角度只看「勞動成本」一項數字，此漲彼消，「薪資以外報酬」提高了，貨幣薪資部分只好減少或原地踏步。

(二)四中類：貨幣薪資分成兩中類：經常性薪資與非經常性薪資；薪資以外報酬分兩中類：勞健保費用與其他（例如：員工福利金和實物薪資）。實物薪資（physical wage）不是直接以發放金錢方式所給付的薪資，例如：發放禮券、高爾夫球證、停車位等實際物品，或是以購物折扣券、餐券和油票折抵等方式所提供的福利支付。

勞動成本

薪資率（Wage Rate）是公司僱用一單位勞工所願意支付的代價，可以從邊際產量收入的角度來了解薪資率對於企業的意義。公司關心的並不是薪資成本的金額，而是勞動成本占營收比重，稱為勞工成本率。

第一層	第二層	占勞動成本比重	說明（下述是製造業的薪資狀況）
1.貨幣薪資	①經常性薪資	71% ❶這是雇主按月給付員工的薪水、津貼。 ❷常見的為午餐津貼。	平均薪資呈「龜速」，2003年迄2020年，只以平均每年增加 1,724 元的速度慢慢上升；2020 年遇到百年罕見的新冠肺炎疫情，總薪資上升1.35%。
	②非經常性薪資	15.6% ❶不是按月給付的薪資。 ❷例如：年終獎金、紅利、績效獎金。	2010 年起，員工「分紅入股」（Bonus Stock）費用化，即員工分紅入股金額視為員工薪資。
2.薪資以外報酬	①勞健保費	13.4% 指勞工勞保、勞工退休金、健保費中，由雇主負擔部分。	
	②其他（例如員工福利金）	資方依營收的萬分之幾，提撥員工福利金、三節禮物（例如中秋節禮券）、尾牙、員工旅遊的資金來源。	其他還包括免費停車位、員工娛樂中心等皆屬實物報酬（Physical Wage）。

年	2003	2005	2010	2015	2019	2020
總薪資	42,068	43,162	44,646	49,024	53,657	54,380
經常性薪資	34,804	35,382	36,233	38,712	41,883	42,458

項目	費率(2021年)	負擔
勞保	10.5%	資方7成＋勞工2成＋政府1成
就業保險	1%	同上
勞工退休金	6%	**勞資各50%**
健保	5.17%	資方6成＋勞工3成＋政府1成

資料來源：1.主計總處五年一次的工商普查，2.主計總處每年的受僱員工動向調查。

Unit 16-7 薪資水準的決定

你或許會問1,152萬人就業，各行各業月薪是如何決定的，答案是八成看國際水準來決定的。

一、各國差異

大部分國家皆不允許任何外籍人士來上班，只開放小門（臺灣是外勞、外籍看護工，加上月薪 4.8萬元以上的白領人士），外勞不可能來搶本國勞工（簡稱本勞）的工作。但是把勞工當成草場，資方視為游牧民族，會看哪裡「草多」、「草美」（勞工便宜），去逐水草而居。勞動部統計，臺灣製造業員工月薪從2003年的1,225美元（約39,558元），增為2020年的1,713美元（約48,832元），17年來共只增加23.44%（平均每年成長率1.38%），扣掉物價上漲率（15%），實質薪資原地踏步。而位在中國本土旁的香港，月薪也跟臺灣一樣。

主因是臺資公司西進，在中國大陸設廠，大陸勞工薪水10年漲417%，平均1年漲41.7%。迄2011年，中國平均工資約人民幣2,200元，約是臺灣平均薪資的25%，白話的說，「在臺灣聘一個人，在中國可聘3.4個人」，此反映出「因素價格相等定理」。由於有中國、越南等低工資勞工可供選擇，臺灣資方自然不會付更高薪水，甚至有些職位，薪水還開倒車。

二、產業差異

以三級產業來說，由於人均產值等緣故，薪資水準明顯呈現產業差異如右圖；圖中第三欄「月薪」數字只是舉例，想強調的是倍數關係，以電子業月薪10萬元當作1倍，傳統服務業中金融業月薪只有電子業的6成（0.6倍）。

各產業間呈現比價關係，產業內也有高低薪，以服務業為例，撇開「三師」（醫師、律師、會計師）這三個人少的專業服務業不談，產值三大行業中，金融業勞工薪資最高。

三、職業差異

雖然說「職業無貴賤」，但是社會上常依勞力跟勞心兩種工作內容，把勞工分成藍領與白領兩種階級如下。

項目	藍領階級（Blue Collar）	白領階級（White Collar）
1. 俗稱	勞工、勞力、勞動階層。	上班族、勞心、拿筆的、坐辦公桌的。
2. 美國名稱來源	工廠中的工人大都穿藍色制服，衣領往往是藍色的。	男性上班族大都穿白襯衫，縱使有顏色襯衫，衣領也可能是白色的。
3. 勞務報酬	工資（Wage）	薪資（Compensation）

2020年10大經濟國與臺灣員工稅後月薪

單位：美元

排名	國	月薪	排名	國	月薪
1	美	3,528	6	印	450
2	中	1,046	7	英	2,618
3	日	2,733	8	義	1,743
4	德	2,917	9	加	2,584
5	法	2,471	10	南韓	2,443
			21	臺灣	1,445

資料來源：行政院主計總處，國民所得統計年報，第二章第1表國內生產毛額依行業分 (by kind of activity)。

薪資的產業差異

月薪	產業	說明
二級產業：工業		以產業結構來說，經濟成長率一半來自工業，因而工業有較多的所得。
舉例	業別	
10 萬元	①電子業（製造業的一支）	電子業花較多錢在研發、機器，員工學歷也高，連帶的員工生產力也高，因此在大行業中，電子業員工薪資較高，所以有「電子新貴」之稱。
7 萬元	②傳統製造業	2011 年起，電子業因供過於求，因此利潤薄，薪資也隨之停滯，傳統製造業（汽車、工具機）薪資拉近。
三級產業：服務業（以其中三大行業為例）		服務業產值成長有限，因此員工生產力（即人均產值）沒有大幅成長，薪資普遍比工業低。
舉例	業別	
6 萬元	①金融業	金融業比較屬於知識型服務業，從業人員大都為大學以上學歷，因此在服務業中薪水較高。
5 萬元	②觀光餐飲	觀光餐飲月薪介於金融、零售業。
4 萬元	③零售	零售批發所需勞工以藍領較多，大量僱用非典型就業勞工，所以薪資較低。
一級產業：農業		農業因產值低，因此農民來自務農的收入很少，一年約 15 萬元，農民收入中一半以上來自非農業所得。縱使收入如此，工商業勞工比農民收入是 10 比 6。
3 萬元	農業	

Unit 16-8 美中臺勞工的社會保險

—— 勞工總薪資中現金給付以外的部分

各國有多少受僱人員就業、失業？在七成以上國家皆實施社會安全制度，勞工就業須登記，繳交勞工保險金，勞工失業時有6個月的失業保險金可領，因此勞工就業、失業人數大都有行政機構紀錄（administrative record）可查。

一、美國社會安全局（Social Security Administration, SSA）

（一）1935年8月14日成立：該局依〈社會保障法〉（1935年）而設立，是美國大蕭條時代的新政（New Deal）產物，局址在馬里蘭州，員工6萬人，預算1,000億美元。每年社會保險支出金額1兆美元。

（二）有工作、沒工作的人都有保障。

（三）失業者（不含被開除者）領取失業津貼：失業者上社會安全局網站登錄，絕大部分會通過失業救濟金申請，月領投保薪資50%。給付期間各州不同，大都6個月，佛州16週、麻州30週。

二、中國大陸人力資源和社會保障部

（一）主管機關：人力資源和社會保障部。由右表第三欄可見，針對勞工的社會保險五險一金，至少有四個司對應承辦。五險一金費率約22%，以北京市一位上班族來說，月薪人民幣1萬元，扣掉五險一金後，實領人民幣7,800元，不考慮個人所得稅。

（二）勞工失業金：人社部。依據1999年〈失業保險條例〉，針對城鎮的公司失業員工，依投保期間長短領取「失業救助金」，例如：投保1~5年領12個月、5~10年領18個月、10年以上24個月。請領屆期，仍未找到工作者，由民政部審核後發給社會救濟金。

三、臺灣

（一）主管機關——勞動部、勞工保險局與衛生福利部健康保險局：在主計總處統計專區中點選「社會保險及福利」可以查到6項社會保險資料，原始資料來自勞動部統計處、衛生福利部統計處。

（二）勞工失業：勞工「非自願離職」（主要是失業原因中的投保單位歇業或關廠，另包括勞工一些情況），且投保勞工保險一年以上者，可向就業服務機構申請失業給付。

（三）就業服務站（employment office）：勞動部勞動力發展署旗下就業服務處（市內各行政區稱就業服務站），把申請案件轉給勞工保險局核發失業給付。

美中臺的受僱人員社會保險

項目	臺灣	中國大陸		美國
主管機關	勞動部與衛生福利部	人社部各司	費率 (%)* 個人繳納	社會安全局
一、保險費率 (一)勞工保險 1.健康 2.生育 3.工傷 4.失業 5.養老 (二)一金 住房公積金	 這屬於衛生福利部全民健康保險局 依投保金額2個月保額 職業傷害分殘廢、死亡給付費率1% 老年給付	 五險 工資福利司 同上 工傷司 失業保險司 養老保險司	 0.5 0 0 0.2 8 5	 由勞資協商 Med: Care V V V V（註：2018年7月起，之前20%）
二、投保金額	投保月薪，分16級	以該市月平均工資0.6～3倍：此處是廣東省東莞市		
三、一x二				
四、人數	800萬人	以工傷為例，2.55億人		1.53億人

＊資料來源：維基百科，五險一金。

國家圖書館出版品預行編目資料

圖解經濟學／伍忠賢著. ——二版. ——臺北市：五南圖書出版股份有限公司, 2021.05

面； 公分

ISBN 978-986-522-551-3 (平裝)

1.經濟學

550 110003159

1MCT

圖解經濟學

作　　者 — 伍忠賢

發 行 人 — 楊榮川

總 經 理 — 楊士清

總 編 輯 — 楊秀麗

主　　編 — 侯家嵐

責任編輯 — 鄭乃甄

文字校對 — 許宸瑞

封面設計 — 姚孝慈

出 版 者 — 五南圖書出版股份有限公司

地　　址：106台北市大安區和平東路二段339號4樓

電　　話：(02)2705-5066　　傳　　真：(02)2706-6100

網　　址：https://www.wunan.com.tw

電子郵件：wunan@wunan.com.tw

劃撥帳號：01068953

戶　　名：五南圖書出版股份有限公司

法律顧問　林勝安律師事務所　林勝安律師

出版日期　2012年9月初版一刷

2020年9月初版五刷

2021年5月二版一刷

定　　價　新臺幣390元